A IDADE DA AURORA

República Federativa do Brasil

Presidente da República
Fernando Henrique Cardoso

Ministro da Cultura
Francisco Weffort

Fundação Biblioteca Nacional

Presidente
Eduardo Portella

Fundação Biblioteca Nacional
Av. Rio Branco, 219
20040-008 – Rio de Janeiro – RJ – Brasil
Tel.: (21) 2262 8255 – Fax: (21) 2220 4173
http://www.bn.br

CARLOS NEJAR

A IDADE DA AURORA

POESIA II

Copyright © 2002 Carlos Nejar

Direitos reservados e protegidos pela Lei 9.610 de 19.02.1998.
É proíbida a reprodução total ou parcial sem autorização
por escrito, da editora.

Dados Internacionais de Catalogação na Publicação (CIP)
(Câmara Brasileira do Livro, SP, Brasil)

Nejar, Carlos
    A idade da aurora: poesia II / Carlos Nejar. — São Paulo:
Ateliê Editorial, Rio de Janeiro: Biblioteca Nacional, 2002.

    1. Poesia brasileira I. Título.
    ISBN 85-7480-150-X

02-6771   CDD-869.91

Índices para catálogo sistemático:
1. Poesia: Literatura brasileira 869.91

Direitos reservados à
ATELIÊ EDITORIAL
Rua Manoel Pereira Leite, 15
06709-280 – Cotia – SP – Brasil
Telefax: (11) 4612-9666
www.atelie.com.br
2002

Printed in Brazil
Foi feito o depósito legal

Para Elza

SUMÁRIO

ÁRVORE DO MUNDO 15

  I. O SOPRO DA EXECUÇÃO 17
    Fogo de Vozes 17• Corporal 17• Claridade 20• Um Vento a Mais 21 • Pelo Fio desta Agulha 22 • Um Ramo de Fuzis 22 • A Execução há Séculos 23 • Aberta como Sala 24 • Contra a Esperança 25 • Coisas, Coisas 26 • Sapatos de Medo 27 • Estreita Mão 27 • Cada Parte do Corpo 28 • Sob uma Bala 29 • Rumor de Folhas 30 • No Muro 31 • Via-sacra 32 • Afluentes 32 • Sobrevida 33 • Pátria, Pássaro 34 • Dívida 34 • O Giro de Viver 36 • Inferno que se Abre 36 • No Ombro das Coias 37 • Povo 38 • Alma Geral 39 • Alguns Palmos 40 • Cantochão 40 • Corda e Faca 41 • Multidão 42 • Uma Velha Andorinha 43 • Os Dias 43 • A Dor é Resistência 44 • O Tempo Seco e Pequeno 45 • De Repente 45

  II. FOGO DA CONSCIÊNCIA 47
    Fausto 47 • Sem o Corpo e sem a Alma 50 • A Palavra com Dia 52 • Mudei de não Mudar 55 • Escurezas do Pacto 58 • Olhos por toda Parte 63 • Tudo se Perfaz 68 • Aqui Ficam as Coisas 72 • Só Conheço Deus 79 • Minha Ciência, o Universo 83

O CHAPÉU DAS ESTAÇÕES 91

    Viemos pela Mão das Coisas 93 • Inumeráveis como os Dias 93 • De Esperança e Coração 94 • Soberania 94 • De Joelhos Não 95 • Mó do Sangue 96 • O Povo 97 • O Sangue nos Faculta uma Esperança 97 • Nossa Pátria 98 • Não Somos apenas o que Existe 99 • O Nome 99 • Dissolução 101 • Demasiada Loucura 101 • A Chuva do Velho Testamento 102 • Quem vai Podar a Morte 111 • Podar a Primavera, Recriá-la 111 • Com seus Favos de Guerra 112 • Os Mortos – Eu os Vi – na Primavera 112 • Aqui, há Terra Respirando 113 • Trancas de Relva 114 • O Absoluto 114 • Apertados na Raiva da Esperança 115 • Aventura 115 • Detemos a Esperança pela Alça 116 • Os Amantes 116 • É Primavera o Sangue, o Som 121 • Redondel 121 • Inumeráveis: Peixes, Vagas 122 • A Idade 123

UM PAÍS O CORAÇÃO 125

    Canto I – Nas Oficinas do Vento 127
    Canto II – O meu País, outra Ilíada 134
    Canto III – Biografia 151
    Canto IV – As Palavras Disparando. E os Números 153
    Canto V – Memória 159
    Canto VI – América sua Sombra. Provações 163
    Canto VII – O Brasil da Alma e os Outros 167
    Canto VIII – O tonel da palavra. O Rosto: Cruzamentos 171
    Canto IX – Vozes. Escrevo América 175
    Canto X – Conciliação Inconciliável 187

LIVRO DE GAZÉIS 203

    Ditosas Palavras 206 • Gazel do Universo Começando 206 • Gazel à Nudez Pequena 207 • Canção das Redondezas 208 • Ao Reconhecido Espaço 209 • Água Dormida 209 • A um Caminho Bem-nascido 210 • Premonitória 210 • Gazel das Cerejas Úmidas 211 • Gazel da Nudez Perfeita 211 • Gazel de Amado sem Lua 212 • Canção Piedosa das Coisas 213 • A um Tardante Rio 214 • Canção da Folha de Alma 214 • Gazel da Mulher Eleita 215 • Gazel da Alma, Gazela 215 • Gazel para os Bois Brancos 216 • Gazel da Vindoura Morte 216 • Gazel do teu Paraíso 216 • Gazel de Avistar Amada 217 • Gazel para as tuas Aves 218 • Gazel para as Letras Salvas 219 • Gazel aos Olhos Solares 219 • Gazel às Roupas na Mala 220 • Gazel a um Cabo de Sono 220 • Gazel do Amor Errante 220• Gazel para a Sílaba Sonhada 221 • Gazel do Nome 221 • Para o teu Corpo Liberto 222 • A uma Guitarra Branca (Sevilha) 223 • Gazel para as Sobrancelhas 223 • Gazel para as Gelosias 224 • Gazel de Abrir Pensamento 225 • Gazel a um Vaso de Falas 225 • Gazel aos Canários Ares 226 • Um Cavalo Bebe Sol 227 • A um Sapato de Gaivotas 228 • Sob a Luz Intensa 228 • A Matéria Feliz 228 • Para o Arco de tua Porta 229 • Gazel aos Dóceis Lençóis 229 • Ao Comboio de um Chamado 230 • Aos teus Países 230 • Gazel da Paciente Espera 231 • Gazel para a tua Face 232 • Gazel para as Coisas Vivas 232 • A uma Cesta de Mar 233 • Gazel para o Rosto, o Espelho 233 • Gazel Fluviante 234 • Ao Som de Guitarra e Flauta – 235 • Gazel de uma Constelação 235 • O Artigo das Coisas Sábias 236 • Gazel Distraído 236 • Gazel de Vila Velha 237 • As Cotovias Sombras 237 • Gazel para a Implume Névoa 238 • Casida Mínima 238 • Gazel da Luz-criatura 239 • Ramo de Horizonte 239 • Gazel-moinho 240 • Cantar de Roda 240 • Gazel Imperfeito 241 • Gazel à Enseada de Vitória 241 • Gazel Suspenso 242 • Gazel de Acordar Estrela 242 • Casida Plúmea 243 • Gazel da Hélice 243 • Gazel de Elza 243 • O Piano em Flor 244 • Gazel das Portas 244 • Conversa de Amor Dormir 245

MEMÓRIAS DO PORÃO 247

LEGADO 249

• Tear dos Ossos 249 • Família dos Velhos Trovões 249 • O Alfabeto do Porão 251• As Leis 251 • Hierarquia 251• Ordem Beneditina 251 • Os Templários 252 • A Filiação Botânica 252 • Invenções 252 • A Máquina 252 • Impostos 253• As Ventações 253 • Vedações 253 • Invenção da Liberdade 253 • Mitologias 254 • Violante 254 • Morfologia 255 • A Matemática 255 • O Nome das Coisas 256 • Ordem 256 • Cristóvão e a Redondeza da Terra 256 • Os Atados de Loucura 256 • O Gênio 257 • Os Refugiados 257 • Regimes 257 • Pedra Filosofal 258 • A Teologia 258 • O Cego e o Mendigo 258 • Antimatéria 258• O Pólen das Idades 259 • Energia 259 • Os Sonhos 259 • A Vindima 259 • Revezamento 259 • Um Sótão 260 • Obscuras Esferas 260 • O Primeiro Trem 260 • Prodígios 260 • O Poeta 261 • Idioma 261 • Zoologia 261 • Eu Estava no Porão 261 • Anjos e Demônios 262 • O Céu 262 • Um Ser 262 • A Sombras das Coisas 262 • Os Adeptos 263 • Alquimistas 263 • Frações de Eternidade 264 • A Fresta no Porão 264 • O Espírito e a Alma 264 • Duendes 265 • Metamorfose 266 • Os Bancos 267 • Alegria Intermitente 267 • As Imprecisões 267 • Nudez 268 • Cúmplices 268 • Objeto 268 • O Instante 268 • Volúpia 269 • O Corpo 269 • Repercussões 269 • Ubiqüidade 269 • Guizo de Cascavel 270 • Expedições 270 • Os Sábios 270 • O Rochedo (I) 270 • Inscrições (II) 271 • A Caça (III) 271 • Corredor Nenhum 271 • A Igual Terra do Vale 271 • Lanterna de Vocábulos 271 • Abelhas 272 • A Palavra *Mundo* 272 • Variânças 272 • O Tremer da Inocência 273 • Recursos 273 • Tribo 273 • Jurista 274 • Van Gogh 274 • O Linotipista 274 • Ciganos 274 • A Muralha 274 • Criação 275 • Sésamo 275 • O Cão Inexistente 275 • Aduana 275 • Os Deuses 275 • Revoluções 276 • Advento 276 • Aparição 276 • Daniel 277 • Miguel 277 • José 277 • Naquela Alma 278 • Potestade 278 • *Homo abissalis* 278 • Planos Sobrepostos 278 • Leviatã 279 • Zepelim 279 • Idade da Alma 279 • Pai 280 • Perpétuo 280 • Filho do Homem 280• Os Apóstolos 280• As Almas 281 • Óvulo 281 • Mansidão 281 • Halley 281• Compensações da Luz 282 • Nuvem Solar 282 • O Anunciador 282

AMAR, A MAIS ALTA CONSTELAÇÃO 283

Soltos de Imensidão 285 • Os Dons 285 • Percalços 286 • A Loucura é Mãe 286 • Minha Família 287 • A Mesa Posta 287 • Lâmpada Marinha 288 • Os meus Sentidos 288 • Sonâmbulos 289 • Impronunciado 289 • Proa Mergulhada 290 • Entre os Gerânios 290 • Aniversariamos Nuvens 291 • Abandonei-me ao Vento 291 • Figurantes 292 • As Tranças de Papel 292 • Perfil 293 • Depuração 293 • Humano Peso 294 • Tartaruga 294 • Clara Onda 295 • Árvore que Canta 295 • O Dia Jogado 296 • Dilúvio 296 • Palavras junto à Porta 297 • A Foz e o Curso 297 • Lenhos e Prados 298 • Solo Natal 298 • Este Cavalo 299 • Caixa de Música 299 • Não Cansa o Amor 300 • O Peso da Terra/I 300• O Peso da Terra/II 301 • Sortilégio 301 • Intacta 302 • Solar Equilíbrio 302 • Amor Voando 303 • Paris (1989) 303 • Herbário 304 • Serões de Sentidos Plenos 304 • Formoso é o Fogo 305 • A Casa Memoriosa

305 • Sintaxe 306• Repuxos Cegos 306 • Os Focinhos Rupestres 307 • Dormirei de Novo 307 • A Bicicleta 308 • As Uvas Musicais 308 • Poemas e Sapatos 309 • Sineta 309 • Artigo de Menor Aflição 310 • Avaros 310 • Borregos e Meses 311 • Cabras Monteses 311 • Monjolo 312 • Javalis Miraculosos 312 • Clavicórdio 313 • Rio Encarcerado 313 • Lentidão do Arvoredo 314 • Vassalos 314 • Nudez 315 • Amar na Luz 315 • Diamante 316 • Escarpa 316 • Rocinante 317 • A um Passo 317 • Água-furtada 318 • Quando a Manhã Retarda 318 • O Nevoeiro Cego 319 • Quando 319 • O Mais Sofrido 320 • A Luz não se Conforma 320 • No Imóvel Redemoinho 321 • Cruezas da Fortuna • Soneto aos Sapatos Quietos 322• Colofão 322

SONETOS DO PAIOL: AO SUL DA AURORA 323

1. Avos de Abelhas 325
2. Acesos Cogumelos 325
3. Com os Sabiás 326
4. A Escola, o Firmamento 326
5. Sonâmbulas Pedras 327
6. Soneto das Amoras 327
7. Dos Sentidos, a Ffoz 328
8. Tropilha de Céus 328
9. Não Fecharão 329
10. Sol(umbra) 329
11. Signos e Folhas 330
12. Badalo 330
13. Tabor e Argos 331
14. O Paraíso 331
15. O Trovão-violão 332
16. Na Tribo dos Milênios 332
17. Um Trem 333
18. Girassóis Vermelhos 333
19. Do Transitivo 334
20. Meu Bbarco 334
21. O Sótão 335
22. A Rede 335
23. Bisneto Cervantino 336
24. De Cores e Poemas 336
25. Geórgicas de Orvalho 337
26. O Caroço de Pêssego 337
27. A Fantasia Temerária 338
28. José, o Bentevi 338
29. Adamastor 339
30. Os Vivos 339
31. Detrás do Muro 340
32. A Minha Rua 340

33. Mala de Couro 341
34. No varal 341
35. Não me conformo 342
36. (Des)aventura 342
37. Ancestral 343
38. Ciclista 343
39. Trela 344
40. Água Descalça 344
41. Outono 345
42. Nem as Aves, o Sol 345
43. O Coche dos Meses 346
44. Milenar Jardim 346
45. Ossos de Limo 347
46. Sem Estrela 347
47. *Ad finem* 348

ELZA DOS PÁSSAROS OU A ORDEM DO PLANETAS 349

  I. ELZA DOS PÁSSAROS 351
     Cantata aos Pés Velozes 351 • Cantata aos Vôos (c)almos 352 • Cantata em Rodas Plumas 353 • Cantata das Descobertas 353 • Cantata em Sol Menor 355 • Cantata dos Limoeiros 356 • Cantata Inocente 357 • Cantata de um Só Rastro 358
  II. A ORDEM DOS PLANETAS 359
     Deslizamos, Maduros (Concerto n.º 2 para Oboé) 359 • O Céu de Audíveis Tatos 360 • O Relumear do Espelho 363 • O Fio de Férrea Chama 364 • Martelo de Vertentes 365 • De Mudanças e Aparências 365 • Rotação das Almas 366 • Cantata para as Lentas Mãos 367 • Concerto n.º 1 para Violino e Flauta 367 • Ao Sul dos Olhos Velhos 368 • Para as Coisas Felizes 371 • O Trinco das Amoras 372 • Terceto Fiel 372 • Cantata pelas Formas 373 • Cantata aos Relógios-olhos 373 • Cantata ao Desenlace 374 • Pela Espuma 374 • Carretel, o Cosmos 375 • O Galopar do Fogo 378 • Infindável Solo (Ou a Ordem dos Planetas) 378 • O que Delego aos Pássaros 382 • Cantata ao Pavio das Águas 383 • Cantata em Lá Maior 384 • Cantata do Universo 384 • Aloendros 386 • Colofão 387

AQUÉM DA INFÂNCIA 389

  Indícios 391 • Canônicas Varandas 391 • Terrorista do Método 391 • Refugiados 391 • Leonardo da Vinci 392 • Milênios 392 • Iletrados 392 • Aro da Infância 392 • Átomos 392 • Cinamomos Vergados 392 • Pavões 392 • Burro e Águia 392 • Olho do Cavalo 392 • Fuzíveis 393 • Casulo do Mundo 393 • Egressos 393 • Comunidade 393 • Convidências 393 • Nova Raça 394 • Corvo Imóvel 394 • Dogmas 394 • Sob os Candieiros 394 • Os Pósteros 394 • Baú da Derradeira

Infância 394 • Silêncio 395 • Geografia 395 • Éden 395 • Infâncias 395 • Entre as Pálpebras 395 • Alfabeto de Morrer 396 • Atração 396 • Com a Ponta do Trovão 396 • Caracol 396 • Didática 396 • Língua e Paraíso 396 • Mortos e Vivos 397 • Baleia 397 • Roão 397 • Traslações da Infância 397 • Após a Hibernação 398 • Decurso 398 • Infância-eternidade 398 • Equilíbrio Dormitante 398 • Pátrias 398 • Sósia 399 • Para Sempre 399 • Marmelos Borbulhando 399 • Gravuras e Tinas 400 • Cordas 400• Inscrição de Einstein 400 • Torpor da Gravidade 400 • Devagar 401 • O Juízo na Infância 401 • Carregado de Mortos 401 • Chorava 401 • Tear das Marés 401 • Descer 402 • Ecologia 402 • Zoologia do Sonho 402 • O Cedro das Espumas 402 • Sopro Adormecido 403 • Manual do Silêncio 403 • De Nada Servem 403 • Precursor 404 • Candeia Miraculosa 404 • Hac 404 • Tochas Insaciáveis 405 • Através de um País 405 • Panegírico 405 • Idiota 406 • Autoridade 406 • Invulnerável 406 • Canário 406 • Ladram 406 • Rotação 407 • Relatividade 407 • Mechas Grisalhas 407 • Sentidos-aves 408 • Pancadas de Cio 408 • Potável Infância 408 • Ronco da Claridade 408 • Mundo Findo 408 • Vigília 408 • Máscara ou Botânica 408 • Instância de Voar 409 • Fogo Atiçado 409 • Formiga 409 • Cântaros 409 • Litorais de um Reino 409 • Asma Autodidata 410 • Dom das Línguas 410 • Rio Cego 411 • Visão Excessiva 411 • Não se Corrompe 411 • Quadrantes Cavalos 411 • Tetas da Alva 412 • Carta dos Pombos 412 • Indefeso 412 • Na Garrafa 412 • Tambor das Minas 412 • A Memória se Aquecia 413 • Pronúncia Vesperal 413 • Liteira 414 • Tambo de Chuvas 414 • Estava Só na Morte 415 • Não Adias 415 • Mergulhos 415 • Flores e Filhos 415 • Cúmplices 416

VEL ÂM PA GOS HAICAIS OU MÓBILES 417

Haicais 419

A IDADE DA AURORA: FUNDAÇÃO DO BRASIL (1990) – RAPSÓDIA 427

A Idade da Aurora 429
   I. Brasílio e Columba.
      A Idade que Dorme 429
   II. Um Brasil sobre o Chão.
      A Idade Acordada 437
   III. A Mobil(idade).
      Os Absolutos de Futuro 443
   IV. A Idade da Aurora 451

Futuro 461
   I. Suserania de Futuro.
      Durinda. 461
   II. João Serafim.
      Idade da Águia 464

    III. História.
        Sino de um Relâmpago 468
    IV. A Idade da Floresta.
        Biblioteca dos Seres 471
    V. A Idade do Mar 474
    VI. Casa do Sol 477

João Serafim 483
    I. O Piano das Marés 483
    II. As Gerações de Sóis 485
    III. Lua sob a Terra 489
    IV. João Serafim e Alva 494
Colofão 501

PRÓLOGO IMPOSSÍVEL (AGORA POSFÁCIO) 503

CONTRA-CAPA 505

FONTES BIBLIOGRÁFICAS 507

I. O SOPRO DA EXECUÇÃO

O meu campo é o tempo.
GOETHE.

FOGO DE VOZES

O fogo da consciência, fogo frio,
fogo duro, fogo resistente,
substância de silêncio, tênue,
percepção de malhas rotas,
a consciência com as carnes expostas
e o seu fogo de vozes.
Coro estranho
de anjos enterrados.

A consciência, caderno de intervalos,
martelo de vertigens; a consciência
nos faz rodar em vínculos e cíngulos,
nos faz girar nos séculos futuros
por uma roda de hélice fendida
mas sempre obsessiva.

A consciência
de ser executado
ou estar sendo.

CORPORAL

CHEIRO VERDE

I   Dentro da execução caminho.
Onde a baleia é oco
tronco de horas. Dentro.
Sigilo de remos.

Algum receio
de não ter mais paredes.
E o consentimento sempre rude
de entrar na execução
entrando mais que pude.
Dentro dentro
no consumo feroz
que a vida faz.

Alma, alma
o teu lugar é aqui.
Elmo, couraça
te separam de mim.

Estilhaços de dor
mais me concentram
neste mar
que fluindo
se faz rede.

Alma, alma,
a execução é um peso
que o soluço
não cobra.

Dentro.

O bafo de estar vivo.
Corporal.
Mas quem sabe
se vivo já não sou,
linha férrea
sem fim.

A natureza é transição
de som.
A natureza,
fragmento de um fragmento
onde me deito.

Eu e tu, meu irmão,
cheiramos forte
o ar de estar conscientes.

O cheiro é verde
manejável como um balde,

lado a lado da margem.
É verde. Mas na execução
tudo se perde
e ganha no perder.

O bafo de estar vivo
sempre igual.
Nas salas de fumar
ou de dormir.
É sempre igual
no amor
quando aspiramos
o tempo
junto ao leito.
Nosso tempo comum
de povo e reino.

Porém na dor
o bafo de estar vivo
é um músculo reteso.

Alma, alma,
o teu lugar é aqui.

ALDEIA DO QUE FUI   II   O mundo que aprendi
é execução.
A aldeia do que fui
é execução.

Os meus velhos amigos,
alguns alcaides,
outros demitidos,
estão na execução.

A liberdade.
Os meus sapatos,
a idéia de chorar
sem uma lágrima;
aquele morto
mal acomodado,
estão na execução.

Tudo é mercado
de uma só paixão:
executado.

Por fuzil ou por toque de silêncio.
O pelotão formado, o homem preso.
E a execução sem rosto
vai crescendo.

Como um incêndio.

VENDIDO E VIVO III O bafo de estar vivo não confunde
palavras e trincheiras
no ataúde.
Se falas liberdade,
o que está vivo
é vespa no teu sangue.

Tudo é mercado.
E uma só paixão:
executado.

Vendi o rastro
de estar vivo.

Nada mais sei.
Um dia me levaram
e assim,
meio cambaio,
também me executaram.

Dia por dia,
até cumprir-se
a sina e a agonia.

Nada mais sei.
A alma era matéria
em dor composta.

Um dia me levaram.
E a execução se predispôs.

Eu vivo.

CLARIDADE

O barulho de existir:
um cão
dentro de mim.

Atravesso
como a um pátio
o barulho de existir.

UM VENTO A MAIS

A demolição executada
no saibro, na fuligem.
Demolida a casa, porta
a porta, morta ou viva.

A demolição e a madeira
com vozes nas fendas,
vozes a manchar
as paredes,
o amarelo das vozes,
vida à solta
com muitas fomes
e uma só boca.

A execução começa
na fachada. Ao acaso.
Um vento a mais
nos vidros
e tudo estremece
no exercício
de um hábito voraz.

Demolimos corpos e regimes.
Demolimos o amor
se ele não move
as pedras de um chorar
antigo e jovem,
no mar
que nos absorve
por ser demolição
dos ossos que não temos
mas choramos.

Que é escasso
o ser humano.

PELO FIO DESTA AGULHA

Efêmeros, não sabemos
o quanto as coisas duram
e passando,
mais velozes,
algum semblante é nosso,
vago indício
na crosta dos instantes.

Efêmeros,
não por culpa original
mas por visita do sono.

Desde a manhã
o sopro que nos veio
transbordava
e a execução, lençol,
à medida que a vida
se fechava,
estendia-se ao sol.

Os nobres vão primeiro
como espólio e brasão.
Depois, os outros
que mal entram
pelo fio desta agulha.
Todos, vivos e mortos,
resistentes, ausentes,
todos sentem
que uma só vertente
nos sacia.

UM RAMO DE FUZIS

Alma, alma,
o teu lugar é aqui
entre as trincheiras
e um ramo de fuzis.
Então floresces
nessa pluma de espera,
até que o tempo
carregue suas velas.

Alma, alma
o teu lugar é aqui.
As mesmas alas,
o mesmo prosseguir
além da escala.

Alma, alma,
que faremos de ti?
Um pé de nadas,
um círculo de giz,
uma jangada
e o corpo
mestre-aprendiz.

Alma,
o teu lugar é aqui.
Não fui eu
que escolhi.
Agora nele estou
embora as coisas
girem sobre as coisas.

E o corpo é pertinaz,
se a alma não o for.

A EXECUÇÃO HÁ SÉCULOS

A execução há séculos.
E eu no mundo
por exígua monta.
O excesso
é que conta.

O universo é excesso.
A sorte,
excesso de pauta.
Deus, um erro de data
nalguma carta.
E tudo o mais
é pátria.

A execução há séculos
e o excesso nas coisas,
barulho de ondas.

O mar, excesso
de invento.

Quem mastiga esta dor,
a sua orla,
mastiga o invisível
noite alta.

Invisível alma
que se desarma.
Animais invisíveis
correm o ar da vida.
E a morte se contrai
com a mira repartida
de ar em ar.

ABERTA COMO SALA

I   O bafo de estar vivo
e a execução
aberta como sala
dentro do respirar.
E vivo, cada coisa
me assinala:
o pó, a estrada, o ódio,
o apertado sapato.

E vivo não consigo separar
a execução das roupas
e dos passos.

II   O bafo de estar vivo
e seu concílio.

Até quando
o morno soluço, a pele
de execução e medo?
Humanos,
depois nos habituamos
com as escamas e os anos.

E ali é um território
onde estendemos
solidário abandono.

A execução
se cola ao peito,
camisa
que por mais suja
não se tira.

A execução
no pensamento e nos pés,
a execução
como um vão
de coisas
que não se alcança.

CONTRA A ESPERANÇA

É preciso esperar contra a esperança.
Esperar, amar, criar
contra a esperança
e depois desesperar a esperança
mas esperar,
enquanto um fio de água, um remo,
peixes
existem e sobrevivem
no meio dos litígios;
enquanto bater a máquina de coser
e o dia dali sair
como um colete novo.

É preciso esperar
por um pouco de vento,
um toque de manhãs.
E não se espera muito.
Só um curto-circuito
na lembrança. Os cabelos,
ninhos de andorinhas
e chuvas. A esperança,
cachorro
a correr sobre o campo
e uma pequena lebre
que a noite em vão esconde.

O universo é um telhado
com sua calha tão baixo
e as estrelas, enxame
de abelhas na ponta.

É preciso esperar contra a esperança
e ser a mão pousada
no leme de sua lança.

E o peito da esperança
é não chegar;
seu rosto é sempre mais.
É preciso desesperar
a esperança
como um balde no mar.

Um balde a mais
na esperança.

Um balde a mais
contra a esperança
e sobre nós.

COISAS, COISAS

A despeito do amor,
as coisas todas
se fizeram ao mar.
Não quis retê-las.
Não conheci regresso.
Coisas, coisas
vos amei por excesso.
E o universo
me foi alto preço.

Todos os bens
vendidos em leilão.
O ar vendido.
Os rios.
As estações.

Comprei arrobas de chuva
ao meu pomar.
Trouxe a neblina
de arrasto
pela morte.

Comprei a noite
e dei o menor lance
ao horizonte.

Coisas, coisas
vos amei por excesso.

SAPATOS DE MEDO

Despertamos arquejando
sob relógios de medo:
um no pulso, outro no sangue,
outro no alento
com as horas
em suas locas desde cedo;
com a terra onde se planta
duras roseiras de medo.

Respiramos e o ar é seco
de punhos batendo
e de gaivotas voando.
Nos embrulhamos no medo
e as cobertas pesam tanto
que se desdobram em noites,
gargantas, vinhedos,
cavalos trotando vielas tortas.

Nos vestimos e calçamos
chuvas, sapatos de medo.
Os dias curtos. O cheiro
de viver sempre mais curto.
Até a fome mais curta.
O sono.

E ninguém se precavenha
de morrer antecipado.

ESTREITA MÃO

Na vez primeira
que a execução nos visitava

(lembro), o rosto de meu pai
com dureza, sem lágrima.
O dia seco, o relógio
da sala.
As frases.

O oficial no carro,
sempre igual,
transportava sua carga
sem números ou rol.
A hora exata.

Anos depois,
acompanhei a execução.
A pé. O tempo andava
por minha estreita mão.
A rota não mudava
nem o carro ou a estrada.
Nem a execução.

Hoje nela juntei
todos os bens.
Braças de água, ambições,
navios.
Para outra execução
ou memória.

CADA PARTE DO CORPO

A execução em mim
se enrola
um pouco dentro,
outro tanto, fora.

E a condição humana
é minha história,
a crônica do vento
e possessão.

A execução absorve
cada peça ou móvel
de sonho, a infância,
os casacos que ponho.

Absorve o rosto
que tirei do roupeiro,
os livros.
Cada parte
do corpo.

Mas a dor não absorve.
Nem o túmulo.

SOB UMA BALA

Já vejo o início de minha morte,
os fios que a antecedem.

Sob o peso da bala
e é tão leve,
caindo.

Vejo a mão de tocaia, na cobiça.
Sua arma de pálpebras voando
e o rosto ocluso, óvulo de sombra
no peito donde caio
e a noite ampla.

Vou caindo.

O sangue donde caio
é uma garganta
caindo.

Sob uma bala límpida.

Entre as constelações
eu vou caindo.
Nos meios de produção,
junto ao concílio.
Eu vou caindo.

Uma bala sólida
que me oxida ao mundo.
Vou caindo.

Uma bala
com raízes
onde se queima.

E os pássaros subindo.
Vou caindo.

Na pátria dividida.
Sob rostos e bandeiras
vou caindo;
no fundo de meu tempo,

como uma folha e outra,

vou caindo,
vou caindo.

E de tanto cair, eu me levanto.

RUMOR DE FOLHAS

Que tempo se escoa
na barca?
Quem toma posição
junto ao remo?

Companheiros
não se apartam
nesta viagem
que permite arrolar
as nossas faltas:
em vida eram rumor
de folhas soltas
e agora, execução.

Instante nenhum
foi concedido
além de nós
e na deriva
a eternidade
oprime.

A morte é um comprimento
sem altura.
A mesma paisagem.

Sutilíssima, a morte:
sua duração é estar fechada.

Nasce à míngua
ou excesso.
E não acaba.

O tempo de Deus
é a morte achada
antes do nascimento,
antes de haver palavra.

Deus não começa
nem acaba.
É execução.

NO MURO

Quero a face de Deus.
De tão profunda,
é secura
no muro do que vejo.
Rastro de altura.

A face de Deus
na execução.
Sua presença terrível.
Não como flor.
Mas vento de justiça.

Não lhe defino o tato.
Aninho-me
à beira de um retrato.
Como um filho.

Quero a face de Deus,
a liberdade.
Mesmo na execução
ou executado.

São longas as mãos,
longa a lança
da noite que combato.
É longa a execução.

Longa a sua face.

VIA-SACRA

Solidão dos ossos
quando alguém os fecha
numa data e outra.

Solidão dos ossos
e eu na infância deles
com pandorgas altas
e baixos apelos.

Tão pequeno bote
de ossos encalhado
em terra de morte.

Ossos fustigados
sob a penitência
de algum velho salmo.

Ossos sob a moita
de escuras perguntas.

Solidão dos ossos.
Refrão gasto
sob a língua
de pedra.

AFLUENTES

Eram os executados.
Os dias intumesciam
e como frutos, caíam.

Eram os executados
sem o título ou família,
sem o tempo, sem o espaço
que de viver lhes cabia.

Percebi o vário rosto,
percebi que eles baixavam
e suas penas subiam.
A voz ninguém divisava,
a senha não existia.

Eram os executados.
Quando? Como? Quem sabia?
O mundo já os viu deitados,
agora o mundo os erguia.

Executados por fardo?
No leito da amada, um dia?
Por algum golpe de estado?
Numa conversa ou litígio?
Numa batalha ou na esquina?

Eram os executados
que desde sempre partiram
e desde sempre chegavam.

SOBREVIDA

1   O bafo de existir
    e eu me revolto.

    Vinte, quarenta anos
    de metáforas
    e nenhuma consegue
    amealhar
    a vida ou sobrevida.

    Revolto-me.
    As armas são palavras
    ou aquilo que elas põem,
    dispõem em guarda.

    Toda alma é metáfora.
    O azul, o verde
    se revestem
    de outro firmamento
    que se excede
    e é metáfora.

    Mas viver não é metáfora,
    sucata ou estátua
    na praça.

    É objeto direto
    que se apanha sofrendo,

entre animais e medos.
Não se come metáfora.
Não se degusta a manhã
como romã,
ou a tarde
na mesa do ar.

Eu me revolto.

A vida,
jazida escondida
mais funda
que a mina
de sílabas.
Onde o mundo
é maior
do que o mundo.

II Há coisas que me invadem.
Como um navio faz água.
Então naufrago.

Há coisas que me invadem
de improviso.
Com olhos inimigos.
Indefeso sucumbo,
por elas dominado, coagido.

Quando me fito,
as coisas caminharam
por onde não indago.

E os meus sinais são claros
de sua perenidade.

PÁTRIA, PÁSSARO

Ó pátria, de sol a sol,
de vento e estações
ou sem nenhuma.

É pátria também
o coração, seu espaço

de espumas, o clarão
que os olhos
na amada reconhecem.

O único disfarce:
não a máscara
mas a face.
Aquela que as nações
percorrem sós.
Subterrânea no mapa
com seus rios
de uma foz.

Pátria, pássaro,
que a execução não te alcance
ou se vier,
que traga todo solo cultivado.

O que se planta, voa.
O que enverdece, pousa.

DÍVIDA

A dívida aumenta.
A do país e a nossa.

Cada manhã sabemos
que se acumula a dívida.
A grama que pisamos
é dívida.
A casa é uma hipoteca.
que a noite vai adiando.
E os juros na hora certa.

Ao fim do mês o emprego
é dívida que aumenta
com o sono. Os pesadelos.
E nós sempre mais pobres
vendemos por varejo ou menos,
o sol, a lua, os planetas,
até os dias vincendos.

A dívida aumenta
por cálculo ou sem ele.

O acaso engendra
sua imagem no espelho
que, ao refletir, é dívida.

A eternidade à venda
por dívida.
A roça da morte
em hasta pública
por dívida.
A hierarquia dos anjos
deixou o céu por dívida.
No despejo final:
Só ratos e formigas.

O GIRO DE VIVER

A execução nos joga para dentro
do círculo
onde se esgota.
E é loucura este circo.
O giro de viver
com coisas rotas.
O mínimo salário.
A conta posta
na infância.

E a execução dá voltas
maiores que a esperança.

O giro de viver
com coisas poucas:
milímetros de som,
alguma roupa
e a execução, comboio
no percurso.

INFERNO QUE SE ABRE

Ninguém transpõe o medo
impunemente.

O sol é implume,
o canteiro do vento.

Implume o céu, o chão,
o andar.
O ombro da tarde.

Ninguém transpõe a pena
como a um campo.

Agora é um outro inferno
que se abre,
onde o rio do que somos
nos percorre.

A execução é agora.
E a medula dos mortos,
uma raiz sem ossos.

Séculos no dorso,
a execução é agora.

NO OMBRO DAS COISAS

Como recolher-te, povo,
no ombro das coisas?

Preciso juntar tua bandeira
no caminho
do sol, das oliveiras.

Preciso recolher-te
onde não minto
e sou rebelde.
Pão.
Prego, espectro.
A alma imortal
e a outra alma
que é povo.

Casaco batido e longo,
o tempo se adivinha.
Tu também te adivinhas
cada manhã, embora
em fatias. A aurora
te adivinha na pura
distração, sem nuvem.

O menino ao nascer te adivinha
e é o mundo
chorando, adivinhando
o outro lado. O escuro
é teu lábio: respiras.

Em cacos teu espelho.
Em cacos e sementes.
Já viajam sem ver-te.
E vão-se os estilhaços
de ti, vão-se de braços
com o ar, as horas todas.
E o meu velho desespero.

O povo é remo
e a pátria, imóvel barco.
Teus fragmentos viajam
absurdos, indomáveis
e recolher-te, faz-me
nascer de novo.

Bendito seja o teu fruto,
América. Bendito seja
o ventre que tanto amei
e escuto pulsar, povo.
Teu fruto
no pomar da memória.

Quero-te inteiro. Ouso
por ti sofrer.
Vou recolher-te, fio
a fio. Medo a medo.
E quando fores completo,
virás me recolher.

POVO

I   Enchi meus cadernos
    na extensão da infância.

    Enchi meus cadernos
    com letras de manhã,
    domingos, florestas.

Enchi meus cadernos
de povo
e ao povo
enchi de mar.

II Onde começo e acabo,
é povo.

Onde o sol leva seu recado,
é povo.

Onde há pássaros,
é povo.

Onde o trator escava,
é povo.

E a plantação da noite:
a liberdade.

ALMA GERAL

Alma, alma,
o teu lugar é aqui
entre os algozes
e não foges,
não tentas abrandar.
Resistes, sofres
sem vozes
que elas queimam
em lenha
de amor e de pungência,
de dor nunca iniciada
e às vezes ávida,
tonel desfeito em arcos
e se erguendo
não cabe mais na alma,
vai ardendo
até onde esta dor é inteligência
ou trono de sombras se amontoando.

Alma, alma,
o teu lugar é aqui
com teus algozes.

Alma de erros e acertos,
rasuras, paixões
mas alma inteira,
alma geral,
aberta na matéria.

ALGUNS PALMOS

Liberdade,
por menos
do que somos,
executamos.

Alguns palmos
de sonho ou de madeira.
Executamos.

Alguns pregos de tempo.
Executamos.

Algum baraço, alto.
Executamos.

Andorinhas no encalço:
liberdade.

Executamos.

CANTOCHÃO

O aparente chão de meu chamado
é canto
e o chão de sangue é pássaro voando
que ao bico traz
o chão de algum recado
e pão se torna.

Assim o mundo:
fato, vestígio,
uma larga paixão
que mais me busca.

Meu componente e vaticínio,
mundo,
chapéu aberto de chamados fundos,
peito de tempo contraído,
chão de vivos e mortos.

Mundo, coberto pelo próprio musgo
que é céu não descoberto.

O chão onde te espreito
é amor de amada e corpo.
E a terra, se não vinga,
é porque foi sumida
que a terra por tão pouca,
é mundo. E de tocá-la
com mãos ou pés ou sangue,
nos fazemos humanos.

Mundo, não te abandono.
O canto me precede.
A ele sigo, cavalo,
tão mudo quanto cego.

Ó árvore do mundo,
só o canto me prende
e me desprende.

CORDA E FACA

Eis que a vida vai cortando
o pouco que a vida deixa.
E os dias se levantando
no pano da tarde negra.
Negros os ombros e os ruídos,
negros homens levantando
claros andaimes de pranto
no negro tempo passando.

Eis que a vida vai cortando
o pouco que a vida deixa.
E o mundo é longo e se dobra.
Porém a morte é mais longa
com suas rendas, fazendas.

Eis que a vida vai cortando
o pouco que a vida deixa.
E tu, ó pátria, comendo
o que te come a moenda,
o que te pasta o rebanho
e o que te sangra no bolso.

Pátria, maior sob as vigas
de salários e de noites.
Trama detida no curso,
guitarra no calabouço
dos ventos, teu coração.

Guitarra de sol, a pátria
contra o tempo ponteando
corda e faca. Faca e corda.
Corda de dor que se corta
como a vida vai cortando
o pouco que a vida solta.

MULTIDÃO

Multidão é meu nome
e a minha habilidade,
a de estar vivo.

Multidão é meu nome.
Quando sofro
e as dores me comprimem
com suas rodas de vento
– não sou um homem –
sou o elemento
entre mim e o que some.

Multidão é meu nome
e se de longe venho,
não sou eu me movendo.
Almas muitas se entendem
quando estão possuídas
de comum andamento.

Alma geral é a cela
de símbolos, e o mundo
a janela obscura
onde as coisas se afundam.

Assim, doutos e doidos,
com cautelas e afoitos
vivemos.
E viver é uma incrível violência.
Nenhuma ciência é maior
que a de estar vivo.

UMA VELHA ANDORINHA

A execução é a praia onde passeava.
Num pequeno sinal, se distanciava
com ponto fixo, irrecorrível:
o rosto final.

A eternidade sacudia a cauda
de peixe-boi.
E no seu dorso
eu cultivava ervas, eras.
"Primeva" era a palavra
em cujo lombo andava.
Escrevia alfas, rosas,
amadas, alegrias.

Assim eu caminhava a eternidade,
ela em mim se perdia.
Para além da vontade,
para aquém do dia.

A execução,
palavra que ventava
e a eternidade,
uma velha andorinha.

OS DIAS

Ai, os dias vão chegando
como se eu fora caminho
e eles, carroça rodando.

Vão chegando, vão chegando.
Já se apontam carabinas,
balas chegando e voltando.

Aqui jaz um tempo e um corpo.
Foi colhido na sobra de beleza
Sem pranto.
A natureza como fêmea,
não se juntou a ele?

Ai, os dias vão chegando
como se eu fora fronteira
e eles tivessem passando.

A DOR É RESISTÊNCIA

Pode o amor
suspender a execução
e suas águas densas?

Segurar a sentença,
levá-la distraída
à feira onde se viva?

O abraço do irmão
é resistência.
Os braços que se dão,
são resistência.

Os corpos em árvore
no amor,
são resistência.

As folhas
que de teus olhos caem,
são resistência.

A ordem da vida
em cada flor, pedra,
é resistência.
Feita de milênios
e alguma pluma acesa
na demência.

Nós, humanos
ainda sonhamos
que pode a dor causar
maiores danos?

A dor é resistência.

Até a execução
no amor é resistência.

O TEMPO SECO E PEQUENO

O tempo e a alma se alternam.
Lançado o jogo. Qual deles,
pássaro, ou mosca, repousa?
Qual deles
rosto, fadigas,
entrada em cena?

O tempo é patas rangendo
e mais além, range o vento
na alma, sobrado negro.

Cai o que somos e usamos,
cai onde vamos e amamos.
O tempo seco e pequeno
tocando no seu enterro.

DE REPENTE

De repente o mar parou
nas minhas portas. O mar
com seu casco descansou
onde começa outro mar,
onde termina o que sou.

De repente o mar parou
no meio da execução
como um cavalo que sai
da estrebaria do ar.

De repente o mar parou
e eu fui jogado a rodar
nas ondas da execução
onde as culpas como peixes
entre espumas, subirão.

De repente o mar parou
nas minhas portas. O mar
onde o mundo principiou
e a pedra da noite cai.

De repente o mar andou
e a execução terminou.

II. FOGO DA CONSCIÊNCIA

> *O espetáculo, eis a armadilha onde
> apanharei a consciência do Rei.*
>
> Shakespeare, *Hamlet*.

FAUSTO

1   Sobre o tímpano do vento,
    foi que o encontraram morto
    e com os ouvidos abertos
    a todo e qualquer esforço
    de equilibrar o seu mundo
    com outro, fora do corpo.

    Sobre o móvel do ar,
    imóveis os olhos sobem.
    Quem os pode segurar
    para dentro do corpóreo,
    para dentro, para dentro
    do seu campo imaginário?

    Sobre o expresso do ar,
    foi que o encontraram morto
    e seu gesto de esperar
    não era o mesmo das rodas
    que vorazes o levavam.

    Seu nome já não importa,
    pois os mortos o perdem
    no momento de ser mortos
    e tomam os seus lugares
    para serem a memória
    de um corredor
    que era o nome.

2

Como refém da manhã,
foi que o encontraram morto.
O canto não o largava
com sua toalha, o tempo
se enrolava nele. O tempo
se fez encosto
e seu derradeiro corpo.

Eis que o encontraram morto
no morro, na procissão,
no pensamento, no sono.

No meio da rebelião.

3

Como refém ou refrão,
sabei que ninguém é morto
e no morto é vivo tudo,
coberto de solidão, de folhas
e tendo livres sapatos.

Este morto
sabe suprir o verão,
o inverno.

Se de novo o encontrarem,
talvez o vislumbrem jovem,
no meio da rebelião.

E a morte sempre mais velha.

II Quem foste, senão o desatar-se
em jogo e convulsão, deserto
e ar trancados
no serão do inverno.
Paixão que não se rende.
Nem se apaga
no incêndio.

Deus é a paga
do que enfrentas.

As rugas, a cabala.
Matéria compelida
a ser matéria.

Ou algo
que talvez reconheças
no ato de pensar
e de morrer.
Algo que nos preside,
sucede e é
o fio de ver.
Límpido, perfurante,
recobrando
o mais durável.

Deus,
atmosfera
que buscas atingir
e se entremostra.

2

Há que ligar coisa a coisa
e o mundo com o mundo ao meio.
A vida
não pode apartar o amor
que inventado, se inventa
e faz parar o movimento
e é tão mortal que se ausenta.

Quando o céu era cavalo
teu pensar andava nele.
O sono, fungo, sobrado
e seu chamado, consciência.

3

Desaprendeste as evidências,
as loucuras hábeis.

A evidência
de saber que existias,
cerro
ou mera, formiga.

Útil e pacata,
a evidência

de conhecer os seres
pelo nome
e trocar a linguagem
entre veras, deveres,
betumes, fertilidades,
implumes filhos
de nossa servidão.

E outra, de sofrer
na inteligência.

E as evidências,
pedras
no colo da manhã:
amar, odiar,
comer o pão
e o não comer
transido de escassez.

A tudo rege
a fome.
Ao tempo rege
o uso, não a posse.

4

Que pacto
na tarde,
na pedra?

Que pacto
entre o pensamento e o ato,
entre o carro e a carga,
entre
tua sede e o resto?

Que pacto
com o povo
na fala?

SEM O CORPO E SEM A ALMA

1   Descido
    sem o corpo e sem a alma.

Como explicá-lo
ao mundo?

Não troco, identifico
num verso,
os meus cansados
cavalos.

2

Quero ficar quieto, quieto
e deixar de nascer,
que o nascimento
é um amor tão breve.

Venham todos à luz
de mães rasgadas,
que a dor é dada
antes de aparecer.

Mas nascemos. Cumpre
sorver o que sorvido,
já se vive, vindo:
o mais curto minuto.

II   Desarmei os olhos
e os abri na infância.
Ouvi seu marulho
contra a rocha.
Desde o mais breve
ao maior silêncio.

Sei que o dia é feito
de seu rumor. O dia,
o arvoredo, o vento
e a vida mais completa
que o seu movimento.

Desarmei os olhos
como se partisse,
desarmando o tempo,
os ódios, o imprevisto.

Desarmei os olhos,
acendendo os sopros

que estão neles
vendo.

III Uma só palavra
e a criação se desprenderia.

Uma só palavra
e a condição humana voava.

Cairiam animais, coisas
e todos os continentes
deitados no seu ventre.

Uma só palavra
sob nenhuma espada.
Quando ela vem,
tem as narinas da noite.

Deitei, morri
sob o seu dia.
Debaixo de sua árvore.
Na ceia mais tardia.
Subia sem escadas
na palavra
e ela por mim
descia.

Quase nada
nos afastava:

um palavra.

A PALAVRA COM DIA

I São tantos os demônios
que me cercam,
que os chamo pelo nome
mais secreto
e comparecem.
Apesar de esquecê-los,
aparecem
na insônia
de revê-los.

São domésticos, alguns.
Outros, guerreiros,
comerciantes, funcionários,
jurisprudentes.
Vivem do salário
de um deus
que não sentem.
E o pior
é que se fazem
familiares.
Habilidosos
como toda a gente.
Nada os distingue,
salvo o leve arquejo
de saberem-se escravos.

Não fogem
com as mágicas e lavas
que lhes traço.
Marco sua estada
de sábia onipotência
e ainda são cordiais,
tristes, velados.

Ó anjos, não me guardem.
Antes guardem
o mal e sobretudo,
esta penúria de amor.

É tão pequena a vida
para a morte
e a morte é tão pequena
para o sonho
que se exala de nós
— nuvem ou nume.

O universo não cabe
num sinônimo.
E todos os demônios
perdem seu fulgor
quando o contemplam.

II Anjos, demônios,
suspendei o curso
da dor

que é a de nascer
ou de estar vindo.

Suspendei a consciência
que ela volta,
com desdobrada força,
como se uma gaivota
se transformasse
no fundo da garganta.

Depois depois depois,
eu perdia as palavras.

III A felicidade é um silvo,
uma pêra sobre o vidro.
Duas mãos que navegam,
dois corpos que se guiam.

Não ser mais parente,
irmão do século.
Respirar, respirar
e se esquecer
dos timbres, formas,
cores.

Respirar o sigilo
que o pacto cunhou
em nosso instinto.

Siderais não, terrenos.
Porosos, interinos.
Bastardos e legítimos.

As bestas nos limitam.

IV Deus é palavra
na hora clara,
se nós amamos.

V Instalarei a palavra
no mundo.
E o sal vai preservar-me,
a cinza deste rosto
irá multiplicar-se.

Nos alimenta a palavra,
transmuda-nos, nascemos dela
mais cotidianos.

Instalarei o mundo
na palavra,
a obstinação de amar,
a religião
de te ver novamente.

Toda a minha alquimia
é a de saciar a palavra
com o dia.
Construir outro homem
com este, o da semente
e sua festa.

VI   Só a palavra julga.

Larga ou estreita
a porta da alma.
O seu rochedo.
O seu pombal
de surdos pensamentos.

As fanfarras da pompa.
A ira, a poda.
Só a palavra julga.

O arsenal da alma
aos ares.
Uma pedra arremessada,
a loucura.
Uma pedra de séculos.

MUDEI DE NÃO MUDAR

O cão mudou-se em lua e a lua
em viola de amoras.
As leis do engenho
são as leis do ar.

A raposa comeu rosas de chuva,
a rosa evaporou-se entre romãs.

As leis do engenho
podem levitar.

O cão se fez mendigo
e o touro sazonou as suas patas.
A criação
se apura nos perigos.

O cão seguia as vespas
que se transformavam em canários.
A razão
apenas preludia.

O tigre é rua. O pastor,
um cão de fila.
A lei do engenho
é loucura.

II Fêmea de minha
morte, a loucura.
É por demais o amor.

Tive tantos princípios,
agora são os fins
o único exercício.

Quem semeou estes mortos?
Musical, a macieira
na terra como um carro
que os transporta.

Tuas pernas sopravam verões
de cavalos.
E eras, loucura,
não sei que reparos
não sei que formigas
no tarro do fruto.

Mas tua nudez
forceja o real.

Loucura, eu te como.
Loucura, me crias.

2

O fiel da infância.
O fiel da violência,
um leão no deserto.
O fiel da virtude,
um braço de ferrugem.
O fiel da balança,
O prado do horizonte.

O teu corpo fiel
é o meu desamparo.

III Se perguntas onde fui,
devo dizer: o mar.
Estive sempre ali,
mesmo estando a mudar.

Foi ali que escrevi
tua pele, teu suor.
Ao tempo, seus faróis.
Não mudei de mudar.

2

O que mudou em mim,
senão andar mudando
sem nunca mais mudar?

Quem mudará em mim,
se não sei mudar?

3

Ou me mudei. Sou outro.
Outra ventura, outra
virtude, cadência,
remota criatura.
Então que se apresente.
Seja tenaz, plausível
esse rosto invisível
e áspero.

Mudei. Soprava o mar.
Mudei de não mudar.

ESCUREZAS DO PACTO

I   Meu pacto, o universo.
Por chancela, o sangue.
Refratário, agreste.

O sangue
de teu sangue
cinde a barca.

E no pacto
nenhuma remição,
nenhuma vaga
que se torna mar.

Avencei.
O sangue misturado
com o sol, a terra,
o éter,
é um pano de mastro
que infla, se navega.

Não paira amor
sem pacto.

II   Retumba a divisão.
Não escolhe o dia.

Tudo o que de nós
explode
é divisão
e se adelgaça, sobe
no rosto amado.
Cravo, filho. O tempo
de estar juntos, ileso.

Uma penugem
rebenta na matéria
e é divisão.

A vida não acaba
por mecanismo rude,
por arrasto de nuvem.

Separaram
duas partes da casa.

Para o lado de Iá,
o devagar, a infância.
E a noite, aqui, um teto.

Entre os dois mundos,
o íntimo e o outro,
a divisão do impulso;
no aparato,
no vazar das órbitas
a divisão do ritmo;
de um fone a outro,
de um repúdio,
em minha mão,
a tua dividida.

Separaram amantes
num telhado
para que o tempo voasse,
que eles no amor
guardavam meses.

Separaram países,
semblantes.

Nos derrubam.
Somos rechaçados
pelo acúmulo.

III   O pacto
no dia em que nasci.
Incrível salto
dentro do humano fim.

Deus singrava
um meio de navio
e noutro
que era eu.

Intacto na inocência
do mundo e existir,
cair de bruços
no tombadilho do ar
e existir, pactuar,
sobreviver.

Deus me desespera, erra.
Tesoura cega.
Tenaz é Deus
na agulha, na vereda.
Certeira, a mão.
E nós, os fios.

Pacto de amor
durável mais que o pacto.
Mais que o sangue,
a virtude, a claridade.
Atônito, de perto,
coloquial.
Cotidiano e animal
na retirada.

Ser o pacto,
ser o pacto,
o derradeiro fato,
a assinatura de ácido,
assinatura
de dois corpos
em lastro, lenho, trave.

Deus, o último,
o que chora
de choro geral
na Jerusalém dos ossos.

O pacto
que firmaram por mim
sem assistir.
E o que firmei no amor.
De apenas prosseguir.

Eu o lavrei por todos
e o recusei por mim.

2

O pacto
onda
na sílaba retida
antes de ser viva.

O pacto
de tempos encontrados
no impermeável cabo.

O pacto
amante
no puro incêndio.

O pacto
de árvore em árvore.

No fim da rua,
o pacto.
O universo.

No fim do trem,
a amada.

No fim da morte,
o pacto
de esquecer
que se morreu.

E aí começa
Deus.

IV   O acesso de embarque.
E o tardo ruído
que a todos assombra.

O apito do barco
era o pacto.
A bússola torta.
O céu de tão baixo.

E as almas carreavam
sobre o pergaminho
das águas, as algas,
o coro da barca
que os mortos regiam.

Sobre o pergaminho
o sol, as formigas,
a nossa fereza.

Ai dos que amam
e no pergaminho
da noite se culpam.
Também dos que oram.

Sobre o pergaminho
jazem insepultos,
os que vêm da aurora.

v   É preciso aproveitar
frestas do pacto,
os cochilos,
os filhos bons e meninos,
nas taipas
os seus buracos.

É preciso aproveitar
as fechaduras
do pacto.
Pode a chave
não entrar
mas a dor recebe vento,
mais resistência de dor.

É preciso aproveitar
alguma escada, de banda,
alguma grota
no pacto,
duas vidraças.
Ou se evadir
pelos fundos,
das escurezas
do pacto.

É preciso aproveitar
suas falhas e varizes.
Os grilos do pacto.
O risco.

Ocupá-lo nos negócios
como ministro sem pasta.
Conhecer os arrabaldes
do pacto, suas comportas.

É preciso aproveitar
a flor do pacto,

o intervalo.
E ali ter duração.

Que tudo seja apenas pacto
e nós queiramos nascer.

OLHOS POR TODA PARTE

I Um pacto fiz contra o pacto.
Foram segundos ou meses?

Cláusula alguma previa
permanecer. Sua dor
é uma rua sem esquina.

Um pacto fiz contra o pacto.
A árvore da ventania
tinha seus frutos amargos.
Percorri sua cidade
desde o nascer e a revolta,
derrubei as suas portas
e não sou seu habitante.

Fiz um pacto contra o pacto.

Qual a extensão da tarde
no teu corpo e sobre mim?
Nós a sabíamos, sabíamos
com os lábios,
os atalhos intocados.

Fiz um pacto contra o pacto.

II Ainda não cansaste
com as metáforas de realce:
as burguesas, furriéis e tão corteses.

Chegas e o boa-noite
é tilintar de rugas no semblante.
Estás na mesa
e antes dela.

Estás na dispersão
que me retrata.

É como se beirasse uma agonia.
E fosse o leito, o morto.
A dor redonda.
E nós a navegamos.

Suamos, gememos.
Eis a festa.
O amor é permanente,
a dor esférica.
E tudo um alambique
de calendas.

Suamos
o verdor da natureza.
Não sabemos
de que lado a dor termina.

O real é nu,
exasperado.
Um átimo.

Mas a festa se afunda
sob a terra, a cal,
a criatura.

III O cão me apareceu.
De soslaio.
Não disse quem.
O cão me concebeu
na dentição.

De rompante, agrediu.
Não disse sim.
Nem prestimoso fui.
Me defendi.

Governou-me depois, desgovernou
em viés, o timão.
Que noite me sorveu
e era o cão,
que noite recuou, reverberou,
transfixou-se na dor e me cruzou?

Clâmide, clava,
notei que o cão
em mim se prolongava.

Que intuitos transiam
suas patas e ímpetos?
Floria da voragem
entre ameixas, tubérculos.
Impelia-me, aragem
para o verso.

O cão saiu de mim.
Com a cisão
era um outro,
fendido, desconexo.

E quem o combatia
não movia gesto.

IV Os olhos por toda parte.
Rondam maduros e sólidos.
Inquietos sempre, furando
a liteira da linguagem.

São olhos da amada, olhos
deste cão que me percebe,
os olhos de minha morte
ou de algum porta-estandarte
que na ante-sala me veda?

São os olhos da palavra
ou seu demônio vindouro.

Os olhos pela clareira
de abelhas
no grão das coisas.

Os olhos verdugos e úmidos
na clarabóia da fala.

Os olhos de fortaleza
no rosto da rejeição.

Os olhos de palha seca
na maior clarividência.

Os olhos, fósforo aceso.
Conosco, o universo queima.

E toda feitiçaria
é o amor que se realça
junto à laranja do dia.

v   Há um cão em ti.
Há um cão nos olhos
de meu velho cão.

Fidalgas as feições.
A estampa da erosão
nas juntas.

O universo
nele ladrava.
Eu o divisava
na aveleira do verso.
E às vezes me mordia.

Tão diversos
os cães na alma
que, apesar de imortal,
não resistia
as suas investidas.
Fragmentava-se.

O mal era a presa
do bem.
Inteiriço.
Opaco.

Nada na sombra
entre um cão e outro.
Nem muro de ardil
ou parcimônia
vedava aquele olhar
de corrupção.

O cão,
fio de pensar
quebrando-se.

Quando nascemos,
somos o cão
de um existir efêmero.
Obscuro o lombo
entre choro e riso.

Crescemos
e este cão, penúria
de anjo.
O guia insólito.

Morremos
e o latido:
espaço que habitamos.

O cão é o pacto.
E o guardião da culpa.
Quando o amor
o expulsa.

VI   O cão da arma,
o cão da carestia.
O cão da alma
e o outro
que me espia.

O cão da chama,
o cão do amor extremo.
O cão me chama
do túnel de um espelho.

O cão e o dente
no peito do silêncio.
O cão da fama
e o outro, da memória.

O cão da bala,
o falcão da arma.
O cão da lábia,
o cão do teu remorso.

O cão da falha,
O cão da eternidade.

TUDO SE PERFAZ

I   Se queres, não existo.
Nossas raízes
são com o movimento.
Não posso te dar
senão os dias
que se exaurem conosco.

Deves ver, mensurar
alfabetos, desertos.
E ausência
é quanto peço.

Se queres, não existo.
Sou ancestral das pedras,
viajei ao início.

Entrei em ti, no caule
de existir.
Mas existir
é um lapso de paciência,
entidade sem Deus
que te vincou a mim.

II   Nossa família: as estações.
Nada sobra

do que julgam ser
as propriedades.

O corpo, a alma
apenas usufruto.
Também os meus deveres.

Só o amor é nosso.
E o soluço.

III   Sofri em mim, em ti.
Não cabe retrocesso.
O peso, a pedra, a dor
e o limite tão forte
que nos salva.

Mesmo se a morte erra,
o amor acerta
e em flor nos ultrapassa.

Sofri, hei de sofrer.
Mas qual o sexo
que a dor nos apresenta,
qual o nexo
de suas oferendas?

Quando vimos,
éramos caminhos.
Temos de transitá-los
ou cindi-los,
Por que não – peremptórios,
de mãos dadas –
ao sol que nos agrava?

Entretanto o amor
só tem a forma humana.
A dor conforme,
desconforme,
com terra de ninguém
por território.

IV   Devo eu dividir o amor em partes
ou dividir-me nele, compungido
nos dias que me cabe não retê-lo.
Desterrá-lo de mim como um gemido
nas cordas de teus olhos, teus sentidos.

Depois ruir a dor, ruir a espera,
no que de espera, as coisas se entreabriram,
viram adultas esta deferência
de tudo andar na dor e no sigilo.

E Deus aparecer e se ocultar
quando o chamei de súbito.
Deus lutar comigo – nós, ferozes,
amigos, inimigos. Nós, as vozes
que podem ecoar, se vibram juntas,
na lona de outras vozes, no manejo
de sombras e marujos.

Devo eu dividir com a volúpia,
a vintena, o disfarce dos deveres.

Mas o amor me reconhece, me fareja,
persegue o foragido.

Devo eu dividir. E que metade
saberá de sua outra? Que metade
será a corruptível, obstinada,
enquanto a seu revel, a parte pura
irá pôr-se de armas.

Devo eu dividir o amor em partes,
que o todo me refuta: vilipêndio
de augúrios e vínculos.
Solvida a ventania, designamos
o amor resistente, renitente.
Solvida a ventania, somos mares.
Solvido o mar, a praia em toda parte.

v   Não sei até onde enterrar
o amor, enterrar-me
no amor, desenterrar-me
dele e refazer depois
as noites sem revê-lo.

Não sei. Forças acodem
ou por elas perpassa
o seu tropel. O dia
é necessário. E somos
resistentes, solidários.

Tudo se perfaz, doendo,
com o mais raro apelo.
Tudo age mudando, indo
a outro amor que insiste
em ser eterno.

vi   Sei que amo
antes das coisas existirem.

A vida me define
e eu decido, existindo.

Não sei o que me fica
ou ficando, sobrepõe-se
ao desígnio.

Muito antes
de me escolher, banindo.

Sei que amo
e tudo acontecido,
indo, vindo.

VII   Perfilhei a solidão
de estar em mim,
em ti
e nunca estar.

Perfilhei este amor,
o universo
e por haver pactuado,
Deus é um verso estreito.

Assumi teu esforço
ao lado meu,
para o poder achar
quando me esqueço.

Assumi a levedura,
o fogo.
E me banhei duas vezes
no mesmo corpo.

VIII   A batida do sino,
a batida da noite.

Não sei se persigo
a batida do sino.

O meu corpo no teu:
a sacada do sino.

O meu corpo no teu,
sempre a bordo, estibordo,
a batida do gongo.

O meu corpo no teu,
clarinete tocando.

Na fachada da lei
a batida do corpo.

O rei morto, rei posto
no badalo do osso.

A batida do sino,
o revôo do pacto
no sangue. O rebordo.

A batida do cão,
o seu casco de fogo.

A batida do cão,
o reino partilhado.
Na seteira do sino,
o amor redimido.

A batida do cão,
a cancela do sino.

AQUI FICAM AS COISAS

I Vi que os ponteiros giravam
no (j)ar(r)o das sobrancelhas
e estas também pesadas
eram noites represando
na roda de alguma estrela.

Vi que os ponteiros riscavam
com seus arados a tarde,
ela na amada ia
em puro andar desenhada.

Vi que os ponteiros e os olhos
se uniam na mesma espádua,
na mesma escarva. Os ponteiros
ascendiam numerosos
sobre a ladeira dos ossos.

Vi e as palavras mulas
se entrecruzavam.
Cabresteá-las
está sujeito à secura
de as não amar ou retê-las
na garganta que as soltou.

E que poderio é este,
entre a amada e seu silêncio?

2

Onde na amada, o quarto,
a sala de estar, os cômodos,

onde na amada é Deus
e seus parentes indômitos?

Onde na amada é a cerca
e onde, campo sem fronteira?

Onde na amada o sono,
os parques, o cão?

Onde na amada somos
e onde somente paixão?

II Caminhar pela areia do possível.
Chamar cada coisa pelo nome secreto,
ou mesmo anônima.
Viajar o teu corpo, vaga a vaga,
até onde se indaga seus países.

Descobrir
os sulcos de teu corpo
nas veredas do ar, rodízio
das pernas, trigo
de palavras.
E as costas sem o céu,
fortes e livres.

III Gozemo-nos, amada.
O mundo é pura ausência
e as almas no abraço
vêm pousar.

Gozemo-nos. O fruto
nasceu do ar plantado,
o rio nasceu do uso
e o amor,
de cada passo caminhado.

Gozemo-nos. As almas
são aves sossegadas
no tronco de um só corpo.
E nosso amor, o vôo.

IV   Minha amada é árvore. Tem
a precisão da floresta.
Em sua madeira ou sombra,
pode acolher andorinhas,
brisas, silêncios, neblina.
Pode acolher minha morte
na cintura de caminhos.
Mas só acolhe o intervalo
do corpo que se nutria
na mesma seiva do dia.

Minha amada é árvore. Sempre
desconfiei do ar havido,
chamado, petrificado
que ela desencadeava.
Não desconfiei do verdor
de suas coxas inexatas.

Minha amada é árvore, chuva
cerca de flores na dor
de sabê-la em companhia
ou de ganhá-la, perdê-la
nos medos, nas suas culpas
e sobretudo, no amor.

Minha amada é natureza.
O verde das suas veredas
na manhã, no som da tarde
latejava. O rosto
da amada, mesa
onde as palavras sentavam.

V   Minha amada é tão vária,
de tato exato, o seu vulto
intransitável de rugas.
A companheira, a que sofre
nas vagas ruas de chuva
e o meu amor vai vesti-la,
segui-la sempre, o meu canto

está com ela fluindo
e é feito da mesma argila.

Minha amada não tem nome.
Está naquilo que amo.
Posso chamá-la Maria
ou amanhecer.

Minha amada já se esconde
na noite calada e humana,
próxima, íntima. Noite
de coisas tácitas. Noite
de casa limpa, de países
deslindados.

Minha amada é o que vejo
com seu olhar e seus lábios.
Mesmo que eu nunca mereça.
É minha amada este espaço.

E tanto a amo
que meço
o descuidado sossego
que fez dos dias, o preço
de minha morte.

No entanto,
nela confundo a sala
de moradas e de vilas,
nossas mudanças, horários,
com o pó nos móveis, vidros
e esta viagem sem pó
na flor de nossos sentidos.

2

Como conheço teu rosto.
Teu amor em cada sulco
de palavra ou de soluço.
Como conheço teu jeito
de esquecer e me amar.

O ódio e suas conjuras
é moita de tempo apenas,
não pesa mais,
não avança.

Sou fruto de teus escuros,
de teus frutos, destes muros
capazes de me matar.

Mas não me matam: existes.

VI   Solidão, te percorri
enquanto eras a terra.
Nada te amortecia
no teu rumor, nem a queda.
E de tanto amar colhias
fúria de amor, penúria.

Mas o eterno existiria
do amor, praça, latitude,
dadivosa sesmaria
ou me enganei, sendo consumo
o que da terra provinha?

É tão velha a juventude.
E teu quadril no mundo
se movendo.

VII   Aqui fiam as coisas.
O relógio
na nuca do silêncio.
Dois chinelos
confusos no tapete.
O corpo que habitei
junto ao sossego.
Suas ancas de tempo.

Aqui fiam as noites
e elas tecem
a humana residência
ou resistência.

Mas nós fiamos tudo
o que nos fiam
e tudo o que nos tiram.

Onde o amor
só de criar, nos cria.

VIII Por ti começo o dia.

    Fiz a luz com o cerco
de tuas inquietudes;
beijos, larvas, insetos
te perseguiam.
O caos pairava incerto
em tuas pernas de lume.

    Fiz a vértebra do canto
com tua estatura.
O dia se compassa
nas esquinas do mundo.

    Por ti avisto o povo.
Há lendas pelo dorso
navegante. Flutuo
nas glebas de teu rosto.
Por ti começo o estio.

    Desci para o portão
do inanimado. Vi
correrem estações
na coronha dos rios.

    Por ti o povo amava
sua terra, o rocio,
o roçado da fala
a meio fio,
no clarão da garrafa.

    Tudo iniciava em ti.

IX Abrirei teu nome
como uma fonte.
Abrirei teu nome
com a tampa da noite.

    Abrirei os joelhos
de teu nome
entre o joelho das árvores.

    Somos fronteiras.
Nos tocamos
além do tato
de estar só no corpo.

Além do corpo efêmero
das coisas.

X   Todas as minhas raízes
estão contigo.

Que a fome, a sede
se renovem.
E sejamos tão antigos
no amor e novos
junto aos meses.
Sim, o pátio dos meses.

O ar já não pousa
sobre as coisas humanas.
O fusível do ar.

O que está morto
está morto
está morto.
Mas todas as minhas raízes
estão contigo.

As flores que nunca morrem,
são essas que em ti se movem.
Todas as minhas raízes,
as minhas raízes.
Até as mais aéreas.

XI   Nossa sabedoria é a dos rios.
Não temos outra.
Persistir. Ir com os rios,
onda a onda.

Os peixes cruzarão nossos rostos vazios.
Intactos passaremos sob a correnteza
feita por nós e o nosso desespero.
Passaremos límpidos.

E nos moveremos,
rio dentro do rio,
corpo dentro do corpo,
como antigos veleiros.

XII   Aqui ficam as coisas.

Amar é a mais alta constelação.

Os sapatos sem dono
tripulando
na correnteza-espaço
em que deitamos.

As minhas mãos telhado
no teu rosto de pombas.

Os corpos
circulando
na varanda dos braços.

É a mais alta constelação.

SÓ CONHEÇO DEUS

I   Que mordaça nos cinge,
quando o fulgor é único
na vidraça do instinto?

O sol nos toca vivos.
E vivos, nos negamos.

Morremos na justiça.
Somos misericórdia.

II   O humano é custo,
empresa que se apresta
no deter
e detendo, cobra.
E sobrando,
se gasta.

Mais preciso:
a parede do tempo
de estar vivo.
A parede sem nível
do possível.

Salvar? Mas estou salvo,
sou matéria.

Nenhum impedimento de subir,
exceto a condição de ser humano.
Mas esta é de romper.

Um osso, um plasma, uma epiderme,
o susto.

Quanto nos apanha, nos encerra
a popa de uma nau
que é apenas alma.

III   Ouvi palavras gemerem
no fole da eternidade.
Eram palavras ou seres
de capas, capuzes, cartas
ou esquivos conselheiros.

Vi que palavras cobriam
outras palavras: as fêmeas.
Mas não eram só palavras,
pois gemiam como remos
contra o fôlego das águas.

Ouvi palavras. Tão salvo
e tão perdido. Levai-me.

IV   O coração é um barco
o coração é um barco
e a solidão, seu casco.

Não sei donde provenho.
Se procedo de outro veio
ou de algum novo começo.
Sei que o coração é um barco
com madeira de andorinha.
Nele embarco, desembarco,
mareio quilhas e crinas.
Coração, cavalo-barco,
saltando muros de vento
pelo verão das colinas.

Precários somos, precários,
nos abraçamos
no que a mão alcança
e provisório, o céu.
Mas o coração é um barco.

E nos amealhamos, toleramos
por quanto tempo, irmão.
Por quanto medo?

O coração é um barco.
O desaprumo da morte.

O mais, vou desaprendendo.

v   A condição humana:
ultrapassá-la.
Mas como recriar
outra harmonia?

Um barbante ou flauta.
Um cordame de cosmogonias
e o perfil, os milênios.

Tentei ultrapassar;
As fronteiras são vínculos.
Nó de vime.

vi   O fio de minha voz
na tua, audível.

O fio, um homem.
Sombra, risco, eco
— me assinalei na dor
que aqui não clamo
nem cerco.

Não te espantes
com o vulto que te dou.

Alma, me aceita.
Só conheço Deus.

VII A linguagem se abre:
o que era catre
é catre. Nave
é nave.

Mas quando se diz "pássaros",
o tempo é uma viagem.

VIII Estou preso
a um fio, a um til, a um frágil filho.
A um cio de velas, a um domingo de ondas.
A uma vergonha, a uma só pergunta.
A este enigma preso a outro véu,
a este céu quadrado e dizimado.

Preso por um cabelo ao mundo.
Uma lágrima.
Por ódios e despeitos provincianos.
E sem cabeça a prêmio.

Antes fora, antes morresse
de mim para que nasças,
ilimitado sulco
de não querer morrer,
morrendo embora.

Desvivente sou, contraparente,
contramestre,
contravagão da aurora.

IX Faça-se o confisco
na misericórdia.
Nada se lhe sobre.

Nós, desamparados,
nela encolheremos
toda desinência.

Órbita nossa, pão
de trigo velho,
os bens salgaram
na misericórdia.

Faça-se o confisco
faça-se o confisco
do que em nós é vivo.

2

Folhas como gotas
junto das muralhas.
Mortos se detinham
em redemoinho;
nunca se apressavam
na misericórdia.

Arcaz, o rosto cai
dentro do teu.

Estamos no extravio.

Amor, se te declaro
é porque sei.

MINHA CIÊNCIA, O UNIVERSO

1 Nenhum deus me preside
e sou eterno.
Porque flutuo em coisas
que renego.
E podia aceitar,
ser disponível,
abandonar-me ao crivo
do possível.

Mas até respirar
é um exercício
de amar ou de reter.

Os olhos limpam
honras,
vaidades.
E se integram no amor
como se pedalassem
os joelhos da amada.

Nenhum deus me preside.
Sou a ligação da alma
ao povo.
E desavindo, escolho
as armas que me aliam.
As frinchas de tempo.

Não sairão de mim
planetas, vinhas.
Só fluem divisas
e uma parturição
que desconheço.

Nenhum deus me preside
e sou eterno.
O nome se desfaz
com qualquer chuva.

Todo o meu tronco
é fuga. O cansaço.
O carvão da virtude.
Fuga o rocio
dos pêlos.

Ia fugir
e as carabinas viram.

As dores foram tantas
e se somem;
sobre o fio dos ossos
nada brilha.

Por que sofremos,
se nem a dor nos larva?
Sei que a primeira dor
foi a palavra.

Sob o acervo da cinza
civilizados fomos.

Trançamos ninhos na palavra:
távola, casa, navio.

Vivente na dor
de transformar-me,
mudar de asa e cor,
depois alar-se
a outra dor
que doa sem alarme
e saiba
que somente somos dor.

Vivente na dor
de me perder

e nunca esquivar-me
de doer.

Quem não cheirou
na dor,
o sêmen?

II Minha ciência, o universo.
Outra não me acrescenta,
nem porfia
senão a de cortar
nossa fatia de carências,
convivência
de seres e de livros.

Todas as teologias
se completam
num gesto de dormir.

Deus sonhou
na metade do meu verso
com a outra, distraída.

O século é uma mosca
dentro da consciência.
Mosca
no vão da teologia.
Alarido.

A inteligência só mede
nas medidas convenientes.
Adapta-se. É mesa,
grade, mapa.
Vasilha de vertentes.

Não pára, não engendra.
Contorna, delimita
as ocorrências.

Apenas catacumbas
geram deuses.
Subterrâneos rigores
nos comandam.

Minha ciência, o universo.

E me cansa refrear sua agonia
quando o amor esmorece
as largas quilhas.
E me cansa
sondar o desperdício,
escrutar as rações
do pensamento
no celeiro mentado,
desmembrado.

Me cansa
existir como adorno
no universo de móveis.
Me cansa.
Preciso cogitar
o vínculo das coisas.

Me cansa
existir sem poder decisório.
E rafeiro,
existir à espreita,
como um golpe de morte
sem o estar planejando.

III   Lutei e sucumbi no desapego.
O mar, além, pastava o seu rebanho.
Tanto lutei. O céu, por mais estranho,
seguia atrás de mim como um cachorro.

Tanto lutei que me sequei do sonho.
E insone, armei o desarmado.
Amontoei o sol de cada lado,
lenha ou pedra. Amor, o que recolho

se o tempo se faz ralo, a nós humanos?
O que de ti sustém o firmamento
e é duração e não sobra, se lutamos?

Detemos os segmentos, os minutos
de um encosto na noite. E te revelo
de minha luta apenas o novelo.

Que nem na morte acaba o desapego.

IV   Terei de Deus a senha
para transpor balizas,
sentinelas de sua fortaleza.
Terei a sede, a desistência
de não me enveredar
no desistido
e depois me acrescer
medindo a ciência
entre o tom e o ouvido.

Talvez a veleidade consumida
me haja de turbar
tanta vidência
ou tanta saciedade.

Deus,
quem te domou em mim,
absorveu os ciclos
de teu chão
e te remiu,
banindo-me.

Deus não sabido
e sempre a conhecer
mesmo no mal.

V   Sou um homem
e o universo:
montanhas abertas,
mares
aos ombros,
ventos.

O pampa, suas léguas
de verdura. Suas léguas
de velocidades, úmeros.

O pampa
no teu braço vespertino.
No beijo.

Pampa de universo.
Pampa de meu corpo
no teu corpo.

Ordem secular
e nós, vagantes.

2

Sou um homem
e uma pedra, um campo
tenso, uma montanha
de antúrios, uma paina
de angústias sobraçadas.

Já me ergui
dos dias, das semanas
como se o mar saísse
por detrás
de seus receios.

Sou um homem
e uma fera castigada
de noites e açoites.

Amei, amante. E como
persistir amando antes
até o eterno amor, o eterno ontem,
e ser capaz de transmontar
o sol e o instante?

Servi, abdiquei, servi de novo.
Regressa um povo
como um relvado em mim
sem qualquer toldo.

E minha sede
é não secar de sede
e me exaurir de ver.

VI   Como um louco
diante do abismo,
como um louco
que se adentra
no trem do mar,
esgotei
toda a quota de ver.

E o excesso me serve
na loucura de tê-lo
tão cerce, lépido.

De muito amor
eu me atirei sem rede.

De muito amar
me tornei viajante,
fluindo na consciência de ir adiante.

Consciência
de poder me agarrar
na lei da gravidade.
Ou na paciência
de reformar o amor,
máquina de folhagem.

E se o esgotamos,
ainda fica
uma testa de consciência,
um ceitil.
Aqui, alhures,
somos ocupados
pelo abismo
e entardecemos.

Dele viemos.
Sua façanha:
engolfar o homem.
Suportar
os seus sonhos.

O abismo em nós.
As coisas se mudam por vontade,
de empréstimo as retemos sob a aragem
e nas mudanças podem florescer.

O abismo em nós.
Ali nos destinamos.
A nossa biografia
entre os dois cabos
que juntam as marés
e os astrolábios.

A nossa biografia,
a de estar vivo.

Não somos vizinhos,
confidentes.

Somos de sempre.
Na portagem
se alinha a identidade.

Perdi o senso frio, o lume
da reflexão, perdi o limbo,
o interno verbo,
por amar demais
o amor eterno.
E sabendo-o,
perder o que perdido,
em novo passo,
era de ganhar.

VII O que ganhar, se as perdas são correntes
e a calmaria pode não chegar.
O que ganhar do amor, se eternamente
se faz mutável por querer durar.
E ser o abismo, um cão. As noites
montanhas que combatem. Os mortos,
sementes. E se guardam.

O que ganhar do amor senão voragem
e sem ele a medida se evapora;
sem ele o estirão de uma demora
em outras, como as ondas, se avoluma.

As flores na demora se elaboram
sem ele. Todo espaço, um pesadume.
Roubado o amor de nós, mais nos reúne.

O que ganhar do abismo senão gula
e da gula criar as maresias.
Ser o movimento que se adia
e adiado, perene se pretende.
Perenes, perecemos. Como é crível?
Perecemos sabendo que está vivo
o que de anoitecer, se torna dia.

O CHAPÉU DAS ESTAÇÕES

Amor, che a nullo amato amar perdona,
mi prese del costui piacer sì forte,
che, come vedi, ancor non m'abbandona.
Amor condusse noi ad una morte.

Io ritornai dalla santissim'onda
rifatto sì come piante novelle
rinovellate di novella fronda,
puro e disposto a salire alle stelle.

La Divina Commedia

DANTE ALIGHIERI

VIEMOS PELA MÃO DAS COISAS

Viemos pela mão das coisas,
pela mão da noite.
Os caminhos em nossa mão
rendidos, segregados.

Viemos donde é fadiga
e o amor,
um grito irrevelado.

De que norte ou aragem
começamos a morte?

Viemos
por nosso suprimento
de manhãs.

Os ossos se levantam
para arrastar com os mortos
os tambores
do que está morto.

INUMERÁVEIS COMO OS DIAS

Inumeráveis como os dias.

Nenhuma praia
nos captura
entre as areias.

Nenhum milagre
ou ferocidade.

Inumeráveis como barcas.
A luta é o intervalo,
o gorro de chuva
na cabeça da tarde.

Inumeráveis os séculos
puxados a cavalo;
o tempo, a correnteza.
Suas curvas.

Suamos ervas,
porejamos pássaros.

Transeuntes e inumeráveis,
as palavras chovem
na coragem.

Quem nos afronta?

DE ESPERANÇA E CORAÇÃO

De esperança e coração
se tomba ou não se tomba.

Com florestas
o gesto de cobrir-se,
escurecendo todos os sentidos,
se tomba ou não se tomba.

De esperança e coração
se tomba ou não se tomba,
quando o revés, bandeira
chega ao topo.

SOBERANIA

A soberania
do vento ou do limo
removerá nossas cinzas.

Coração fiel,
orgulhoso do ritual,
tão sem pai na inteligência
mas com irmãos no plano vegetal,
com irmãos na demência, caridosos.

Coração
por não girar
na boca das sementes,
por não deitar
na fronha do invisível,
pastar com os bois
no cerro.

Coração
de não ser mar
ou amar a duras penas.

DE JOELHOS NÃO

De joelhos não.

O mundo vivo cabe
num epitáfio.

Equilibramos os anjos
com a asa dos demônios.

De joelhos não.

Desequilibramos os anjos
com a exatidão.

De joelhos, quem os tem
para dobrá-los
diante da ventania?

Apesar dos semblantes divididos,
nos precavemos
sob o limpo faro
das estrelas.

Se não vemos o dia,
um outro clareia

em nosso assombro,
com outra montaria.

Irreversíveis,
nossa espécie extinta.

O amor não vinga
na calmaria.

As pernas
com seus guizos ressequidos.
O canavial das pernas
balançando.

Sombra sombra sombra
o passaporte de nosso nome.
As credenciais do sangue.

Sombra sombra
herbário de nuvens:
as pisadas do homem.

MÓ DO SANGUE

A mó do sangue
tritura o sangue
e se refaz
com sua roda,
com sua agricultura
divisória.

O sangue não estanca
no sangue
quando canta
e é pedra batendo.

A mó do sangue,
ponte entre os amantes,
lote de avencas,
aramado extenso.

E não cessa o comércio
de fazendas no sangue,
nem desaba
sua mansarda.

Elo de metais ardendo,
rebelião armada e derramada,
clarim, juntar de ombros,
muralha derrubada,
o sangue se amealha.

O POVO

O povo
na ribeira do sangue.

Coração, arcaico regimento.
Avanço de tropas
sob o vento.

Nos sentamos
na tora de um milênio.
A história
nos molha, nos invade
com sua língua precária.

Descansamos o fardo, a mão
na dança de um pensamento.

Nos sentamos
à soleira do sangue.

De que norte ou aragem,
começamos a vida?

O SANGUE NOS FACULTA UMA ESPERANÇA

O sangue nos faculta uma esperança,
uma ave, uma alavanca
de gargantas.
O sangue amadurece
o pé da escuridão.

No seco tronco
uma esperança
e a verde lasca
do silêncio.

Uma esperança
gizada na parede,
riscada nos olhos
duramente verdes.

De joelhos não.
Mesmo que a noite
seja um joelho
de matéria conquistada.
O sol, um joelho.
O mundo, a validade
das coisas
que se dobram.

Alguma fé ou sortilégio.
Uma montanha de maior solidão.
Uma esperança, Deus
ou qualquer terra.

NOSSA PÁTRIA

Nossa pátria, o tempo.
E o pampa carregado conjurado
a explodir em grupos de sossego.
O pampa em puro espaço, a tonsura
de peões e bois no pasto
de alguma eternidade.

Nossa pátria:
andar à margem
com o chapéu das estações
e nenhuma bagagem.

Não temos idade. Temos
hábitos, percalços, botas
de calendas engolidas.
Um gibão de sementes
na palavra.

Nossa pátria
é no fio das andorinhas.
E o amor, onze varas, onze
sinos e balaios de espera.

Um só gatilho.

NÃO SOMOS APENAS O QUE EXISTE

Não somos apenas o que existe.
Há camadas que guerreiam.

Apenas o alargamento
de terra e raízes.
Rio correndo países
de paciência.

Apenas o estribilho
de línguas
vivas ou mortas.
Um pêlo, a brisa,
os corpos na água.

Inumeráveis
as gerações se conhecem,
proa de um rosto.
E nos parecemos
com tudo o que muda,
ficando.

Das coisas
tomamos o bordão,
o andamento.
Não apenas o que existe.
Também o que não existe,
somos.

O NOME

Comemos
a laranja do nome
o miolo do nome.
As crostas
aos pássaros.

Longe toava
o quadrante do nome.
O relógio de bolso
do nome.

Mágico. Burro capital
sobre a folhagem.

Vivemos
com a pólvora do nome.
Matamos, ferimos, oxidamos
com a lâmina do nome.
Do abdômen do nome
fluía o sangue do nome.
O processo do nome.
A infâmia do nome.
A nênia.

Escondemos na manga do nome
escusas, coelhos, cartas, pulgas.

Depois tocamos o bandolim
do nome.
O fantasma do beco do nome.
O beco.

Alta alta
a teia das esferas.
Labirinto do nome:
nos perdemos.
Numa cova do nome,
tenda ou senda,
renascemos.

Os amantes se deitam
na leira do nome.
Os amantes se aceitam
pelo bico do nome.

Freqüentamos
a seita do nome.
Os irmãos se cumprimentam
pelo aperto secreto do nome.

Tudo jorra
no córrego do nome.
Juízo inicial,
a escova do nome,
a lascívia do nome.
Juízo final,
a trombeta do nome.

Acórdão celestial do nome.

DISSOLUÇÃO

Dissolução de um reino,
de um tempo
na nuca dos mortos.
Nós sabemos, de oitiva,
pela senha
que aos vivos prenuncia.

Dissolução de um templo,
de um remanso.
Dissolução do sono, do consumo,
das velhas precauções.
Dissolução do nome.
Dis solutos, dis soluçantes,
dis sonantes, ditongos corporais.

Eis o prego: ser mortal.
E suportar.

DEMASIADA LOUCURA

Demasiada loucura
averiguar a alma,
separá-la das partes,
lançá-la, solidão
das eras assopradas
sobre o balão das águas.

Demasiada loucura
de se amar, navegando
a alma, maré-cheia,
vazante, circulante
colmeia, navegante
em si mesma.

Aventura, aventura
para além do que importa
e é apenas loucura
de ser homem à porta
das coisas.

Pode a alma ser bússola.

Aventura, aventura,
ferrenha disciplina.

Curta e frouxa a memória
e pequena a fortuna.
A linhagem é luta.
Aventura, aventura!

A CHUVA DO VELHO TESTAMENTO

Estou dentro da luz que avança.

NAZIM HIKMET

I   Encontrei a alma
na infância.
Fomos juntos crianças.
E podia inventá-la
ou ser alegre ária
na desprumada flauta
do sol.

Encontrei a alma
na infância.
A inocência,
arca da aliança
enferrujada pela chuva
do Velho Testamento.

Madurou, envelheceu?
Encontrei-a solúvel,
apressada.
Nem conversamos. Foi
alguém que muito amei.
E só me levantei
quando a vi levantada.

II Quis possuir a alma,
possuí-la um instante,
numa respiração
que a conjugasse

em suas potências
e fosse alma
em corpo atravessada.

Quis possuir a alma,
mas de súbito
é uma conspiração
de antigos súditos
que a obriga sucumbir.
E é luz varando luz
de inerte vinco.

Quis possuir a alma,
a rebelião mais pura
de ser Deus
no Deus que me conjura.

Quis possuir a alma
como se um arado empurrasse
na soga deste instante
o corpo amado
para o corpo amante.

Quis possuir a alma
e a vislumbrei inteira
e alheia corpo adentro
como se alguma barca
fosse somente vento.

III   Fui condenado ao corpo.
Como isolar a alma,
se está morto?

Como isolar a alma
se ela é corpo
e sabe conluiar os elementos
de sua retração, seu desespero?

Mas o corpo transgride
onde fora trancado.
E é vivo o condenado,
mesmo se alma já morreu
nos arredores.

Se o corpo não é seu,
a alma estende

a renitência a outras,
entre as formas do céu
e dos planetas.

Eu tive a rebelião
de ser um corpo.
Fui condenado a Deus,
a seu estado mais feroz,
aquele que, de amor,
as coisas tremem
e as vozes não conseguem separar.

Fui elevado ao corpo.

IV Ele sabe que vai morrer e vai seguro
por entre as linhas e o rompido muro
que o separa do sangue. Já transpôs a agonia,
o seu portão, sob o clarão dos dias.

Está longe, animoso. O que é futuro
tocou com as mãos, cobrindo o corpo
no invisível. Duros os olhos, duros
os minutos, duros os passos pelo pátio.

E sabe que está morto   solto
na vala da memória, ultrapassando
o fogo que o tolheu, com outro fogo
que agora amanheceu, de vez, seu rosto.

V Deus é um corpo que vejo
e não conheço.
E a ambição maior
é te amar, animando-o.
Devoluto seja Deus
ao corpo;
o coração, o sal
e o aprazível fruto.

Sondo o universo, as impalpáveis
forças, a regência íntima
das coisas.

Deus é um corpo.
O corpo é Deus. O amor,
a inviolada anêmona.

Deus é um corpo.
Apaziguá-lo.
O amor, a alma.
Corpo corpo corpo
nas ventas do oceano.

VI   A mercê de viver.
Seu amor foi-me Deus.

Algoz o corpo
quando a alma cala.
E mais feroz o corpo
sem a alma.

A mercê de viver
com o mesmo corpo
de hábitos e hálitos
diários; planar
com a mesma alma
exausta, renovada.
E Deus: algum lugar,
uma cidade.

VII   Eu me enredei num fio
que não tem fim.

É o começo de Deus
aquele rio.

Não se sabia onde a cabeceira
ou a foz do texto.

Íamos apenas.

VIII   Deus é vontade
de estar tão perto
que só capina
no amor ou dentro
do pensamento.

O seu semblante
é ser o campo.

Se o distinguimos,
estamos diante
de nosso rosto.

IX   Deus, umidade na parede.
Seu amor é lento, corrosivo
e segue por um fio
de andar à frente.

Jumento verde,
maduro
entre vegetações
de sofrimento.

Deus
ventania
de seu próprio cata-vento,
o dia.

Rachadura
nos ossos do silêncio.

Deus
que não se rende
a servidão de Deus.

X   A santidade
é a visão do real
mas que real
o nosso,
se sonhamos?

Santo santo
o corpo
onde moramos.

Cada palavra
em vôo.

Santa, a vida.
O mais é justaposto.

XI   Deus está em nós
por ser real:
relâmpago.

Ao respirar
sopramos Deus
e ele nos bate
a mão ao ombro.

Tudo é santidade
no ar,
estrondo azul
da morte.

Tudo se faz mais raso
ao despedir-nos
de um amor ou verdade.

E Deus
quando combate
é porque parte.

XII Como trancá-lo
em nós,
se ele é frágil
libélula?
E se junta de aragem
numa cesta de eras.

Como suportá-lo
na liteira,
a justiça?

Não cabemos nele
e ele nos cabe,
se amamos.

Não cabemos
nos seus parcos
bilênios.

Não cabemos,
se caber
é a metade
do seu reino.

XIII Toco a mesa
e o mundo se esparrama

do ruído solerte
de estar vivo.

Toco na cadeira,
a prateleira, o bule
e o contorno de Deus
se faz recluso
no tato.

Toco a pluma
e Deus nela se esquece.
Ambos são reais
com a mesma espécie
de voraz resistência.

XIV   É preciso partir da manhã
para o escuro de Deus.
Das coisas
para as coisas.

Pisar na dor
para o equilíbrio
da terra e os frutos.

É preciso amar sempre
e de novo.
Que os pensamentos voam raso,
embaixo das estrelas.

E não há religião ou ambição
nas profundezas.

Quem ama
corre o risco.

XV   Deus não é a palavra Deus
e andorinha,
a palavra andorinha.

Há um poço
que não entra
na palavra poço.

O amor, na palavra amor.

E Deus é tudo isso.

XVI   Deus é mortal no desamor.
Repousa onde o caos
era um cervo;
o caos, o monte.
A barca de Noé
ficou rodando.

Ficou rodando
Deus
entre os mortos e vivos,
os amados,
os de amor cativos.

Ficou rodando
Deus
em claro corpo
quando a alma
se abismava.

Imóvel pensamento
se movendo.

XVII   Deus era a selva
onde cresci.

A teologia me espiava
pela fresta de uma palavra.

Criei tamanho
e fui medido em plantas,
pedras.

A flor era metáfora
e nenhuma loucura
me explicava.

Selva   selvagem Deus
e eu me abeirava
de sua densidade.
E às vezes Deus pousava
numa clareira
sob o dedal do dia.

Caçava borboletas
em Deus.

De fauna e flora me cobria:
os panos da linguagem.
De fauna e flora Deus.
Margem nenhuma
a separar a identidade.

E tudo o amor ouvia.
Em toda a parte.

XVIII O entendimento
não é coisa de homens
mas de anjos.

Só na dor entendemos.
Então somos
de uma outra hierarquia.

Abertos, antepomos
os seres aos sistemas.

Só na dor entendemos.

XIX Uma semente, o sofrimento.
Corrosiva têmpora.

Em sua órbita
algum anjo prepara
a cerimônia da agonia.
Mas o que pode
o sofrimento,
se tudo é ambíguo
desejo de ser Deus
ou círculo
que se refaz
no sonho de acordar?

A cerimônia da agonia lenta
de conviver no mundo
entre gotas, paciências,
mansuetudes
e esta semente seca.

Esta mão.

XX Vai chover sobre mim
na terra pura, nua
como um corpo, limpa
de futuro.

Vai chover nas calhas
de terra, nas goteiras
deste corpo
entrado pela morte,
na coxa da sombra,
a água fria
e límpida vai mover
algum moinho,
algum rebanho
de matéria finda.

Vai chover.
Nasci muito.
Nasci vendo.

Nasci demais
em tudo.

QUEM VAI PODAR A MORTE

Quem vai podar a morte
se é perfeita
a sua floração
na primavera?

Ali ninguém cavou;
ninguém cortou as heras.
É terra a sua flor.

Em nós
havia amêndoas.
E grama palmilhada.
Ninguém há de podar
a vida escassa.

PODAR A PRIMAVERA, RECRIÁ-LA

Podar a primavera, recriá-la
com o chão da fala, os pés

de algum refrão, os farelos
do trauma, a falha, o fato,
o saibro na fornalha da alma.

Podar a primavera, recriá-la
na jarra do verão.

Armar a primavera, acioná-la.

Rebentar a primavera.

COM SEUS FAVOS DE GUERRA

Com seus favos de guerra
a primavera.
Rotativa
de filme e feno.

A primavera
com seus reféns de terra.
A sua rotina
de nova primavera.

Paiol de uma só treva.
Pantera sob a selva
de tensa inteligência.
Primavera.

E tudo o mais é ciência
de amar tão ferozmente
quanto se possa ou seja.

Uma aventura intensa.

OS MORTOS – EU OS VI – NA PRIMAVERA

Os mortos – eu os vi – na primavera.
Ressurgiam dos corpos. Eu os vi.
A primavera começava neles
e terminava onde a alma estava.

Os mortos – eu os vi – iam descalços
na primavera, iam libertados.

Nada tolhia, nada separava
os pés das coisas vivas.

Os mortos — eu os vi — não tinham rosto
nem nome. Eram muitos.
Num só se acrescentavam.
Eram muitos e vivos. Perguntei-lhes
por onde a primavera se alongava.

Os mortos — eu os vi — na primavera.
O sol dobrava neles os seus frutos.
O sol entrava neles. Eram larvas.

AQUI, HÁ TERRA RESPIRANDO

Aqui, há terra respirando.
Arqueja.

É terra padecendo, amando,
embora desigual cada elemento.

Padecendo, amando, combatendo
no companheiro, a terra.

Fraterna
sobre o peito,
a maçã do ventre;
aos ombros e nos pés
a vida é terra andada,
possuída.

Sob a palma do vento
o cheiro, o hálito,
os ouvidos na erva
percutindo.
Aqui, há terra.
Morre conosco
sua centelha
e ardemos
se por amor
as coisas acenderem.

Arqueia a terra.
Arqueja Deus
onde é semente.

TRANCAS DE RELVA

Terra, terra,
arrombamos
tuas trancas de relva,
o trinco das amoras,
o tronco germinando
arroios na janela.

Arrombamos e quanto
arrombável é a noite,
arrombável a amante
apaziguada e bela;
arrombáveis a sorte,
o coração, os deuses.

Terra, terra,
que absoluto nos tende
ao amor aprazível
de tuas ancas e pernas,
ao céu de tuas garras?

O absoluto   o absoluto
gerânio da esperança.

O ABSOLUTO

O absoluto:
donde os amantes vêm
e para onde tornam consumidos.
O absoluto sol, o absoluto
dente do mar.
O absoluto amor
que faz um só
— o corpo, a alma.
O absoluto
que aos amantes enlaça
no fugidio.

O absoluto
em cada bicho,
fruto, inseto.
E esta
insuspeitada, sôfrega
esperança.

APERTADOS NA RAIVA DA ESPERANÇA

Apertados
na raiva da esperança,
nos abraçamos.

Há que nascer, crescer.

Acompanhamos
com devota impaciência.

Há que nascer
na paz ou na revolta
um poço, um fugaz
precipício, uma comporta
de órbitas.

Há que nascer, crescer, explodir.

Acompanhamos a esperança,
órfã de pai e de paisagem.

Há de nascer, quem sabe,
sob a ponte,
em ti, em nosso
próximo ou distante.

Como um cavalo novo.
Um animal do horizonte.

AVENTURA

Aventura humana: a esperança.
Não há outra couraça
ou fortuna.

A mancha de sangue
era a esperança
de que estivesse vivo.
A chegada de uma carta
súbita
rodeada de vento.

Quem cavar o seu muro
saberá que resistimos.

Levanta o rosto, amada.
Levantamos.
A esperança é um cercado de bois.
Depois se alastra.

DETEMOS A ESPERANÇA PELA ALÇA

Detemos a esperança pela alça,
a sua mala, a sua caneta, a balsa.
Quem a enreda na treva
só navega, não chega.

Caçamos a esperança
com espingarda
ou então a seduzimos
desa®mada.

Uma trégua na esperança.
Uma passagem
até onde as gaivotas
fazem limo.

A esperança
nos búzios da memória,
na relvagem
pelos tornozelos:
flúmen, madrugada.

Um barulho de seiva
no caule das ruas,
a esperança.

Alçapão das horas.

OS AMANTES

I   Os amantes se trançam na esperança,
    nos rasos da esperança, nos vazios.
    E fatigam-se nela, reinventando
    de seu feraz novelo
    um outro sempre, um outro
    de feltro ou mais ameno.

E não deixam que o dia
e seus fragmentos
mudem na praça,
o roseiral da espera.
Nem deixam que a lua
seja aquário
em cada coisa sua.

Dilatam os horários
e os ritos,
com a mesma substância
em que se agitam.

E a esperança se faça
de uma esperança morta.
Ou quase, retomada.

II Eles vagam pelas ruas, os amantes.
Não andam sós. Andam
com os dias, os milênios.
De olhos e mãos em flor,
os campos crescem.
São vistos — escondidos ou rebeldes.
O mundo, de inimigo,
insufla a tarde.
Eles quebram o espanto
de se amarem
— limpos, avaros —
sem visar o amor,
como de um mar
as sobras marulhassem
de tômbolas e ondas.

Rendidos, não se rendem
no confronto
de tanto se buscar
e se buscando,
arquivar o desígnio velejado.

Eles vagam nas praças
apontados
por invisíveis dons
de estar vivendo,
por insolúveis áreas
de coragem.

Mas rompem, desalteram.
E se amando, são eles estações.
Ilesos podem
apenas recolher
o já vivido.

III   Os amantes se guardam,
se protegem
dos ruídos da noite
e de tão breves,
tornam eterno
o que entretecem
sob o lençol dos hábitos
terrestres.

Os amantes se perdem
e se encontram
no ciclo das marés,
no informe espelho
dos seres.

Como vê-los
distantes de paixão,
se cada instante
para eles serve
de eixo e rotação?

E se conservam
perenes:
a água, o solo,
o grão.

Iguais ao movimento
das estrelas.

IV   Os amantes se plantam
numa safra de instantes.
Junto à terra porejam, junto ao pólen
de vozes e semanas e são juncos, correntes,
verdejantes prados. Os amantes pelo tato
se aguçam, frágil bússola
de numes esquecidos, portulano
de sonos e de sinos.

Os amantes se plantam
e cavando o limite se destinam
entre silos e sílabas. Entregam
colheitas e vivendas num rebelde
sorriso. Os amantes de amar
ficam mais vivos; de se adentrar
na terra, mais cativos.
E sólidos no esteio das nascentes
que desembocam neles:
humanos, inocentes.

Os amantes se plantam, trigo
e de plantar, amando, cobiçaram
tornar-se a terra e estar ao mesmo nível.

V   Os amantes são tetos e beirados
onde orvalham furtivas andorinhas.
E andorinhas se tornam ou telhados
de um mar galo galope na campina.

Os amantes se entocam no trovão
do sótão ou na casca do vôo
de estar alto. Afundam
a plumagem da tarde.

Quando a aurora no ovo
é metade, eles partem.

VI   Os amantes se entendem, quando calam;
por meios telepáticos se chamam,
convocam-se em linguagem indizível, silenciosa.
Comunicam-se com os mortos – diretos, acessíveis
– pela virtude simples de existir
entre pessoas, móveis e montanhas,
entre as duas margens
do rio que eles estendem.

Os amantes se ligam por verões,
senões, perigos.
O pranto, o riso:
máscaras de nuvem
que usam distraídos.
Ou penugem
sobre o rosto comum
onde eles vivem.

Os amantes se entendem, debruçados
no azul de uma palavra,
no olival das frases
e juntos provam
a romã que se demora
no ramo dos abraços.

Os amantes se provam e se querem.
E a primavera sai da sombra deles.

VII A primavera sai de cada braço
e os brancos pensamentos
são águias amestradas.

A primavera sai do cantil
dos joelhos e na cintura
dos amantes caem
amoras e setembros.

Os amantes se cruzam, são navios.
Aportam no talvegue
de ondulado capim.
E se perseguem.

VIII Os amantes vagam: pungentes, consolados.
A cidade os assalta de cuidados.
Tenta abarcá-los ou talvez sumi-los.
Que subversivos são, submetem tudo
a seu querer amar — tão grave risco —
que faz do sol um pombo, se era tigre
e o céu, andaime de algum velho circo.

Os amantes caminham no subúrbio
de sigilosa aurora.
E no cristal do corpo soam claros.
Inútil separá-los, se estão juntos.
Ressoam. Quem os detém,
se a alma é guerreável, o torneio
de domados cavalos, cavaleiros?
Como deter, quando se beijam,
o filtro que é só deles?

Caminham os amantes. Decididos.
Repousam um no outro, conjurando
no amor, o que demanda claridade.

É PRIMAVERA O SANGUE, O SOM

É primavera o sangue, o som
mais perto de tudo.

O corpo é primavera;
o sopro, plenilúnio.

É primavera Deus
e o tempo, filho único.

São primavera os mortos:
com seu cortejo sobem
— das raízes aos frutos —
imponderável árvore.

Entre o portão e a porta,
a primavera.

Espalmar a razão
com a leve folha
do sonho cogitado.

Espalmar as penas
e regá-las
com as noites devassadas.

É primavera
o oxigênio dos vales,
o rosto dos amantes.

E o incessante medir
a eternidade.

REDONDEL

O coração se acrescenta
ao coração se acrescenta
a outro e senta sob a árvore
— tudo tão nuvem entre
um coração e outro —
redondos os sins, os vãos,
a noite na concha
do coração, o pampa

e os corações sentados
e um coração voando.

Mudando,
tudo é possível recomeçar.

INUMERÁVEIS: PEIXES, VAGAS

Inumeráveis: peixes, vagas,
nos convertemos
em ombros, solas, facas.
E na dor respiramos
os climas inventados,
o olor da resistência.

É a hora em que estamos
sob a funda dos astros.
Inteiros na batalha.
Subimos inteiros
do peito das árvores.

Quem descose
as vendas do risco
com as mãos,
olhos em círculo?

Quem sustenta
o cordame do nome?

Não acaba
o coração
nas grosas,
na tábua do coração.

Não acaba
nos avos da solidão.

O fogo não acaba.
O coração no sangue não acaba.
O coração saiu de alguma solda.
O coração desfralda no arco-íris.

Deus, a folga.
A façanha dos vivos.

A IDADE

Falou e disse um pássaro,
dois sóis, uma pequena estrela.
Falou para que calássemos
e disse amor, penúria, brevidade.
E disse   disse   disse
a idade   da eternidade.

Ce pays, c'est mon coeur
                MACHADO DE ASSIS.

E esta história por entre
a qual caminho
melhor que durante o dia.
                AIMÉ CESAIRE.

E fiquei de pé sobre a areia do mar.
                JOÃO – *Apocalipse.*

CANTO I   NAS OFICINAS DO VENTO

O dia nas mãos
nascendo

A promessa que te fiz
entre as têmporas do vento

O corpo que caminhei
e vento se derramava

Este povo
que nos viu
nas oficinas do vento

A dor abraçada
não era rosto
era vento
que além de si despencava
outros rostos em concerto

Vento a memória
o teu selo

E te amei sem compromissos
com a paz
o mal
a demência

Deus não possuía mais frisos
e vento se entreligava

com a morte
acesa tábua

Vento vento
o peso da água
onde peixe é o pensamento
onde o céu não sabe nada
de marinhagem por dentro

Território não existe

Não existe amor
mais sólido
que descer até o inferno

Vento   vento
nós descemos

Os humanos interstícios
as penugens   as penúrias
impeliram nossos gritos
e se fez vento
a montanha

O sol ventou
ombros   velas

Duros cavalos ventavam

Nenhuma vereda é cega
num relógio que dormia

Que força
nos une à luta
coração redemoinho?

Que força
no vento escuta
e se esqueceu
de ir sozinha?

Condição humana   um vento

A fala não renascia
na pontaria da língua

O homem vinha das coisas
que o vento desentulhava

Não se pode impedir
que um deus coordene
um outro deus em nós
que está sonhando
como se tudo houvesse
em pura hélice
e nós apenas fôssemos
a veste
a armadura final
deste silêncio

II   Vento   preciso escrever-te
na pedra da liberdade

E te aceitei no regresso
agora conheço o preço

das palavras que me salvam

O vento me debruçou
na garganta:

É indelével o amor

III   A condição humana   um vento
E tácitos bebemos a semente
do que secou

Deus varia de invento
Uma demora é Deus chegando

O vento   Deus se debatendo
nas asas de curva
               eternidade

IV   O mundo estava na infância
O vento desenrolava
sua paciente fábula
O vento   velho cachorro
lambia o quadril do sono

Pé de pilão nossa sombra
junto à sombra da palavra
O mundo não é candeia
nem vaso de flor a alma

V   O mundo era a gravura
de alguma pátria secreta
Na infância resvala o mito
mas não sei onde começa

Vento de falas humanas
ou de formas avançando
onde a luz verga e se escama
Vento de alta montanha

O som gutural   a história
pela gravura da insônia

VI   Que sei do mundo?
O mundo sabe em mim
nos braços   nos cabelos

Sabe o canto
que os pássaros não cantam
mas explicam às árvores
que falam dentro dele

O mundo conversava com meus pais
quando ainda meninos   eu e ele
E discutimos no colégio
à beira de solenes castanheiros

Sempre relembramos
com vontades diversas
um enredo
talvez rumor de seixos

E sabemos de nós
esta primícia
de estar antes do tempo
resistindo

VII   O mundo nunca o tive verdejante
Nem dos ancestrais
Supremas ambições
que a pele esconde
mas os olhos feriando
se destinam

Por que o deslindar
do mundo em texto
se o verdejante está
no que esquecemos
e só vai madurar
no pé do tempo
E pode rebentar
mesmo não vendo?

VIII   O mundo nunca o tive verdejante
Nem paraíso concedeu-me amor

Onde há terra em nós?

Onde há mundo na terra
onde há terra
no feixe dos milênios?

IX   O vento se assentou
na minha infância
e disse a ele:
Como tudo é longe
o sino   nossas mãos
junto ao pescoço
o coro das contendas
prolongadas
e além do coro
o vulto só
de um homem
dos homens
neste mar recuperado

O vento veio pelo avarandado
de um tempo lesto   tempo
que ao rio corta
e os sonhos são os netos
cobiçados

de quem viaja
sem saber a rota

O vento se assentou
e a flor do mundo
ia tão sonâmbula
que ao demorar em mim
tornou-se lâmpada

X   O que nos difere dos mortos?
O mundo. A dividida casa
O capital da noite

Se te abraço
um abraço nos encolhe
na obscura sociedade
entre Deus e os sonhos acordados

Vento   se te abraço
os mortos se entreolham
disfarçados
com o brim do dia

Os mortos nos percebem
e nos sujam
os avelós de cinza

XI   Que penúria   a nossa
dor compartilhada
nos conveses

Que penúria de ar
A alma se conjura
na extrema sedição
de ser nenhuma

Que penúria de almas
quando o vento
engarrafa o vento

Que penúria   a alma
só se faz
com o dia justo
e a custo se equilibra
sob o pulso das estrelas

XII   Os ventos vinham   os ventos
se acumulavam nas sombras

Fricção alguma trigo
nem   poncho de violência
cindiam sua marcha
a máquina incessante

Os ventos vinham
com o zelo minucioso
de um guardador de livros

Não se dividiam
em secções de engano
reservas minerais
de algum lamento

Vinham sobre os vivos e os mortos
e entre eles se abriam
nascimentos
a geografia das manhãs
um povo imenso
que se amestrava
ao vento

Nós sabíamos:
uma nova época
se ajustava à bainha

Esperávamos   amada
que a lâmina cortasse

Ah   os ventos nos empurravam
para adiante
nos empurravam
com a tarde   os barcos
e íamos levados
numa sombra contínua
crescente com as marés
a remover
a alavanca do céu
os seus limites

CANTO II   O MEU PAÍS, OUTRA ILÍADA

Canto
os da sombra

Optei
no fragor

Respiração
de juntos esperarmos

O meu país são esses
o tremor da terra
a paragem
entre a videira
e a alma se esgueirando

Somos o oco das árvores
timbre de lado a lado
uma montanha ardendo

Ah   o vento era a foz
no chão
cifra
dos homens
canto sussurrado

As folhas rastreiam
este aviso   a coragem
de recolher o corpo
quando a alma foge

Verde remar
da aurora
Contra mim e os   privilégios
que descem
das palavras

II   As eras se intercalam
na dor humana   vigas
E há que levantá-las
com a fúria das raízes
e partir de onde a alma
se refaça das cinzas

As eras se intercalam
e somem Nos impelem
na inumerável onda
que o canto traz da sombra
O coração   gaiola
de vozes que se somam
São pássaros   revoam
entre as grades e a pele

As eras se intercalam

III   Cavalo guitarra
na aba dos joelhos
tocando galopes

Cavalo o teu povo
no covo do monte

Cavalo o teu povo
batendo nas cordas
das ventas e ventos

Que relho nos signos
que   freio de abismo
ponteia o focinho

Cavalo o teu povo

IV   Falavas em voz alta
com o cavalo
à porta fatigado

O cavalo ancorado
em tua voz

Andavam em voz alta
longas tréguas

E os látegos dormindo
com os cachorros

As vozes junto à lenha
Queimavam   tiritando

Junto do cavalo fatigado

Tantas tréguas
em voz baixa

V   Trazias um mapa enrolado
na mochila
mapa da América

Um mapa enrolado na prudência
enjaulada energia
um mapa cavado terra adentro
por onde é coração

Um mapa de tenências
e coragem
de muitos   combatentes
num só Deus

VI   Não deixes
que os nossos
sejam esquecidos

Os que seguem
a senha
e vêm do universo

Não deixes
a nuvem do nome
o látego
a lágrima
pesar nos sapatos

Pisamos
um novo oceano

VII   As mãos viajaram
os olhos e os corpos
entraram a bordo
da alma trinando
no ramo dos trilhos
o carro comboio

Sem látego   América
é teu o condado
e o limpo minério
que sai do calado
trabalho
Também o equilíbrio

Com os dias às costas
países caminham
nos mapas

O céu   um terreno
baldio

E sem látego

VIII   Há um açoite   sim
que bate   sem que veja
o rosto humilhado
um açoite em moeda
que corre sob os dados
um açoite uivante
com os lobos
e o coração
não amealha o sono

Um açoite escoado
nas ribeiras
volúvel   comprimido
nas escadas
Sigiloso voraz

Ah   este açoite
é o escândalo dos anjos
a sineta rangente
do animal
um continente
subterrâneo

onde a fome nos surpreende

2

Meus mortos   não tendes pressa
e eu na pressa   me detenho

Junto à porteira do açoite
onde o rosto verdadeiro?

Larguei os bois da fadiga
para pastar no teu corpo
A história de tua fome
palmilhei mesmo no sono

Onde o rosto verdadeiro
que procurei   de menino
e fui meu pai   ao rever-te
açoite
não há o curso da noite
nas estrelas

3

Estancamos
sob rajadas
de um possível qualquer
A chuva nos rechaça
e é dela nosso corpo

Minuciosos da penúria
somos os que não cessam:
entre o medo
e o balanço das esferas
entre o medo
e as centelhas
que nos guiam
entre o povo
e os pastores cegos
o inchado sapato
dos meses

Somos os que não cessam
a subir   a crescer
pelas frinchas e violetas
do primeiro e último dia da Criação

IX   O poder está solto
É um louco nas ruas
um louco maneiroso
nos palácios
e governamental

perto da aurora
E a aurora é de jardins
impressões digitais   cárceres
sujos   violências
no arame de secar
e secretos rancores

América da aurora
onde colhi
o cravo de teu nome
E te   guardo
em sobressalto
e corro amedrontado
pelo peito

O poder está solto
casa a casa
ou nas armas
de um reino precavido

Está no telefone
ouvindo o amor
e o suspeitoso ar
de quem vigia
pelas telhas
subornos de vontade

América era um pátio
onde retive
meu   amor
nos lábios

O poder nos julgou
e o desvendado mundo
em nós
Está solto o poder
— é um animal

América semeada
no relincho
de um cavalo

Como prender o mar
senão na praia?

América do mar
que me banhava

O poder só se prende
quando morde
ou alastra seu recado

América eu escavo
outra América
eu escavo
as florestas
   este medo
eu escavo
os remendos
da história
escavo   escavo
o escravo
que mói
a palma
de meus sonhos
eu escavo
o teu abismo
e o ritmo
do que te chama

Não há coração
igual ao teu

E te escavo

Não há poder
Apenas cúmplices

x   América é o pai
    naquele rosto
    que se inclinou
    sobre o meu nascimento
    e a mãe na morte
    me trazendo aos joelhos
    a cintura do sangue

    E os filhos
    que me foram descobrindo
    circunavegações
    em cada frase

E a carta
de todo o continente
no aperto de mão
no riso aberto
e no semblante
tão definitivo
como o mar

América é a amada
que partiu e a outra
que me achou pelo extravio
de um velocípede
num voante domingo
e a outra que chegou
por mão do esquecimento

América é um domingo
que espalhei
naquilo que vivi

XI Transporto uma hipoteca
pedra sobre a cama

Estou vivo
mas um lado me espia
cambão   cambiante
pela esquina
ou na indolente via
de uma América no sonho

Como nasceu este amor
com o movimento do vento
das folhas?

Nasceu de mim
ou de ti
talvez da constância
com nossos vivos e mortos

Tem água dentro
esta estrela
de ver-te cada momento

Se na manhã eu me ausento
nada filtra o medo   a grama

cortada   o sorriso de meu filho
o murmúrio na sacada
dos amantes surpreendidos

E o amor também ficou
pela retina vazia   no lençol
no grito que não explico
e no balbucio tangido
de algum deus quase vizinho

Viver nos lavra este engano
ou nos contenta
com o ar soprando
sem que nos comprem ou salvem

Uma América transporto
a hipoteca deixada
pelos meus pais
na epiderme
neste quarar de paixões
pela mansarda do corpo

Em cada abraço
uma hortênsia
rompe o vaso
o lírio vinga
no instinto
e o cavalo
é uma campina
fugindo

Em cada abraço
estou tão junto do fim
e junto daquele outro
que está em mim
se te encontro

E junto das nebulosas
o teu chamado
no sangue

XII Uma América transborda
de meu braço
dos passos me seguindo
da vontade adormecida

de acalentá-la nos   meses
e cingi-la donde veio
e paternal   aonde vai

A América começa
no prumo da infância
entre os patinetes
e os companheiros de rua

Todos crescemos
com as calças curtas
no prego
de alguma longe parede

Sem nenhuma astronomia
conhecimento de assombro
cresceu conosco   transborda

XIII Não tenho pontas
Perdi-me
Mas estou nos que me vêem
e reconhecem

Nunca saí do povo
que em mim pousou
nem do pampa
que retive
nas andanças de menino

E sou aquele país
que me ensinou
o caminho
da casa no coração

Foi quando deixei os mapas
com os olhos abismados e azuis
deixei a bicicleta
na porta do que inventei
e viajei nas metáforas

Não precisei geografia
para este amor caminheiro

Sou forte
com os meus fantasmas

XIV   A minha aprendizagem
foi ver e amar

Conquistei coragem
sobre mim

Não tenho propriedade
nem o calor da posse

E as palavras
antes de nós
morem na liberdade

XV   Terei alma no teu corpo
quando a alma é aquele esforço
de estar vivo em ti   América
E te segurar o braço

Mas é crime respirar-te
caminhar em ti   a selva
da infância ou do coração

É crime maravilhar-me
ou navegar na criação
um barco

XVI   Toma este país
como uma pedra

Suas cores brilham

Pedra levíssima
este país é ressaca

Toma-o
enrola-o
com o fumo e os pés
deixa-o crescer
sem ti
sem a impaciência
de um homem destroçado

Um país
teu nome
começa em minhas mãos

XVII   Pagarei o soldo o saldo
para existir contigo

Mesmo que a usura aumente
no incandescente rastilho

E defenderei com as armas
o valimento da vida
e o próprio desvalimento
que se entranha nas fibras
da mais clara natureza

Defenderei os sonhos
os sonhos
a palavra explosiva

E porei cravos nas jarras
minas sobre as jardas
para existir contigo

Morrerei
mas a minha alma
seguirá combatendo

O corpo baixará
e sua terra
quer existir contigo

O corpo baixará
mas a minha alma
persistirá lutando
em Deus
na constelação dos anjos
para existir contigo
Liberdade

XVIII   Ciência existe
em esperar-te
e que saias de ti
deste informe elemento
crisálida
e sejas o liame
entre o mundo criado
e o outro
entre as coordenadas

de tua solidária convulsão
e a deste mundo unânime
que em ti coexiste
salta

O tempo   a morte
um fio de água

E nos revezamos
no ímpeto de transitar
com a vida
         crispante
quando me abraças

E não sou apenas
esperança
de me sentar
ao sopé de tua montanha
ou na pedra
de tua descoberta

Um continente se anuncia
neste fino cabelo
que nos reúne
neste fragmento de rocha
onde bebemos
o início do mundo

Entre a razão
e um sorvo de água
sabes que te aguardo
e não és mulher
com quem deito e levanto

És América
de ancestrais rendidos
consumados

América na água   no pão
que se reparte
nos utensílios
de casa e terra

América no beijo
desta argila
— que é teu —

e não disfarça
a luta de classes
no teu ventre

Um copo de água
ao menos

Depois combateremos

XIX Dá-me um gole de água
para esperar-te

Dá-me um canto de mesa
a cuia da palavra
e é um continente esperando

Não te cales Dia a dia
nascemos um pouco

Até nascermos milhas de fé
Nascermos em todo o comprimento
e largura
A muitos grilos de nós
das tílias na calçada

Um cumprimento afoito
basta

O pretexto de um nada

A morte desmorona
quando estamos completos

XX Fomos cercados pelos ventos
De súbito   fomos invadidos

Os heróis se perderam

Aqui não há Tróia
ou batalha de Lepanto

Apenas os seres
que anônimos chegam
ao poema

Inocentes
nem entre os mortos
nem entre os vivos
De permeio   de ninguém
andamos

No intermédio
cheiramos a metáfora do sol
não o sol   este vige
pelos cerros
da alma combatendo

Outra Ilíada canto
a dos cativos
no cavalo do dia
malogrado

Quem amou Helena
fui eu e um finado
antepassado

A batalha
transcorreu
em nosso amor
eternamente jovem

Ulisses já se ergueu
das muralhas ao canto

Guerrear por entre as heras
do silêncio   guerrear
no áspero   no tenso
de nossa humanidade conciliada

Guerrear nalguma Ilíada perdida
nos escombros do templo circular
ou de um cansado moinho

Homero foi detido
no poço de um verso
com a lira fendida pelos rumos
de uma noite perfeita
enquanto os demais presos
se libertam

Outra Ilíada cede
às alabardas

Vamos   ventos!

Os ventos estão altos
com os últimos balões
da eternidade

Os ventos são os mesmos
que corriam
pela Tróia incendiada
quando o tempo era Heitor
e nós   soldados

Os ventos nos sitiaram
e nos vimos   vento
transformados

XXI   Levaremos esta dor
até a tumba
esta dor de não ser colina
ombro   terra repartida

Levaremos na dor
o cantil de caminhos
divisados

A dor   esta figueira
de palavras
plantá-la
na Idade Média da alma

XXII   Não morremos
A natureza muda
de vontades

Um tronco   algum
ensaio de campo
poderão um dia
responder
por nosso nome

A vaca parindo
é o início
de sua parição

Assim os astros

XXIII   A natureza nos lima
junto à boca
o silvo de máquina
na alma

O silvo que na Ilíada
se ouvia
das armas
que os heróis
amamentavam

O silvo de uma cara
conformada
na virtude da dor
que envelhecia

O silvo de um chicote
quando te recordei
no trem da chuva

O silvo deste lobo
em nós
– de pai a filho

O silvo de Deus
nos desarmando

O trinco de um pardal

XXIV   O Hades me acolheu
A trajetória começa
onde o mundo é começado

Não tenho mais história
tenho léguas medidas
com meu corpo
pelo inferno

A história deitou
neste caderno
em que floresceu
minha agonia
e transitou
a alma renascida

O Hades me acolheu
e eu personagem
de outros personagens
que me ouviram

Falei com todos eles
e me davam
as sílabas
que o sonho carecia

E o tempo não fixava
o tempo em mim

CANTO III   **BIOGRAFIA**

Não tive biografia
mas metáforas
Manga   na praça
foi a infância

A alma dividida
de nascença
Com ela o mundo
arfava em cada coisa

O amor inchava
o sol de maresia
Inchava na palavra
e as velas iam

Vivi   sofri — eis tudo
e o vivido
arrasta o barco
pelo mar que é findo

II   A biografia
se instaurou
sem mim

Alguém a foi
vivendo
sem sabê-lo

Alguém deitou
no   sono
em que acordei

Alguém
no meu lugar
foi biografado

III   Como se esperasse
de outra imagem

e música tornasse
ao bandolim

E nunca mais parasse
era voragem

alguém desvenci-
lhava-se de mim

IV   Sempre alguém
é tua biografia

mesmo que dela
apenas se apagassem

os pequenos vestígios
a ferrugem
dalgum sagaz demônio
reinventado

Sempre alguém retorna
no teu susto
nas tuas feições
acomodadas

A amada se espraia
nos teus hábitos
As amadas
são todos os retratos

Sempre alguém
é tua biografia
um risco   um capinzal
certa epiderme

        que se afogou
        na tua   navegável
        como se fora
        outra biografia

V   Debruçar-se
     na planura possível
     de duas almas

     O corpo conspira
     na   água
     É outra alma

     Tanta paixão
     em corpo sempre novo

VI   Água da palavra
     onde o pensamento
     é Tântalo preso
     junto ao boi do vento

     Boi da palavra
     boi-conhecimento

VII Não tenho parentes
     tenho filhos
     de amar o mundo

     Sou um rio
     entre o boi do chão
     e as estrelas

     Não estou só
     o sangue secou
     sou um companheiro
     que partiu

CANTO IV   AS PALAVRAS DISPARANDO. E OS NÚMEROS

        O coração se não canta
        pode voar

Cimo de montanha
não será campanário
mas um sino
Pode voar

O coração   relógio desmontado

O ninho onde pairar
qualquer badalo
é o mundo

Entre crianças e astros
rodam corações

Pode voar

Não o revelem

As plantas dele
nascem
O humano é uma paragem
Deus   a árvore

Não o revelem
O mundo está nele
roseiral
de um incêndio

Pode voar

Estar vivo é um custo
sempre escasso

Os frutos estremecem
quando só coração

Escutem o alarido
o germinar

Atamos o fole
dos corações
ao universo

II Se não voar   cantaremos juntos
destilamos a fábula   o real
num lábio súbito

Não se amontoem no verso
Há lugar para todos

Os banidos se aceitem
por onde os botes negros
amanhecem

Cantaremos juntos

O arrozal não voa
a ausência nos telhados

Não voam os trabalhos

Cantaremos juntos

O fuzil não tem campos
e as palavras
são olhos disparando

É duro de matar
o amor   a humilde
várzea
de ser um entre muitos

III   Separar o corpo
separar a alma

separar o corpo
de outro corpo

Separar o corpo
de dentro de um corpo

Golpe de funda
no fio
de um soluço
o povo

separar de dentro
o país

bêbado
de dentro
da bebida

Uma pedrada
cercada
de sabiás

Povo bicado
no figo

Com a alma
dentro da alma

Qual a profundidade
das pálpebras
de um morto?

IV Que o relógio durma:
seja candelabro
talvez fio de prumo
sobre o que não falo
talvez seja ofício
de andarilhos cegos
cabos estendidos
de um extremo findo

Que o relógio cresça
com o meu crescimento
e depois disfarce
quando espairecendo
e avance comigo
e se descoordene
e apenas mortalha
seja no meu reino

Não se desespere:
suas horas aves
planam   se fraternas
E por esta morte
bata esse relógio
bata como se
fôssemos batendo
dura eternidade

V Do coração ao povo:
há um comboio de trem
malogro de gerações

o cheiro de um alecrim
besouros
o telefone

Do coração ao povo:
uma garrafa da ordem
e outra   as insurreições
assembléias constituintes
água pura
e violão taciturno

Do coração ao povo:
um escaler   o paquete
o pão da notícia quente
as conjugações do medo
um jarro de maresia
o tamborim da fortuna

Do coração ao povo
esta carta soletrada
na prisão
E ao amor
vão subscritos
um país
o próprio grito
a verde ressurreição

VI   A alma está no ar
e aquém o corpo andando

Preciso te amar e pôr
a alma no corpo

Peso para descer
sopro no corpo subir

E te ver pela alma
com o corpo submersa
como se Deus marulhasse

O povo no país:
uma paixão
que enlouqueceu

VII   O mundo só o vemos
cantando

    O rochedo   uma casa
o mar é perto da lareira
se cantamos

    O céu não é mais céu
mas um pomar
onde buscamos
ir sobrevivendo

    As ruas soletram o vento

    Não nasci num relâmpago
nasci
quando as palavras caminhavam

VIII   Íntimos da criação
a faca
nos afiava   cantando

    Amei   amamos tanto
que os mortos se avizinham

    E as letras nos decifram
no dia do juízo

IX   Se não cantamos
como enfeixar os números
de cada escuridão
os números grifados

    Os números roendo
fatiotas e alfaias
números se erguendo
de lápides   batalhas
numes   úmeros?

    E o pensamento escorre
de um animal número
enquanto os demais deuses
se acendem

Eu te amei
– éramos
milésimo de espanto
na aventura do corpo

Madrugamos em números
enchidos de vento

Os números se alavam

Deus se confundia
na carena de um número

E todos o sabíamos

x   Os poros da palavra
onde é possível
onde é possível
ir para fora
do ar

O fôlego do canto
e a consciência
de fazer a palavra
navegar

CANTO V   MEMÓRIA

Quantos olivais de pranto
pervagamos

Nenhum marco de dor   derrota
ou vitoriosa reverência

Pisamos cuidadosos
o pavio da noite
e estamos sempre
do outro lado

Um caco a eternidade
riscada nas paredes
da cadeia

II   Calcamos o clamor da alma

       As estilhas são nossas
       Nossos os corredores da palavra

       Não chegamos à sotéia

       O térreo da linguagem
       refém de alguma idéia
       palpitando

III   Que raça – a dos reclusos

       À mesa do poema
       sedentos e oprimidos
       com o pão
       de um claro ajuste

       Que se acheguem
       ao plácido Conselho

       Suportar a loucura
       Não se gasta
       nem queima

IV   Podemos conversar
       num gesto companheiro
       Nossa fome diária
       não a suprem palavras
       e para reinventá-la
       temos de reinventar-nos

       Abordamos a chuva
       – seu cata-vento unânime –
       e nada nos explica
       entre águas precisas
       permanece rodando

       Afinal explicar-se
       é continuar respirando
       Abordamos o mundo
       e o mundo está conosco

v   Não temos memória
A dor   esconderijo
ileso

Chiar de vínculos

Gole
na copa
das horas

Gargalo

A memória é uma enchente
e não existe

Sorve lentamente
pessoas   bichos
amores   cerimônias
bens   raízes

Não existe a memória
Os felizes a forjaram

Mas a enchente existe
aquele instante
da vontade menor
e a dor imprevisível

vi   Não temos memória
Temos cidades

Uma vintena de mortos
amizades

O espantalho do sol
no milharal

Um gadanho de chuva

Não temos memória
neste poema
e noutros adotivos

Vingaram nele uvas
melões   caminhos

O poema
não põe rancor
no abraço

VII O rosto do morto
se afundava
no rosto
como se galerias
puxassem galerias
esticadas e móveis
no corrimão da boca
E fossem subterrâneos
em soalho de pele
e depois mergulhava
nas contrações dos olhos
até que flutuávamos
à tona de uma cela
onde apenas palavras
faiscantes vigiavam

O rosto do morto
era egípcio   barroco
sinal indefectível
de um pé sobre a montanha
ou de um definitivo
esforço dentro da morte

O morto afundava
no morto

VIII Duas mãos
no mesmo bolso:
memória

Rios
no mesmo cabresto

Ventríloquo
Jasão sem velocino:
memória

Guitarrista cego

IX No amor
a memória está sujeita
à sua correnteza

Mas como haver memória
com o tato   o intranqüilo
das descobertas?
O amor irrevelado?

x   Tem memória a terra
uma clarividência
a honradez
de morar o mundo

Têm memória
a perna do rio
o abafado trovão
as tartarugas

Ao fogo   ao fogo
esta gaveta viva de papéis
suja de sol   amenidades
vozes
         América

E nenhuma memória

CANTO VI   **AMÉRICA SUA SOMBRA. PROVAÇÕES**

Ao cais do vento
esta América
pende

Um nó a prende
ao ferrenho
do ar

Para lá   para cá
pobres e negros
cúmplices vendidos
num pêndulo

A vida e a morte
se entretêm
no medo

Os pés e os passarinhos
a embuçada sombra
a embuçada morta

II   A sorte já foi posta
Onde os dados   os gaviões do alheio?

Liberdade   pousa a fronte
em meu peito

III   Do coração   o pó   a pá
a espora galopando

Do coração   América
o tropel de botas e almas

Forcados e pardais
dentro do povo

Do coração   a rampa
a popa de matéria possuída

O coração   anêmona
te nutre

a imperativa aurora

IV   Do coração
a América proveio
do coração
de um surdo marinheiro

Um dia foi o mar

Ali bramia
selvagem conveniência
de não ter baldeação

E se ao marinheiro
as águas vencem
não vencem o mar
que estava nele

Proveio o coração
do mar e este

de um outro coração
mareando o tempo

E o tempo
não é país
é um continente

V   Não regressa o homem
Mas regressa o drama
que subverte a sombra
e o segue na rua
deita em sua cama
come a mesma coisa
sem ruído ou perda
E às sujas paredes
que o suportam   verga
Com algum lamento
no profundo quarto
no profundo   inquieto
de mãos que se apertam
no soluço grosso
de dois pés arqueando
E   dois pés turvados
e dois pés   e nada

Não regressa o homem
à mesma partida
Nem igual é a sorte
no cartear. Os idos
A mesma sentença
não faz réus remidos

E regressa o drama
onde o homem tarda
e regressam dias
solidões   trabalhos

Não se acaba o homem
nem o drama acaba

VI   Sangram os joelhos

O tempo é remendo
em outros   o tempo

Sangram os joelhos

Visível e dura
a dor   os fuzis
entrando no escuro

Os joelhos não dobram
não dobram
não dobram
no cardo

A limpa camisa
não guarda estes anos
de fome e paciência
não guarda
ou registra
os silêncios
da América antiga

Sangram os joelhos
os grãos   a planura
os chãos da fortuna
E o homem é o mesmo
com as mesmas perguntas

VII   Sangram os joelhos contigo
Não se caçam limites
na carência
quando a dor
é solo sem bandeira

Sangram os joelhos

Um continente
nunca renuncia

O universo se esfaz
mesmo sem esperança

Sangram os joelhos

Ombro a ombro
os companheiros
nunca renunciam

VIII Como renunciar
a esta inquietude
amarfalhada
num papel de embrulho
indo de mão a mão
mais prisioneira
que o sangue?

Renunciar ao rosto
como se pudéssemos
doá-lo

Renunciar à terra
tão contraparente
do que existe

De nós nascem os figos
os açudes
nela se confinam

Renunciar à terra
à carne   ao queixo
aos dentes
às maçãs luzindo

E a terra não se rende
por manhas ou conjuras
Ninguém a subjuga

senão no amor ou em fuga
ao núcleo   à fortaleza
de sua própria luta

Renunciar à terra
e aos mortos

Renunciar à morte
à nunca terra
Nunca

CANTO VII O BRASIL DA ALMA E OS OUTROS

Brasil de outros brasis tão divididos
nesta roda de eventos   se movendo
onde um só muro nos encerra mudos

E quedando a matéria   a alma incerta
intenta regular o pouso   e   sabe
que tudo é uma região e tudo é ave

com o bico numa paz e a asa em grave
arribação de filhos   sóis   sementes
em tutelas   de ódios e   de gentes

Trata de eliminar   a   profundeza
das púnicas paixões que te dominam
e fazem   ser   mais   fera a natureza

e mais veloz a fome   dos algozes
que decreto nenhum vai abolir
a rebelião de apenas existir

Ou mais: sobreviver mesmo que as penas
transbordem   as tardas cicatrizes
e a alma se conheça nas vertigens

de quem subiu o ar   com o ar tombado
e desceu para o cavo   num cavalo
que nave sempre fora velejado

Brasil de outros brasis meu procurado
instinto   ânimo de acordar e ser tomado
por esta solidão e possuir   na alma

os teus recados   as sutis empresas   fardos
e te ver no vão de cada   amanhecer
E ser uma vontade junto à tua

e não me separar de tua parte
inflado no ventar   da   curta   vida
e mais   de uma só morte merecida

mas quer   a   essência humana que eu me afaste

II   Quer a essência humana
que ao junco o limo rente
cresça na alma eterna

E esta   desatada
de seu covil   da   larva
que a rebrotou   alerta

se eleve   onde o gume
do sol não filtra o lume
de cada coisa vinda

Quer a essência humana
que o corpo se transpire
mais animal ou grifo

Nunca perder o grito
na epiderme inerme
o candente frêmito

de um peixe na cisterna
Quer a essência humana
aqui   na chã esfera

que   terra   recusemos
os solares extremos

onde tudo é alma

III   Onde tudo é corpo
onde tudo é corpo
alma   evaporou-se

ao tambo das coisas
o tombo   o   retângulo
e uma vaca   o mundo

ajoujada   ao campo
em que corre o tempo
gamo de si mesmo

Como se um insano
amor se deslindasse
num pasto mais verde

Corpo é pátria dentro
corpo   corpo indo
povo a povo   fogo

se alastrando   isento
Onde é pátria urdimos
o   cevo do vento

IV   Brasil   emparedado neste sono
espelho em que os vivos se defrontam
e é cego à dor mas nunca ao abandono

Brasil por que rejeitas quem te ama
e busca te servir   afortunado
como o mar se distende pela trama

de amantes e de espigas   o declive
de corpos se emboscando   na renhida
mortalha — Brasil ou apenas vida?

2

Onde os brasis da alma   quem esconde
os aleitos do amor   morosa
praia   o que se aprende andando?

Brasil em nós que não   se finda
e se redobra pela tessitura
da treva que se leva na garupa

E é luz que a luz apura

V   Quer a essência humana
a tua liberdade

O mundo   se comparte
com o solo do dia

E como emerges bela
do amor   Nenhuma ordem

pode gerar o cão
de seu exílio

Como emerges   bela
de ti mesma   e pátria

te comprazes   sonhando
sem comparar a idade

das coisas separadas
O mundo faz o mundo

VI   Liberdade
não talhou o tempo
Conseguimos

O que perdemos
vamos ao silêncio
restituindo

Um braço
é outro adiante
A loucura

pode ser avalanche
Então é Deus
voltando

2

Na mão de um estampido
o rosto sem saber

pode clarear
Avalanche   os pássaros

Deus precisa pousar

CANTO VIII   O TONEL DA PALAVRA
O ROSTO: CRUZAMENTOS

Surdos   talvez
possamos ver
ou âncoras   chegar

no que as palavras vêem
antes de marinhar
Há que tirar baralhos

dos ouvidos
dos olhos para ouvir
há que tirar rebocos

dos sentidos   tirar tirar
a máscara queimando
a lentidão de ver

a mesma face

II Não temos rosto
    não não temos rosto

    O que nos deram
    transitou

    É boca de poço
    – não o poço que varamos
    ao nascer

    Não temos rosto
    desistam
    Rosto é caule
    A planta está no ar

    E o universo
    pode caminhar
    mesmo sem rosto

    O rosto é mais variável
    que o lugar

III Tonel da palavra:
    Danaides enchemos
    a água escapa

    Tonel da palavra
    O tempo vaza
    junto com a água

    Tonel da palavra
    O inferno pode
    ser dissipado
    por onde a alma
    jamais se esgota

    Tonel da palavra
    Dentro do rosto
    nada se acaba
    até que a imagem
    se faça nódoa
    ruga   linhagem

    Que rosto vem
    das gerações
    e é interminável?

IV Interminável a nossa morte

E tudo esboço
de outro retrato
que extraviamos

Em outro sonho

V Deus é inocente
pelo mundo
Uma liberdade
conquistada

O rosto
constante
rotação mudando

Não é dom
a inocência
É logro de amar
ou de saciar a morte

Conspirar no mundo
e remover planetas
em muitas almas
junto ao mesmo corpo

Isso é inocência

VI Quando for grande
cruzarei a rua   pai

E eu cruzarei o rosto
Seu eixo é outra coisa

Ignoro o começo
embora a roda seja
perenemente a mesma

Quando for jovem
serei mais velho
De uma velhice defendida

Juventude é imaginar
o mundo
E o enigma se desmancha
com o selim da infância

A velhice quer vê-lo
nos favos da terra

E se cruzares o rosto
cruzarás a rua
cruzarás o mundo

E a mansidão mais nua:
o pêlo da campina

VII   Cruzar a rua
é cruzar o nome

Um passo menor
pode ser desespero
alegria

Alguma laje
ou grade
é capaz
de salvar-nos

Cruzar o nome
túmulo
de quem amamos

Cruzar a rua:
vida mais perfeita

Cruzar   cruzar
a rua

a   loucura
de   Deus

VIII   Cruzar a rua
que se viu
na Ilíada

O rosto movediço
onde os heróis
tombavam
conciliados

Cruzar os rostos
como cartas
se jogassem

Clandestino
maço de palavras

IX A inocência do mundo
é renovar-se

CANTO IX VOZES. ESCREVO AMÉRICA

Em quem devo amparar-me?

As manhãs soavam
no trombone   o peito
e o bordão da infância
guiava o velho tempo

A casa amarela
tinha tantas vozes
casa de meu pai

A Corte Real soprava
na boca de sombras e viventes

Terias trinta anos
mas quantos anos tens
na eternidade?

As vozes zuniam
na mesa familiar

Nenhum muro continha
aquelas vozes

Curiós furavam o chapéu
das infantis conspirações

As lembranças na calçada
com a sola das sandálias
empinadas
martelos e pandorgas

Minha irmã morta
estalava em madressilvas

Chorávamos   meninos
não sabíamos
chorávamos
não sabíamos ainda
onde pairava a vida

E minha irmã sumia
aos poucos
na terra certa

a água
numa cesta

a água do corpo
noutro corpo

entre os dedos
sumia
agulha de água

Com as vozes   cheirando
a erva-doce
o céu cheirando a água

Não há purificação
mas agonia

Os anjos em nós
não se refazem

Novelos de linha na dor

A água sumia

A cadeira de balanço

Caixas de botões

O pátio sujo   o calabouço
fedendo a dor e urina

O alfabeto Braile

Juntos   América
chorávamos
pelos   séculos

II   Nem tudo é merecimento

As dádivas rebrilham
no escuro da história
ou no limiar do beijo

No entanto merecemos
estar juntos num corpo
quando a água é o grito
dos prisioneiros
de um reduto   a outro
ou correntes ressoando
para fora do coração

Olhar dos que se amam
água multidão
no repuxo da noite

Roda a história
o subsolo da história
o cativeiro roda
onde a água se armazena
e teima e se faz infinita

Não há trégua entre
uma gota e outra
entre a roda toda
e o tempo que rebenta

Não há trégua na história
entre o acontecimento
e a água que rola
imparcial e perfeita

Não há trégua
na água dos vivos

III   Fora do mundo
acaba a salvação
acabou a salvação

Fora   o montão fumegante
urtigas   o pio
da noite

Fora do mundo
        camas móveis
cirandas   detritos
     hálito ofegante

Fora das constelações
o visível é um pai
que se disfarça
O poema incontido

Fora das constelações
escrevo América
no cárcere
Fui banido

Fora das constelações
América
não temos filhos

IV   Outra Ilíada somos
onde vivos e mortos
se acompanham

O húmus não dissolve
a condição de cabra
junto às   rochas
e nem   a demasia
da ilharga ao pensamento

O   húmus não é mais
do que um soluço

Outra Ilíada   somos
armada pelo acaso
com a história na tíbia
dos ventados guerreiros

Só a inocência confia
no calão da palavra
E a Ilíada
é anônima inocência

V   Nunca fui inocente
Vim com os crimes
vingados no meu jardim
Como se   de uma raiz
a parreira se elevasse
por dentro do que não fiz

E morei na Ilíada
fui feliz em Tróia
Depois precipitei-me
aos mares   e Ulisses
deixei o lar aos peixes
de estirpes inimigas

E se amei na loucura
que me secou o ventre
é porque perseguia
a culpa dos herdeiros

Com Enéias fundei
o verso junto à terra
e levei
a pedra do poema
na altura da alma

Jamais fui inocente
Mas quem habita a morte
o eito da baleia
não a tem tão presente
tão enfeixada aos ossos

Quando o sangue de Abel
nas plantas estendi
a inocência tombava
da primeira palavra

E se ocultava Deus
no estupor ou assombro
de eu estar ainda inocente
no derradeiro sopro

sem que os anteriores
dele me ponham cobro

Matei antes
de haver guerra
e no fogo me limei
Mas nunca fui redimido
porque criado criei
uma inocência comigo
um céu que perdeu o céu

E agora é guerreiro antigo

VI   Nos levaram vendados
a uma pedra
a uma pedra
a este muro

Ao condenado
o drama
que se apressa
e avança
junto à bota
dos soldados

Ou a bota
na sola do tempo
presa nele

Não pode sair
de seus limites
o que é limite
abandonado

Fomos levados
Quem nos empurrava?

2

O espaço encurta
o espaço corta
e o tempo perto
é corda

E fere   e se levanta
e os olhos fecham
neste cerco
e   se acorda
o pensamento
como se caísse
só ele
— não o corpo

E então amássemos
mais   longe
em trilhas
de luz e ar

E amávamos
o que frágil
resiste
na situação
de apenas condenado

VII   Não tem larvas
de mudança

Corpos
jorram
o muro

As leis
se grudam
músculos
no muro

Se houvesse
por onde
vislumbrássemos
o mundo

Que tempo
se instala
nas hordas

Um tempo
de malogro

E de muro

VIII Planava sem remoinho
Planava naquelas coxas
era a metade do dia
Não me enganei. Era o dia
e por ele nos movíamos
movemos   nos moveremos

Planava e tamanho calço
o amor me dava
que eu mesmo não procurava
descer do espaço

IX Há que cruzar a morte
palmilhar as medidas
ou ter o que me baste
da morte apetecida

Pedi a morte e quanto
sob a figueira
e ela passava
perceptível
ao faro do cão
latiu seus passos
o violino arranhou
dúplice tom

X De minha classe
o muro
o puído linho
das   sensações

De minha classe
reparto as intempéries
os sabores
as teorias no fastio

O sorriso
que dei no coquetel
é a minha classe
O clandestino amor
que ninguém viu
a paixão sucedânea
de servir

Ó minha classe
cartão postal
com saudações

São poucos comensais
no almoço farto
mas usamos febris
sobrecasacas

Precisamos viver
Continuar soprando
este fragor insano
Este clarim   o toque

Não tem vivos   nem mortos
em minha classe
Os fantasmas sustentam
a estalagem

O alento se esvaziou
e o sobrado
é a minha classe

Avulsa é a identidade
o pensamento
A barganha   uma balsa
O coração em nós
não tem planura

Uma ambição civil
a minha classe

XI Não se prova a esperança
As vozes entre os cinamomos
param   resinam

Não se prova a esperança
Se armazena côdeas
no inverno
Escasseia a lenha
o alfabeto provê
a nova estirpe
os famintos

Não se gasta a esperança
o tosar das ovelhas

Um homem não é menos
que sua lava
e a claridade
   se eleva dele

XII Cada manhã nos lavamos
Há um dia tremendo
em nosso esôfago
Estamos sujos no medo
Sujos na carne   na boca
e no copo da inocência
que entornou

Estamos sujos perdidos
A noite compadecida
também nos sujou de amor
Precisamos nos limpar
de nossa pele cansada
dos olhos que ao perceber
não querem acompanhar
esta gravosa paixão

Estamos sujos   puídos
de teorias e falas
O trabalho se extinguiu
na funda de meu suor
de teu comércio   de nossa
falsa modéstia
e da pobreza final

XIII Acostumei os meus olhos
a ver por dentro do escuro
– um complemento de amar
e de armar-se além do muro

fazendo o olhar avançar
como lanterna no meio
de noturnos companheiros
Acostumado   a criar

com os lábios   as mãos o empenho
é possível desplumar
o instante   montar a pêlo
o alazão donde viemos

O escuro do muro é um elo
de campo verde   lindeiro
onde a morte e seu cincerro
acorda o dia   no galgo

abraço   passarinheiro

XIV Vasto é o homem
Surdo o ruído
dos astros

E nenhum movimento nos atende
a não ser a paixão
de haver espaço

E buscar pretendê-lo

XV Há este muro   eu sei
Há este muro
e atrás dele   o muro
e a lei que nos sucumbe

E atrás de nós
essa vontade inerme

Acomodamos a penúria

O sono   algum corsário
Nenhum espaço dorme
Se uma parte é demente
outra é Deus

Há este muro
e quanto é conhecida
sua espessura
de pedra e cal e sombra

Nossa fiel   enfurecida
larva

Há este muro   Quem grita
não percebe   ou é guiado
por um moço cego
no grito desses olhos
confidentes?

Acaso a liberdade
é alma tão pesada
que a não posso levar
com o tronco forte
e a sucessão dos dias
mais secretos?

XVI   Nos alçapões do muro
um pintassilgo

Nos alçapões do muro
a delação do amigo

Nos alçapões do muro
o cordel do perigo

Nos alçapões do muro
artimanhas do vínculo

Nos alçapões do muro
os espiões se espiam

Nos alçapões do muro
apodreceu um rato

Nos alçapões do muro
os alçapões do rosto

XVII   As andorinhas fazem Deus
Quem faz a primavera
fora do muro?

Puxas a alma pelo braço
e se põe a flanar
além do muro

O que semear
na liberdade?

XVIII   Quando as palavras forem as palavras
reais   pungentes
Não domesticadas
esvaziadas
num depósito de falas

Quando o medo vadiar
com os passarinhos
e as borboletas
rebentarem lírios

Quando os rostos assumirem

Quando as ruas forem cravos
explodindo
quando as ruas crescerem

quando as ruas e as carabinas
crescerem pelos muros
Explodindo

Quando tudo
quando tudo explodindo
quando tudo é roda parando
Começa

CANTO X   CONCILIAÇÃO INCONCILIÁVEL

O dia nas mãos
nascendo
e é um outro em mim
que está vendo
comigo brotar o dia

Nada nasce confluente
nem mesmo o que é Deus
no ventre

Com a terra se aprende
resistir a nossos deuses
e tudo nasce da terra
até a alma

Tudo na terra termina
salvo o tempo

Com a terra também se aprende
o cio das coisas do dia

II   A terra nos conhece
pelo cheiro   de fêmea
na entrega e no receio
de entregar-se   efêmera
rendição sem rendidos

A terra é feminina
no trajar-se mais fofa
— a saia ou blusão
das tílias   as boninas —
e sabe se despir
a seu homem   sem pressa
e lhe ceder   o seio
o sésamo do sexo

De uma fidelidade
— a mesma carne inquieta —
a inteireza do rio
deslizando em seus ossos
entre o canto e a colheita
a terra nos completa

III   Nos embrulhamos na terra

Minha avó
eram desertas
e grossas
as tuas veias

O vento batia
nos olhos espelhos
e parecias só
tricoteando ao avesso

A duração ia-
se enovelando
em tua
cabeceira

A cama
se enovelava
a lã de teu corpo
E Deus

A terra nos embrulhava
e a tarde ficou parelha
à minha avó
conversando
com a sua morte

Não há vivos suficientes
por que precisam parir
novos mortos?

A minha avó conversava
com suas mortes
e Carpi   Francisco
Fortunato Jesualdo
no atalho de um corpo
se bandeavam

A terra nos embrulhava
e breve breve era a alma

IV Nos embrulharam
sobre a mesa
e os vivos incuriosos

E vi meu rosto
que era rosto de outros
na minha morte
exausto

Os ventos vinham
mas aquele rosto
que palavras consumiam?

V   Já tens o olhar da terra
E o impassível rosto
se congela
no fogo da matéria

De que mais necessitas?

De terra vais envolta
em sua porosa roupa
até fazer-te plana
intermitente

E a   asma
a asma
a asma
limada pela chuva

Foste curada

A terra cura a morte
a dor   esta vontade
de ser terra
em toda a parte

VI   Ser terra
por onde os ventos vinham
na marcação

Terra envelhecida
com minha avó

Mas envelhece a terra
ou envelhece o pó
de uma bandeira?

Ser terra fundada pelos mortos

Envelhece a terra?
Envelhecem os mortos?

A terra parente
dos que sofrem

Terra companheira
na morte

VII   A lua vai encher
cânhamo

Vai encher
com fôlego

Os ventos vinham
com o fôlego
de um homem

Vai enchendo
a lua da palavra

E ninguém atentava
que Deus ventasse
à-toa

VIII Deus ventava
como se fora
da terra amante
ou desdobrando
no amor o impasse
de amar-se antes

Deus ventava
trançando os frutos
de outros ventos
ou verdes ramos
de um extenso
pensamento

Deus não se poda
há que regá-lo
por onde o canto
baio domado
descansa a infância

IX O que podemos dizer
que a terra não compreenda?

O que calar na terra
se é mordaça
a flor de uma palavra?

O que calar?

A terra compreende
a vasa eternidade
nos ossos

X Não há frio nem fome

A terra compreende
a dimensão do corpo

e a si mesma   contra
o peso da treva
da relva   do rio
— para os mortos coberta

A palha da terra
apascenta o homem
o gado que se cria
o chimarrão
no alpendre

Conhecemos um ao outro
sem falar

Viajar a sua esfera
por onde ainda é terra

Um ao outro

XI   Os ventos vêm
mas não separam
homem e terra

Como separar
a Ilíada
do mundo?

Os ventos vinham
e a misericórdia
nos unia
a um barbante
o dia

Nos suportamos
na misericórdia

A misericórdia
nos suporta

Mas os ventos vinham
à terra   porta
dos vivos

XII   Um monte de pedras
não é um homem

Não é um homem
o monte
mas as pedras

As ruínas
afluindo
do homem

XIII Um monte de terra
e os meses
saem com as plantas

Os amantes se inventam

Um monte de terra
enverdece Deus
enverdece a terra

Um punhado de Deus

XIV O dia nas mãos
nascendo

Teu amor doía
firme
nas frases

Doía o amor
tão tarde
mas não se pegava
o vento
na tua saia

Nem um copo
se pegava
na terra
do que dizias

O copo de uma guitarra
na mão do rastro tocado

O copo de teu recado
pelo amarelo
tão tarde
das orações murmuradas

E não se havia pegado
o vento
na mão
quando o copo
de uma enxada
era o dia

XV Terra
por que este amor
intratável
e sem consolo?

Uma irmandade no dia
palpável

Canto os da sombra
que se privaram da sombra
para que a terra parisse

XVI O dia das mãos
nascendo
como se o corpo da amada
fosse na luz enxugado
ou a luz manasse
ao largo

O dia na escuridão
adulta e este cavalo
que era Deus
a convocar-nos

XVII O dia nas mãos
nascendo
com nosso esforço
com o medo
com a infâmia
a fraude   o decênio
de muito azul
te retendo
no contravento

De azul azul
te retendo

água furtada
o tempo

XVIII Padece reconhecer o canto
mesmo que ele
venha por nós
percebendo

Reconhecer o país
que se transporta
e a terra
de quem retorna

Padece reconhecer
o homem
mas se sabe conhecê-lo
num aperto de caminho

Padece reconhecer
a liberdade
em seu gasto

A terra tem sigilo
virgindade
Quando floresce um filho
é primavera

XIX Conciliei-me com o ar
estava nele
E no limbo do ar

a inabalável palavra
compromisso
a palavra *inabalável*
pedra de guarda   êmbolo

Conciliei-me
com os amigos afastados
e o ar tampava
o verdejar dos corpos

Conciliei-me com os corpos

O silêncio
dormia nas mãos ao peito

E nós dois nos conciliando
um continuando ao outro
eternamente

Conciliei-me com o sol
e as coisas primordiais

Mordo com os dentes
a terra   a água   a luz
mordo com os dentes
o peixe do milênio suportado

Fui conciliado
com os dons da infância
e a terra nos saúda   incorporada
aos seres da palavra

Conciliei-me com Deus
Estava nele   o povo
estavam nele
os idos e vindouros

Pode haver conciliação maior
que seu silêncio?

Conciliei-me
com o nome
seus pedais

Agora posso
não me conciliar
ser a calúnia da terra

xx   Como nos conciliar
com quem nos pisa
o pão   a pele   o pavimento
e toa em nós   tambor
de algum revide
e sorri   se choramos?

Mas a dor encova escova
Uma azinhaga
onde as palavras
morrem abafadas

Como nos conciliar
com o abafamento
a mordaça?

XXI Somos aspirantes
a nada   respirantes
do cosmos
Não   do cosmos – de um recanto
E nem deste – um vazio
de terra   sem constelações
planetas divisores

Como nos conciliar
com a indivisão
a indefinição
o latifúndio
dos vivos?

XXII O coração não vacila
de alvorecer
ou se agrupar
junto às ilhas

Está nascendo
o país
que o coração
um menino
alentou

Um menino
consertava
as varetas da pandorga
com as linhas
de meu país

Está   nascendo
o coração
nos escuros
com o pó
a pedra
que chora
e os teus ruidosos
cabelos

Está nascendo
o coração
nos escuros
onde a bala
é palavra
sorrateira

E se arrimou
nos muros
de uma dor
que se amontoava
aos pensamentos

O escuro
é o mar chamando

XXIII O escuro em torno   árvore
presa em outra árvore
presa em outra — nesga
de eternidade

O escuro sol batendo
sol estridente batendo
a escura chama
no escuro

Vozes vinham
do fundo à beira
com a roldana de mágoas
e cabalas
numinosa conjura

O escuro nos reconhece
pelo transeunte sorriso
ou quem sabe na fadiga
de estarmos por dentro vivos

Ando no escuro e grito
e é como se o infinito
se fragmentasse
e fosse desmoronando

Grito. Estou rodeado
de insuspeitados mortos
e se não há raízes
gritamos e caímos

O escuro dói na pele
no suor   dói
os olhos. É úmido
nas mãos que o pegam
o seu óleo   o pêlo fugidio
e até seu subsolo

Escuras as vozes   ventos
barulho de taipas
ratos

A casa escura   o sobrado
escuro   o mundo
como um ventre
donde saltamos
ao escuro

Deixa que teu amor
se ilumine sozinho

XXIV Aceito a minha idade
e a que me completa
a face padecida e conquistada
as derrotas caladas
no meu sangue
os amores poentos e chovidos
e este amor que me fez reencontrar
o dia humano

Nada me ilude mais
nenhum signo é perfeito
as mistificações
o exato reino
das mãos e da vontade
me conhecem
e sei de cor a sua brevidade
o círculo fendido

E a idade convenceu-me
de estar mais junto ao chão
rente à pele   ao diário suor
ao coração

XXV   Não há bússola
a não ser na infância
E a infância mesma
quer enterrar seus ídolos

Estar na América
a forquilha de noites
que completam sua alma
e constelado orgulho

As marcas que cruzaram
sua pele
não gostam de fronteiras
onde o corpo se mostra
devotado

Não há bússola
a não ser na infância
E os remos   quem os deu
foram as ondas

Pois não tenho mais tempo
para tudo o que vivo
para tudo o que trago
gaivota em meu ombro

E não tenho mais vôo
para tudo o que amo

XXVI   O coração é um menino
que enlouqueceu ao nascer
Enlouqueceu. Tornou-se
um vulto franzino

O homem sobreviveu,
naquele velho recinto
e o coração se esqueceu
de o lembrar   talvez o instinto
não o pudesse mover
na roda de sua loucura

O vento paiol
que a noite desentulhou
O coração   um menino
que desenhou o país

de sua infância
no circo

E não havia lindes
nem vigias

O amor enlouqueceu
ao nascer
Enlouqueceu para cima
até a mais viva estrela

XXVII Viver à mão
viver dentro de ti

Viver na divisa
do perigo
em puro corpo

Caminhar sem pés
o sonho

Ir para fora
do corpo e do pensamento
a um beijo

Viver em todas as partes
como num território
invencível

XXVIII O meu país
vale um sol
e está comigo
perdido

Canto os da sombra
mas foi na dor
que recuperei
mais sombra
para os meus mortos

E vivos talvez a lei
não corra
um corpo

Não há como obedecer
terra
aos nossos despojos

Um país
está no canto

É duro reconhecer
que está nascendo

Está nas cendo
se o coração voar

Está nascido   um país
o coração

É duro reconhecer
saciar a sombra

(...) Manancial recluso, fonte selada.
SALOMÃO, *Cantares, 4:12*.

Carlos Nejar tem sido até agora o nosso poeta por excelência do grande lapso da exploração do homem e sua dor.

Que força é essa que transformou a sua poesia da angústia e protesto coletivos em quase clamoroso canto de felicidade a dois?

Porque o épico pervive neste lírico – quem o leu então, reconhecê-lo-á agora aqui (seus ritmos, suas sinafias, sua imagística, seus referenciais): entretanto, este é um universo de emoções e afetos e sentimentos transfigurados, porque transfundidos a dois, como que num batismo do bem da vida para – quem sabe? – melhor ainda lutar pelo bem da vida.

Gazel, gazéis – gazal, gazais –, eis que se diria que o sangue-Nejar deve ter eleito a palavra para fazer viver seu mais fundo penetrar, em si mesmo, em seu passado étnico, em seu fluxo e no da mulher amada. E da palavra intitulativa tomou apenas o essencial – o canto de amor –, abandonando os traços formais com que se apresentou – no universo islâmico – entre persas e árabes.

Há aqui – neste notabilíssimo campeador de brados de inconformismo – uma humildade cativa e grata que se inclina ao ser amado e busca dizer, do amor e do amar, todo o viço e esperança, todo o incansável renovar-se de eternidades, pondo a esse serviço mestrias de velhos cantares e cantores, para reviver o que nunca foi morto, mas sempre pareceu a cada amante o novo e o inaugural e o único: eis que o grande lírico se faz social, por dar a todos a chave daquilo que todos queriam dizer, mas só pouquíssimos conseguem: amar, amar; cantar o amor e o amar – eis o que é só dado a poucos.

Há aqui entusiasmo – pois Deus está nisso –, como se fosse o amor e o amar de dois numa natureza terrestre e cósmica só deles; e há, por vezes, sussurro de vento, de brisa, de aragem, de suspiro, de afago, de dois a sós que buscam ser sós num mundo de milhões (que se supõem) de semelhantes.

Este é o ápice lírico do Poeta – é a forma por que vazou em ouro o Amor.

Rio, 19 de junho de 1982

Antônio Houaiss

DITOSAS PALAVRAS

Palavras são,
vividas e sonhadas.
E se me exponho,
é porque sei que a água
corre em igual sentido
às nossas almas.

Quanto te amei comigo
na palavra
e te levei na embarcação
sonhada,
quanto navega o coração,
motivo
e o pensamento, flecha
desfechada.

E nenhum seixo,
vau, qualquer penedo
nos pode separar
de curso e medo.

Palavras são vividas
e voltadas.
E por elas, cativo,
me arremesso.
Pois sabe do amor
quem amor vence.

GAZEL DO UNIVERSO COMEÇANDO

Irei, irás
onde os ventos
nos exigem.

E o universo
é o começo
de estar contigo.

2.

O arado
com o trigo
vai rodar.

Irei, irás
com os cabelos
rodando.

O céu irá
rodar
no colo plúmeo
das espigas.

Seguirás
com as colinas
e os plátanos
rodando.

O mundo
é tua mão
desprevenida.

Vai rodando
a alma
no teu corpo,
o feno dos meses,
tuas tranças.

Irei, irás
onde reluz
de outro limite,
o mar.

E o universo todo
é o começo
de estar contigo.

GAZEL À NUDEZ PEQUENA

Quando te vi,
ninguém te via
ou eras aquela
que, despida,
caminhava
na pura melodia.

Quando te vi,
ninguém te via,

pois era tua nudez
que me cobria.
Estando nua em mim,
vestes o corte
da mais limpa nudez,
a tua morte.
Porém, qual a nudez
que se acrescenta
a esta vontade nua
e mais isenta
de ser em cada coisa
ou então amar na amada
a solidão?

Era a tua nudez
funda e pequena.
Era a tua nudez
que me perdia.

CANÇÃO DAS REDONDEZAS

Redondos os silêncios.

Anca distraída
é o Sol.
A polpa redonda
e a luz que se aprofunda
sob os veios.

Água nenhuma
é tão dolente e se inclina
no teu redondo nome.

Rainha de Sol
mais porejante
que um esquilo ferido.

Resina de numes,
o sol é quando bebo
ou toco ardendo
um outro que se encolhe
no teu ventre.

Alguém percebe em mim
— que não sou eu.

Redondo é o pão
do sol
quando te alcanço.

E está fundado o tempo.

AO RECONHECIDO ESPAÇO

Quero que todos os poemas
te aceitem de companheira.

E que palavras te vejam
no intervalo de beleza,
como se fossem centelhas
de firmamento, por entre
as ignoradas estrelas.

A cada palavra em relva,
ou resina em tronco largo,
à realidade terrena
que é divina, se teima
em prosseguir embarcada,
tudo se faz visível,
reconhecido, vasto.
E sendo eu, Carlos, assino,
com o corpo, a identidade
do espaço de amor que dura
além do que é dor, ao lastro
de não haver morte alguma.

ÁGUA DORMIDA

O remo,
andorinha da água.

E o meu corpo
sobre o teu
avançava.

Andorinha
na alma.

A UM CAMINHO BEM-NASCIDO

Amada, não pode
a alma
deitar-se em asas
no instante
de ser pousada,
embora a alma
descalça esteja,
de andar, andada.

E digo aos montes
que me tomem
como um filho
e aos rios
que fiquei vivo,
ao mar
que nele sigo.

Estou cativo
de ser alma
onde habito.

Ninguém vive
o destino,
quando é ele
que vive.
No amor eu sou
maior do que
o destino,
quando em mim
seu espanto
é refletido.

PREMONITÓRIA

Água que não é água,
som que não é som,
corpo que não é corpo:

Eternidade que procuro
e sei.

GAZEL DAS CEREJAS ÚMIDAS

Acode a meu pensamento
esta memória pequena
de ser menos do que ele
quando é o amor que lhe queima
e ser menor que o chão,
suas romãs ou cerejas
ou menor do que a beleza.

Estarei sendo contente
quando contente é o que afirmo.
Pois me acho de repente
sob o peso do menino,
mas o peso do meu ventre
é ser o corpo que animo.

Pode amor ser pensamento
que sai de si com as abelhas
e volta de favos cheio?
Esta memória pequena
torna-se vasta, se teimo,
ou seca, se, amor, eu venho.

GAZEL DA NUDEZ PERFEITA

Tua nudez me quer
e a ela chamo. Talvez
seja profundo o revés
de a pele não a conter.
Essa nudez que me quer
profunda, cheia de leis:
com ela posso aprender
coisas da alma e de Deus.

Tua nudez vem de mim
e eu venho de outra nudez
que tem o mesmo perfil
do mundo dentro de ti.
E se esqueceu donde vim.

GAZEL DE AMADO SEM LUA

As coisas armadas são,
as coisas estão caudilhas,
potentes ou em solidão,
insatisfeitas e vivas,
porque na sua fome vêem
a alma toda descida
pelos lugares que amei
contigo, régia Castilha.
Vai na Travessa da Espera,
que as coisas estão sentidas.
Fala às ruas que te quero
e não caibo mais na vida.

As coisas armadas são,
cavaleiras e restritas.
Pedem a tua mão
para segui-las, caudilhas,
e em Sagres, passarão
contigo, de rosto íntimo,
e também se vestirão
de amarelo traje índio
no justo corpo, e os plátanos
— aqueles que nos ouviram —
com os teus vagantes sentidos.

Cheguei a uma idade pura
mas sem ti que pode o mar?
As coisas velhas, futuras
da casa nova, onde estás,
sabem de mim e procuram.
Sob o lençol, as pegadas,
sob a nudez, a nudez
maior que foi abrasada
e não se apaga jamais.

Cheguei a uma idade pura
de apenas te compreender.
Se as coisas estão trancadas,
sombrias não vão viver,
porque mouras e acabadas
estão naquilo que vês.
As armaduras fechadas
só teu amor as desarma.

As coisas estão de guarda
como se um cão a outro cão
por dentro delas uivasse.
Deste amor, qual a razão
que por elas se debate?
Porém, mouras se rebelam
na mouraria da pele.
Ou é alma de amado longe
que à alma delas adere?
As coisas potentes são.
As coisas estão armadas.

CANÇÃO PIEDOSA DAS COISAS

Amas as coisas e elas
não podem amar sozinhas
como se fossem boninas
no teu canteiro de folhas.

Talvez coisas andorinhas,
numa cômoda horizonte,
não podem amar sozinhas
quando nelas tu repousas.

Amas, piedosa, as coisas,
a elas te identificas,
como se fossem raposas
surpreendidas na fadiga.

Ou talvez, raposa a noite
no milharal escondida
ou sob a lua, seu monte,
as coisas se enterneciam

na casa. Sou eu chegando,
é o espaço de tua cama,
o lençol bordado em anos
onde teu corpo enrolaste

junto ao meu. E nos ganhamos.

A UM TARDANTE RIO

Como demoram notícias,
demoram rios na tua mão,
departamentos, milícias,
andaluzias, verões.
Como demoram notícias!
Tuas cartas, onde estão?
Ou se extraviaram na vinda
com selos da solidão
ou nunca mais retornaram,
nem de Sagres velejaram.

Por que seguras os rios
e não os deixas andar;
buscas, quem sabe, impedir
de o mar neles desaguar?

Que tuas águas se entreabram
para eu nas águas entrar
com força de povo e homem
que apenas te vai morar.
E na foz de teus quadris
(como demoram notícias!)
quero poder demorar
perseverante de ondas
a mais denodada paz.

Na corrente dos quadris
de tão clara minudência
e claridades tão quentes,
é possível mergulhar
sem precisão de voltar.

Por que seguras os rios?

CANÇÃO DA FOLHA DE ALMA

A folha que me mandaste
de um vermelho retinto
é a tua alma, o instinto
de ser mais uno contigo.
E como a folha na alma,
a alma está no que é vivo.

Faz recordar-me Segóvia
de bronze e veias luzindo,
é um vermelho crescido
ao passar da natureza
num amarelo-menino.

A folha que me mandaste
é a tua face (bem-vinda),
a tua bendita face,
que em breve dia (pressinto)
não sairá mais da minha.

GAZEL DA MULHER ELEITA

Minha nudez não te fere
por ser nudez completada
e entre a brancura em lava,
cai da montanha a neve.

Cai da montanha a lava
e da nudez espantada
vão-se nudezes esparsas,
garças da mesma água.

Não é alvura que se espaça
em outra, como em gaveta.
É uma nudez calada
naquela que lhe navega.

E ao silêncio tomba a onda
e a ele retorna, seta.
A amada é a noite toda
com sua nudez eleita.

GAZEL DA ALMA, GAZELA

Quem poderá conter-me
naquilo tudo que vi?
O mar é nadar em Deus
e saber amar em ti.
Com as mãos invento o céu
e com a alma invento a mim,
deixando o corpo esquecer.

Embora seja teu reino
entre todos o mais belo,
não nasço de ti,
nem nasço de teus cabelos.
Mas nasço porque morri.

GAZEL PARA OS BOIS BRANCOS

Meus sentidos se vestem
na clareira dos teus:
são bois brancos
os sentidos,
o peito é cão fiel.
A memória, caminho
que fazemos a pé.

GAZEL DA VINDOURA MORTE

Descobri a minha morte
e a ela vou descoberto
como se fosse marmelo
no marmeleiro em que seco,
ou talvez mero objeto
do universo derradeiro.
E na morte me revelo,
que sou na morte estrangeiro.

GAZEL DO TEU PARAÍSO

Não quero esta maçã branca,
quero a outra que me dás.
Não quero a maçã da sombra
que apenas na sombra jaz.
A intemporã, colhida
com orvalho em cima da paz,
a perto das madressilvas,
e de tão apetecida
é cada vez mais veraz.
A maçã de cotovia
da tua fala, a maçã

das pernas mansas e esguias
e a do sexo, talismã
de outra maçã sombria
no paraíso do chão.

Quando, amada, te avizinhas,
todo o teu corpo é maçã,
os seios, maçãs cativas,
e os pés selvagens, as mãos
que alongas, a casca fina
das celestes estações.

E quando a maçã se inclina,
o inverno se faz verão.
E se adormeces, menina,
o sono é maçã. Depois
pelo caroço do tempo
a morte se recompôs,
mas não há morte no gosto,
não há morte junto ao pêlo
de maçãs. Nunca mais veio
a morte quando te amo,
se em morte me precavenho
de maçãs pelos teus ramos.

GAZEL DE AVISTAR AMADA

Não pensava de tão cedo
te avistar, amada minha,
embora fosse o arvoredo
a gorjear junto da linha
do horizonte e do degredo.

Não pensava de tão cedo
te avistar, mas avistava
nas cartas, nas penedias,
que era tudo o que sobrava
a quem, pela ausência fria,
presença forte tornava
ou presença natureza
de um amor que nos passava,
sem passar, em lentas águas.

Na alegria de avistar-te,
coisas nossas emergiam,

aquelas mais caridosas
e as benfeitoras, votivas,
e as coisas querem falar-te,
animosas, de Castilha,
pois o amor nelas acorre
e, de avistar-te, se afia,
apura. Tudo, é milagre
a quem no amor se aventura.

GAZEL PARA AS TUAS AVES

Não busquei a formosura
ao te amar, mas, ela existe
nos condados em que atua,
nas suas duras raízes,
ou em fereza ou nostalgia.
É como se me nutrisse
o inferno de paraíso,
e este, de anjos pastores,
reconhecendo o meu anjo
nalgum recanto, onde fores,
ou na música que tanjo,
te amando, pleno de cores
e mi(r)tos. A formosura
é estares em ti, cordata
e soberana. Cadência
de quem é sempre rainha
de alguma coisa ordenada
e se acrescendo na sombra,
de alguma coisa entregada
àquele que a viu, sedenta.
Tua formosura se ausenta
na formosura e é inteira.
E faz formoso o que ama,
formosos rios cabeceira
abaixo, formoso o passo
que se aproxima da alma.
Formoso até o silêncio
que se deita, quando falas,
como se alguém te lesse
em repentina página
e repentinas descessem
noites em ti, naves, (cl)aves.

GAZEL PARA AS LETRAS SALVAS

"Amor" – escreveste vasta
sobre a mão e convocaste
as letras dobras na haste
da mais absoluta calma.
E amor as letras inflavam,
a campina é amor, exulta
nos guizos verdes. Caladas
em amor se erguem todas
as brevidades e larvas;
amor, as coisas conjuntas
ou apartadas exalam,
como se fossem adultas
na entranhada mocidade
ou se adentrassem em grutas:
pela alma amor se escuta
quando amor se alarga em alma.

GAZEL AOS OLHOS SOLARES

Os teus olhos solares,
solares os cabelos,
os quintais onde andares
nos palmos de teu beijo,
os mais remotos mares
entre os solares peitos,
o murmúrio dos vales
no sabiá pensamento
de te amar e me amares.

Que direi para o vento
suão nos calcanhares,
este animal mordendo
as janelas, lugares;
este animal mordendo
de flores teus vagares?
E há nos olhos fêmeos,
trigueiros, felinos ares.
Solares os cabelos:
chovendo sobre eles
campos e campos. Espelhos.

GAZEL ÀS ROUPAS NA MALA

Nossas roupas se juntaram
verdejantes nesta mala
de canaviais e vertentes,
e unidos calças, casacos,
nuvens de camisola
em mesma flanela de ossos
e passarinhos na encosta
de um céu romãzeira, de asas.

Gangorras de infância,
pátios comuns, esta mala
são roupas tontas de ruídos,
varandas, velocidades
e trabalhos, seus rigores,
cheirando a malva e domingos.

A mala é um brinquedo havido
de abacateiros e sítios
entre limites, e o fecho,
casulo de borboletas.

GAZEL A UM CABO DE SONO

Estavas na cama solta,
solta de toda vontade,
com os pés e as mãos acordados,
e o resto do corpo, moita
de sono desamparado.
E como um cabo de sono
em outro cabo se acende,
não sei que parte se some
ou que parte que está vendo
na cama solta do corpo,
e o corpo é maré descendo.
Ou maré que está no sono
e é depois todo o veleiro.

GAZEL DO AMOR ERRANTE

Errante o coração de pergaminho,
o coração limão, cisterna mansa

por onde rodam as pesadas coisas
e o amor que foi menino e agora é moço,
andarilho também. Desde o seu poço,
o tempo é João Evangelista em mim,
repousa em Deus, como repousa o fim
junto ao começo. Coração, eu posso
pousar talvez, quando pousar o dia.

GAZEL PARA A SÍLABA SONHADA

Ao te dizer *amor*, dizia árvore
e desenhava alguma na palavra.
O amor que crescia vegetal
na tua alma era a sílaba sonhada.
Ao te dizer *memória*, quis o amor
que fosse planura desenhada.
E morte não a disse porque, amada,
a árvore cumpriu-se no que sou.

2.

Teu nome sobre a folha:
era lenta gota de água.
Mas a sombra quem a terminava?

GAZEL DO NOME

Dás nome novo às coisas
quando amas. E pedra
é diferente do pétreo
fragmento sopesado.
Crias a criação
onde a palavra se verga
de sentido, conforme
a rotação de Deus
em ti. Flutua sobre o caos
a tua ordem de chuva,
o abissal desbordamento
da matéria incriada.
Mas o nome dissipa-se
na névoa, se o bradas
e ele é um anjo

afeiçoado a si mesmo
e à missão de numerar
o inúmero silêncio.
Que amar é ter
as coisas sob o nome
exato que elas têm,
sem o feitiço
da palavra não dita,
sussurrada.

PARA O TEU CORPO LIBERTO

Acaso teu braço sonha
igual ao corpo redoma?
E o andamento do sonho
é tão veloz como o vidro
transposto em luz, se vivido,
e faz com que deixe a cena,
quando é alma o que desdobra
e é corpo o que ele drena?

Acaso teu braço sonha
igual à montante plena
do pensamento sonhando,
como se fosse a cadeia
de sucessivos instantes?

Qual o andamento do sonho
no teu próprio andar sonhando,
se ele fica, habitante,
e nós por ele ficamos
sem que nos demos por ele?

Acaso teu braço sonha
quando meu braço te abraça?
E o corpo é maior, o corpo
limpo resvala no sonho
até alcançar teu corpo
amado, teu livre corpo.

A UMA GUITARRA BRANCA (SEVILHA)

Na torre Giralda
branca branca giravas.

Sevilha está desperta
em seus alvos deveres,
branca, branca de tetos,
branca de tez severa,
e a luz aritmética
sevilhana nos cerca.

Pode a luz ser deserta
ou aprofundar-se em plagas
de toronjas e setas?
Uma guitarra branca,
tua voz ouvia
as pedras.

Desde a torre Giralda,
o Pátio das Donzelas
se arredonda de zelos
espanhóis, sarracenos.
E o sol se avolumava,
garrafa sobre a mesa.

Mas a tarde é laranja,
laranjas os seios,
e branca branca vences
a gravidade, a lenta
geometria.

Depois tão nua é a noite,
de prumo, sevilhana:
como um relógio branco
como um relógio plange
numa praça de lua.

GAZEL PARA AS SOBRANCELHAS

Foi a manhã que pousou
na tua boca de abelhas,
e eram abelhas o sol
caído nas sobrancelhas,

e as sobrancelhas depois
falaram às coisas quietas,
que mais taciturnas são
no céu da palma sedenta.

Quando as noites calarão
tudo o que nelas se deita?
A noite, longo motor
que de repente se alenta
e dispara na explosão.
Amada, amada, a manhã
te arrasta e é minha boca
que te vai cobrindo toda.

GAZEL PARA AS GELOSIAS

Eu corro para ti
e para mim acorres
e saúdo este céu
de jorros cavalos;
tua cintura
em metade da minha
como se manasses
do que é vário.
O mundo sabe já
do seu anteparo
e quando te amo,
lúcido e suave,
a sua forma encaro.

E corro para ti
com passados, futuros,
os meus vivos e os mortos,
os atalhos escuros
que vão da alma ao corpo.
Também a mim acorres;
não há mais justapostos,
gelosias nos olhos.

Apraz ao intelecto
correr de olhos completos
para dentro do tempo,
que corre em nós, aceito.

E refazer o feito,
retecer o universo,
correr de olhos perfeitos.

GAZEL DE ABRIR PENSAMENTO

Parece que o pensamento
é um pai que abriu a casa,
depois de guardar o boi,
colher o leite da cabra.
Dividiu o pão com os filhos
e sentou-se. Pensamento
de heranças desentranhadas.

Há um gato que é Florêncio
e não fugiu da sacada.
o cachorro que imitavas
já não ladra. Pensamento
é estar ouvindo o rumor
de quem o prende, consola.
Ou fica longe sentindo
o afastamento da escolta.

Parece que o pensamento
agora te abriu minha casa
e te recebeu na porta.
E te chamou Amada.

GAZEL A UM VASO DE FALAS

Um vaso de ameixeira
é teu ombro caído,
os teus olhos ameixas
espreitam distraídos
e o firmamento, ameixas
num campo de andorinhas.

Conversas com a morte
e falas
em sua menineira língua.
Sotaque: as ameixas novas
fabulando ameixas findas.

Dialoga contigo a morte,
que também é ameixeira
carregada de filhotes.
Morte-passarinheira.

GAZEL AOS CANÁRIOS ARES

Há um clarão se te desnudas
e um raio quando te espalhas.
Cantam dois canários vivos
para um outro que se cala.
Na gaiola de teus passos
se estende a raiz da chuva,
e estende quanto faço
para apanhar tuas curvas
que voam, voam, se afundam
no moinho de meus braços
e do corpo que o circunda.

Mas no alpiste de teus olhos
a fome deixou sua vide,
os compassados escolhos.
Cantam dois canários tíbios
por um outro, foragido.
Cantam, amada, o que sabes,
para dosar os limites
entre o teu vôo e as asas,
entre teu mundo e os vivos.

Mas são tão curtos os traços
de tudo o que nos persiste;
os bens terrenos são gastos,
os gozos compadecidos.
E amar, amar — um só rastro.

Cantam dois canários lampos,
dois relâmpagos canários,
e há o volteio da tua boca
aos trinados e piares
de um corpo chegando em outro,
entrando, entrando — sombra
na sombra que transformares.

Cantam dois sábios canários
e, amada, há um pequeno ninho

no jeito de me escutares,
como aqueles que no cimo
das amoreiras buscávamos.
E há ninhos perto dos seios,
ninhos no aromoso ventre,
mais abaixo, rosmaninhos
de um outro ninho, pendendo.

Cantam canários vermelhos.
Vida, vida, quem te explica,
que alfabetos estão neles?
Ou em ti, que, estuante, gozas
livros de sóis e de meses,
estantes de sons e horas?
Cantam dois canários vivos.
E a tua nudez se cala.

UM CAVALO BEBE SOL

Um cavalo em ti chorou,
cheirou teus longos cabelos
e na erva os misturou.
O cavalo é que prescreve
o que Deus não reparou.

2.

Um cavalo bebe sol
nas tuas virilhas.
Um outro açucenas bebe.

Deus é sempre companhia,
ainda mais quando anoitece
e a noite é descalça e fria.

Um cavalo bebe sol,
mas em que cavalo ardia
tudo o que tenta durar?

E sou um durante eterno,
algo que fica, que vem,
naquele em que estou repleto.

Um cavalo sobrevém
do eterno que projeto.

A UM SAPATO DE GAIVOTAS

Um copo de aves longe
no copo do ar bebido
era estar de asas o monte
e o pensamento esquecido.

Um sapato do gaivotas
no chão do azul transformável,
e teu olhar era a graça
de que todo o chão voasse.

As aves perto plantavas,
e com elas, videirinhas,
nas mortes que te andejavam.
Amada, eram mortes minhas.

SOB A LUZ INTENSA

Não é ventura o tempo
e o mais que desejamos
para o gozarmos plenos.
Só há ventura quando
não se vai contando
a do amor pertença.
Basta deslizarmos
em sua luz intensa.
E te amo como
se a ventura toda
fosse consumir-se
junto à mesma chama.

A MATÉRIA FELIZ

Toda a matéria pesa
quando acordada e é leve
se adormecida. Raro
o instante que nos serve.
Da alma tudo é breve,
por ser tudo infinito.

A matéria é feliz,
quando sonhada.
E então, amada,
toda a matéria pousa.

PARA O ARCO DE TUA PORTA

O vento, arco em tua porta,
vermelho. Vermelho o sono,
que está por trás aprendendo.
Vento, vento que revolve
da infância os severos móveis
e revolve as cinzas mortas.

Que infância é maior que o sono
do vento no castanheiro
ou mesmo aquela dos corpos
que adultos se conheceram?

Porém, a infância do vento
é quando disse o teu nome,
junto ao desfiladeiro
dos anjos. Mas é na infância
que Deus nos escreve quando.

GAZEL AOS DÓCEIS LENÇÓIS

A sala, caixa entreaberta
à espera de quem a fecha.
Volteia uma borboleta
mínima, azul. E os móveis
num idioma de silêncio.
Perto o quarto balbuciava
alfas em alvas paredes
da vida que se dispersa
para fundir-se mais cedo.
Redemunhavam os cheiros
de tua pele, melodiosos
na fronha, nos lençóis malvos,
que, dormentes, marulhavam.
A cama em concha. Vozes
quase abafadas. Vincos.

Que animal transitava
na ribeira, onde dois corpos
com uma só alma nadavam?
Ou em que se debruçavam
os sonhos de ambos se amando?
Roda o sol pelo quarto
e é cântaro derramado.

AO COMBOIO DE UM CHAMADO

Ouviu o amor meu chamado
como se fosse um comboio
que ressoasse, sonho
pela estação descendo.
E disse, amor, onde ponho
o que a vida vai tecendo,
se às vezes me vem aos molhos
ou é carro em movimento
que só seguro se amo
a eternidade por dentro?
Sou tal um velho cavalo
que achega o sonho, seu filho,
sem rédea ou sela, se calo.
E como o trem sobre os trilhos,
se amor em tudo destilo,
ninguém poderá domá-lo.

AOS TEUS PAÍSES

Chego chego a teus países
temporãos pelo meu corpo.
Abraçar-te é o que preciso,
entrar em ti todo o homem
que me desdobra. Não tentes
esquecer-me algum recanto.

Sou teu, és minha. Calamos
países tantos no sangue
que o Brasil nos descobriu
com as caravelas do um beijo
que acendi ladeira adentro.

Chego chego a teus países
de cabelos, lábios, ventre.
Quanto já fomos felizes,
quanto mais iremos sendo.
Pois os países desvendam
montes, planuras no corpo
que os vai apaziguando.

Chego chego a teus países
e todos os meus te alcançam.
Os braços já estão correndo
muito antes de meu sangue.

Cristais correm do que dizes,
do corpo cristais correndo.
Estão correndo, correndo.
Descanso as minhas raízes.

GAZEL DA PACIENTE ESPERA

Quando te esperei
nas portas do dia
e te esperei
quando a terra nascia:
o espírito metáfora
boiava.

E te esperava
mas nenhuma nebulosa
te envolvia e nenhum
peixe eras tu e nenhuma
circular água apascentava
esta maternidade.
Te esperava
e o dia voltava
e vinha
e nas portas
o relógio
de sinais rangia.

E te esperava,
ave lua,
ovelha de tuas mãos,
a noite.
Te esperava

porque as palavras
as palavras
batem à porta
e se abrem.

E te esperarei
a vida repleta
e a morte.

Depois na eternidade
recomeço.

GAZEL PARA A TUA FACE

Entre as aves,
teu rosto era tão doce
e meigo e arfante,
que pela praia vinha,
como se das gaivotas
triunfasse
a tua face voante,
voando, amada.

O céu arfava
as aves que podia,
e a areia fina,
líquida, espalmada,
também gaivota
se esparzia.

No fundo, as barcas
do mar de Sesimbra;
perto, o brilho
de tuas pernas calmas.
E o rosto me andava,
me corria a madrugada.

GAZEL PARA AS COISAS VIVAS

Coa o café, a chaleira
tácita. Desde o bule,
a ventarola da sombra.

O pão tem forma de arroio
gorjeante, morno.
Duas peras junto à jarra
do teu sorrir satisfeito,
enquanto galos cantavam
na ponta de acesas folhas
que o dia lido retoma.
Alma, volta
com as palavras cadivas
e o instante-pessegueiro.
E deixa que as coisas vivas
possam em ti descansar.

A UMA CESTA DE MAR

Os dias, quem os pulsava,
como nós dois, sob o amor?
Era uma cesta de nuvens,
jabuticabas, manhãs.
Nem precisavas de feira
para a compra de avelãs.
Delas havia na água
que te embaciava, no vinho
do jantar, ao despertar,
quando o lençol trescalava
as avelãs de tua cor.

Sim, os dias sob a casa,
rude barulho do mar,
e os aviões (ondas e asas).
Mas que mar despetalava
o tempo e outro se alteava,
cérceo, em hélices e vagas?
Tal uma cesta enlaçava
outra e mais outra. Depois
em nós começava o mar.

GAZEL PARA O ROSTO, O ESPELHO

— Partiremos quando?
— Ficamos tangendo
o som de onde viemos.

— Separamos, partindo
o homem do menino.
— A mulher da fala
e as cordas da harpa.
— Partir é ficar
preso na vidraça
vendo a luz filtrar
a asa de uma lágrima.
— Tudo imaginar
e montar os nadas.
Separar, partindo
nos comboios findos.
— Partiremos quando
já formos voltando.

2.

— O mal que faz o amor
é no entregar, perdemos
medidas e contornos.
— Amar é tudo o que andamos.
Somos os nossos enganos
e não queremos morrer.
— E ao amar, não percebemos
o que é real, o que é sonho.
— Abstratos cogitamos
nos esquecer que sonhamos.
— Tudo parece real
desde os olhos aos cabelos.
Porém não sabemos qual
é o rosto e onde o espelho.

GAZEL FLUVIANTE

Enquanto dormes, fico a contar
as cores de teu rosto, o fluvial

corpo levíssimo no sono, chilreando
as pernas verdejantes, fogo, fogo

que vai plantando o inverno. Enquanto
dormes, fico a discorrer as falas

de tua imóvel boca. Cabisbaixos
os pés apenas tocam, os lençóis,
e a alma toda, um corpo, somos nós.

AO SOM DE GUITARRA E FLAUTA –

O amor só se compraz
em ser daquele que ama.

Mas pode o amor ter paz?
Se a sua flauta é lâmina

e a música, fugaz?
Ama apenas, o que livre,

sabe florir nas raízes.
Ou, então, fugido, aos limites,

no som das cordas se faz.
Mas ser daquele que ama

sob a guitarra em chamas,
pode talvez durar?

GAZEL DE UMA CONSTELAÇÃO

Quando pensei
na tua infância,
vi uma constelação.

Porque não estavas,
algo de ti
precisava tocar
com minhas mãos,

pegar da distância
o ninho entre
os teus olhos
e os meus.

Como se fitasse
por dentro: pegava
nos teus pensamentos.

E sabia que tua infância
era sobrinha das folhas.
A parentela
subia do mar

e tuas tranças
tinham fronteiras
com países.

Um dia te falei
na língua
dos pombos selvagens.
E vi assombrado
que me respondias
com que aprenderas
entre os sonhos.

E algo de ti
precisava tocar
com minhas mãos.

O ARTIGO DAS COISAS SÁBIAS

Um dia minhas palavras
bateram nos teus ouvidos.
Eram humildes, caladas
e as recolheste contigo.

Depois o que te falava
era a sala, o quarto, o artigo
das coisas sábias e claras
de um mundo novo, aprendido.

Mas fui expulso das alas
do pátio, entre as boninas,
que vento cândido apara.
Mas o amor já não termina.

Nem terminam as palavras.

GAZEL DISTRAÍDO

Ousei te amar, embora
consumido.

E aurora é estar
fluindo
no céu dos teus sentidos
distraídos.

Teu rosto e o meu
revoam, gorjeando
passarinhos.
Aurora é o mesmo
ninho.

GAZEL DE VILA VELHA

A luz desta manhã
em Vila Velha, avessa
ao rumor, vai suspensa:
a luz tão moça e velha.
E tange o violão
azul azul da brisa,
vestindo-a com sua lã
de alma, toda à espreita.
Quem é na luz ditosa
ou nela é sobranceira?
Nenhuma inteligência
pode doer, se a intensa
luz nos adormecer.

AS COTOVIAS SOMBRAS

No telefone ouvia
o som do corpo
e o som de tua beleza
cristalina.
E havia chuva
mansa que caía
de tua voz
tão alva,
em brancas ondas,
ao coração
das cotovias
sombras.

E retinia
a tua voz

na polpa
da noite,
romã de água.

E nós
caíamos,
a tua voz
e eu
no fio
das coisas.

Ali, onde
repousa
o ardor do dia.

GAZEL PARA A IMPLUME NÉVOA

Amada, a névoa dorme.
Roda sua implume
selva. Segue em luz,
toda embrulhada.
Ou é duração
da terra.

Amada, quem te recorda,
quem sobre a pedra
escreve? A névoa
já foi embora,
com sua porta
arrombada.

Amada, quem te consola,
ou entre esperas,
se arma?

Roda esta pedra-sela
sobre o cavalo
de almas.

CASIDA MÍNIMA

O amor me levou à roda
dos meses e arrebatou-me
e vi Deus.

GAZEL DA LUZ-CRIATURA

Ó luz mulher   com largos cestos
do girassóis. Tão nua, nua

por ti penetro. Tua cintura
germina em mim. É fonte pura

teus tornozelos, as lisas pernas.
Tua estatura é minha relva

e calma espuma é tua fala
na minha alma apaziguada.

Tua formosura em mim se cala,
reserva clara, luzindo

de   alma que não se acaba
e é queda de água, pétrea

resvala, recava e cava.

Que luz, amada, nos falta?
Que luz foge e é recriada?

RAMO DE HORIZONTE

Um ramo de hortênsia
no chapéu.

Ramo de horizonte
para descansares.

Um ramo de grão,
um ramo de orvalho.

Um ramo de corpo,
um ramo de cravos
para que me envolvam
com os teus cabelos.

Um ramo de mundo
na casa dos joelhos.

Um ramo de aurora
no teu seio.

Um rumor
de mãos.

Um rumo de dálias,
um turno de água.
Um ramo de terra
para mais contê-la.

Um ramo de sino.
E nos reveremos.

Um rumo de céu.
Um ramo de remos.

GAZEL-MOINHO

Gastou de amar,
o amor?

Ou apenas se depura
quando sofre?

Vai-se gastando
a morte.

CANTAR DE RODA

O trovão das flores
o trovão da noite
o trovão do monte
o trovão da aurora
o trovão dos anos.

O trovão diz
que te amo.

GAZEL IMPERFEITO

Sabias do nome
sob a pedra.
Sabias da treva
que te come.
E os pássaros
errantes
sobre a morte,
pousarão
sem saber
porque te chamo.

GAZEL À ENSEADA DE VITÓRIA

Nadas de pedra
gravam
o que dor
nenhuma
ensina.

O bronze
de sal prospera
junto à vesper-
tina brisa.

Desliza a Terceira Ponte
sob o bico das gaivotas.
Atracam navios e rumos
como vinho na garrafa
de constelações remotas.

Das profundezas
te espreita,
o meu amor
procurando
o uno tremor
da chama:
em corpos
e almas fundas.

GAZEL SUSPENSO

Quem suspende os sentidos,
amada, em mim preserva
o céu que neles rende
com o pastar
pelos verdes.

E <u>amor</u> dizem os cerros
e as vertentes. E ainda
tudo o que suspende
vocábulos, incêndio
está nestes sentidos
conselheiros.

E se de amar o lance
é poder ir descendo,
subir se faz perigo
ao alcance de ser
em mim, contigo.

E ao te pegar nos lados
de morenos consolos,
como pêra te abro.

E amada, desaperto
no solo o ouro
quieto de teu ventre.

GAZEL DE ACORDAR ESTRELA

Se a vida salta
o que me fica
senão segui-la?
Terei descaso
com o que se alça
na estrela d'alva
ou a dor vivida?
Nada se fixa
na morte, amada.
E o que nos pousa
trinos, gozamos.
Tudo o que somos
já foi palavra.

CASIDA PLÚMEA

Quando o sol desova
na fundura, sabe ser
a doença que nos cura.
Ou voando, desarma.
E se despluma
de chama em chama
a desventura.
Que amor nos cava
na alba, onde
flutua a escola
de tua alma?
E a caligrafia
das centelhas?
Que sonho na água
se evapora?

GAZEL DA HÉLICE

Vou carregar o peso
de muito amar. E antes,
o equilíbrio arfante
da água na corrente.
Com a eternidade prendo
o tempo. E foge. Cedro
de um corpo noutro: amante.
Com hélice atravesso
o avesso do universo.

GAZEL DE ELZA

És a forma grata
de chegar. O instinto
sem fereza ou vinco.
Como se as palavras
tivessem ouvidos
e quisessem todas
se ocultar na boca,
quando meus sentidos
deitam na varanda.
És a forma lata
de eu estar comigo.

O PIANO EM FLOR

O piano da praia,
o piano do ar.
Pelas teclas de algas
jamais se apagará.

O piano da saia
e a do corpo, larval.
O som que ele trescala:
brisa, pedra no val.

O piano da alma
com notas abissais,
será barca no cais?
Ou talvez se destrava

de calma em alma,
em al. De aba em ala:
paz. A clave de corais,
a interminada paz.

GAZEL DAS PORTAS

A porta do celeiro
e a porta dos cereais.
A porta dos ulmeiros,
a porta do quintal.

E depois, a dos veios,
dos montes, do oceano.
E esta porta do vento
por onde passa o velho

deste corpo, o ferrenho
de portas que não vejo.
E o sonho do universo
dobrando-se em si mesmo?

Que fazer com os excessos
da ferrugem na porta
de nervos e de harpejos?
Teus pés aos meus, arteiros.

De tempo, a chama é solta.
A morte, pétrea porta
pode soar: ardemos.
O amor não tem roteiro.

CONVERSA DE AMOR DORMIR

Se meu desejo é de prata,
o teu amor é de ouro.
Como um espelho retrata
coisas de que me consolo.
O mundo não sabe a conta
mas nós sabemos o coro
do sol nas plantas, a gota
do riso, também o choro.
O que fere um, ao outro
agrava. Quem me destrata
vê no teu rosto as mágoas.
Se temos o mesmo gosto
de viver, é porque a água
no mesmo rio busca o porto.
O mundo não sabe, amada
Elza, do que nós tecemos,
dia por dia. Não falta
nenhum vento nesta barca.
Quero-te muito na prata:
por sermos da mesma alma.

*A Fernando Assis Pacheco,
testemunha deste manuscrito achado
sob a pedra do Paraíso.*

*Deus escolheu as coisas humildes do
mundo, e as desprezadas, e aquelas que
não são, para reduzir a nada as que são.*

PAULO, *1.ª Carta aos Coríntios, 1:28-29.*

LEGADO

> Eu, João Agamenon, dei-me conta, ao acordar em perdida manhã, de que nascera, vivera e envelhecera nas terras imóveis do Porão. E que era preciso relatar aos pósteros o que adviera, de geração em geração, escriba de meu povo.
> Assim, ponho chão, árvores, frutos, *gentes, anjos e aves nestas* Memórias.
> E dou a cada coisas seu nome.
>
> *J.A.*

TEAR DOS OSSOS

Principiei a escrever no porão o tear dos ossos, a biografia do mundo.

Fui desenrolando, aos poucos, com a permissão dos anos, as teias do porão, as astúcias de um juízo pesaroso.

Parece que Tróia se deu num porão antiquíssimo, em casa de Homero sonhando.

E foi a *Divina Comédia* um porão entre os anjos, demônios de Dante.

A Idade Média, porão de algum celeste mosteiro.

E o pó se ocultava nas pedras, história dos homens.

FAMÍLIA DOS VELHOS TROVÕES

1. A língua se fez num porão, com a família dos velhos trovões e algum relâmpago esquivo, sonâmbulo.

Depois, sob a luz do lampião, os mortos saíam da própria linguagem, como se fossem fluindo da casca das árvores.

E foi preciso que Deus trabalhasse a palavra com a outra luz penetrante – a das fendas.

Mas o porão era um corvo suspenso entre o bico e as garras aduncas. Nele o homem ficava preso entre vogais e consoantes e certa metáfora que procurou sob as asas da noite que o amamentava.

E há um sino de coisas, ervas adivinhadas, espadas, versos cobertos de chuva e ferrugem, sílabas, memórias iguais a um tronco roído com cravos e acácias, céus desabados.

O porão hospedava uma pomba brotada do lume das águas.

2. Os habitantes pertenciam à família dos velhos trovões, uma estirpe humana perdida, com a lógica de eremitas que desaprenderam a comer ou falar pela falta habitual de uso.

Tios ou tias de si mesmos, sobrinhos de algum casario sombrio, netos de solteiras papoulas, bisnetos do Vento Sul ou Norte, afilhados da montanha longe, ou de sonoro, arcaico rio.

Eram de uma dinastia ainda sobrevivente, como se um sonho pudesse descascar-se de outro, de outro, até a casca nuclear.

3. O sonho só existe com o homem e este não se cumpre sozinho.

Uma vizinhança dos seres entre si fez da palavra *elo,* a cogitação de que, sonhando, podiam carregar descarregar o fardo um do outro, havendo concordância de absolutos, ao peso temporal de estar no mundo.

O real é fraterno mas o sonho se reorganiza noutro entre persianas de um ar limpo, em rebanho.

O real que faz o sonho humano.

4. Reprovados sob o peso informe da primavera, todos sabem onde a dor moveu os lábios.

Depois recuperados pelo inverno, a verdade febril era oliveira no ávido deserto sem a palavra humosa ou a carnal misericórdia. Ascese, desnudava-se até o silêncio do silêncio, o branco do mais branco retorno.

Lutavam corpo a corpo para que a nudez fosse desvendada e se desvencilhassem do pavor que o real impõe de arrancar a face com a face.

Que venha a dor de conhecer, perder ou morrer nos intervalos surdos!

É quando Deus caminhava devagar. Fizesse sol ou chuva.

Deus começava a madrugar.

O ALFABETO DO PORÃO

Os filhos dos homens soletravam a palavra *porão* até a etimologia dos planetas.

O primeiro alfabeto tinha o solene desenho de um porão.

Depois as palavras aprenderam a voejar como filhotes de perdizes.

Mas os homens sempre repetiam a palavra *porão* para invocar os acontecimentos insignes. O dia da independência ou da bandeira. Ou mesmo a ressurreição dos mortos.

Quando brilhava a fundura do amor, *porão* era a palavra que designava os adjetivos, verbos, advérbios e os nomes se bifurcavam em canais: a Mancha, o Mediterrâneo, aquele que cortava o Norte e Sul da infância.

Mas alguém viajou para aquém da infância e não voltou.

AS LEIS

A Carta Magna fora promulgada sob um porão de leis e era um porão também, de margaridas.

Os homens afeiçoaram na forja do porão a ciência política. Uma regra de sol determinava igualdade entre os seres.

E porão era a larva coletiva, a unânime classe.

HIERARQUIA

Os sentenciados iam de porão em porão, consoante a hierarquia caminhante do crime. E como se decidissem o círculo de sua própria expiação, os seus juízes erravam de porão em porão.

ORDEM BENEDITINA

Havia uma ordem beneditina no porão, uma ordem de santos levitantes, visitados diariamente por um Anjo.

E quando se acercava, era uma constelação pacificada.

Gostava, de partilhar com os frades a plenitude do Senhor, o conhecimento amoroso da santidade.

Um dia pela fresta do convento um menino viu o Anjo esvoaçando e ficou atormentado para sempre com a presença de Deus.

Quando o Anjo se extinguiu no fogo do céu, os monges tomavam as qualidades aéreas dele. E brilhavam, orantes, na primeira hora do Juízo. Junto àquele Anjo que foi-se tornando menino até desaparecer em Deus.

OS TEMPLÁRIOS

Outra ordem no porão: a dos templários que combatiam a luz e a sombra. Depois descobriram que uma nascia da outra e era preciso desvendar sua língua redonda como a lua na varanda. E foram inúteis as armaduras, lanças, a correnteza da espada.

A luz era uma rede lançada e a sombra, quando a rede é retirada.

Cada descoberta leva um tempo que se completa.

E resolveram então colher os peixes.

A FILIAÇÃO BOTÂNICA

Os homens catalogavam as folhas do porão, a filiação botânica das plantas, todas pelo título de soberania intransferível. E havia ervas medicinais de propriedades insondáveis e as ervas peregrinantes e as que davam consolo sem amor.

A *cannabis perennia* prometia longevidade aos animais e pássaros. A *cannabis apostolica* ungia de possível vida eterna. E a incrível *cannabis viator* submergia como uma roseira na fé miraculosa dos romeiros.

Mas o porão era a erva dominante, a nostalgia da pátria.

INVENÇÕES

A maior invenção foi a da roda imitando a entrada do porão, imitando a que move as estações, imitando a outra, a das estrelas.

A roda: um abraço de mulher, e musical.

E na invenção do aeroplano, o porão era uma pluma ruflando, uma pluma levada aos absurdos plainos da memória.

A MÁQUINA

A máquina era um animal pré-histórico, um animal saído de dentro da história, como de uma Fábula de Esopo.

Mas ninguém tinha coragem de se aproximar por uma estranheza secular, o frio que separava Édipo da Esfinge.

Irrompera como se viesse do espaço que só dava cria a si mesmo, não a este ovo férreo, filho de alguma constelação.

A máquina possuía a engrenagem do assombro, revestida de dialetos e sopros, igual a viseira dos guerreiros feudais.

Aos poucos o porão foi absorvendo a máquina, absorvendo o animal da máquina, o negrume, a ferrugem, o ringido, a mobilidade.

Agora é peça desmontável do silêncio.

IMPOSTOS

Até o ar era cobrado no porão por uma moeda de horas. A noite era cobrada ou a manhã por obscuros pedágios. E a própria aurora, a sua fruição, custava aos habitantes a redução de exercitar o sonho.

Assim, poupança havia em respirar (e o ar era poupado).

E se furtavam de querer provar o dom de um dia gasto. E mais tentavam se esquivar de aurora tão amarga.

AS VENTAÇÕES

O porão ventaniava ventanhava ventarolava e os habitantes seguravam suas mechas, os crespos cabelos.

E as ventações eram regidas pelo timbre das nuvens como o bronze de longes campanários. Ou pelas narinas do mar.

VEDAÇÕES

Amar ficou vedado no porão a não ser em prazo demarcado pela moral civil.

Quem amar não deve ser amado. E quem desama saberá perdoar quem amou demasiado.

Amar é desterrar-se. A lei jamais contempla o muito amor.

Nem o que foi abandonado.

INVENÇÃO DA LIBERDADE

Foi inventada a liberdade. Uma pétala tombou mais tarde na pedra lapidar, o choro convulso de um menino foram sinais chegados ao visível. Outros ficaram a ser decifrados junto ao muro dos vivos.

Sob o jato de água outro jato de água. Sob a morte o casulo. Sob o fuzilamento a bala do silêncio.

Foi inventada a liberdade com sua palavra apócrifa nos dicionários, mas ministrada cuidadosamente nas escolas, fornada com o pão, repartida aos operários, guardada em lacre no escritório entre tendenciosos documentos.

E depois nas ruas do porão, em vez de cumprimentos matinais, o povo abafadamente a murmurava.

E começavam a ligar nomes de ervas à liberdade. E deram nome de liberdade às águas dos rios, às fontes maduras do porão. E a palavra *rebelião* voltou do exílio e era uma gota doce de bondade sobre o monte de feno dos vocábulos.

A maturidade é ociosa como o vinho entornado na sombra do poema. E o silfo das iniciais e finais de um verso arrastam patos selvagens sobre a escrita argilosa.

O parágrafo é um cotovelo descansado nas idades e a pré-história é um ovo de pedra, um ovo que pode explodir toda a eternidade do porão.

Basta um andamento. Uma pequena liberdade. Um friso.

Podes dormir no fogo.

MITOLOGIAS

Toda a mitologia do porão consolida seus deuses.

Mas Deus é a única inquietude, a paternidade do que ama.

Nada de nada se cria, salvo a criação sonhada.

O ciclo perfaz o fundo das montanhas. E é força que as montanhas possam guardar os rios. Porém os rios não sabem mais da infância que os margeou pela foz da noite longa.

Ao peso do sono, o homem vem à tona. Contudo mergulhamos se o peso de outro sonho, bem maior, nos apanha.

Toda a ciência dos anjos é orar no amor voando ou ser em Deus por dentro, como se em luz brotassem Daquele que está vendo.

Não há gozo sem alma e é nela que transpira todo o prazer a(r)mado.

Mas a ciência de Deus é o gozo de alma plena na plenitude extrema de ser só alma e Deus.

VIOLANTE

O povo do porão foi despertado por uma luz esplêndida, rutilantemente forte.

É a palavra *Violante*. Lapidada, imensa. Bela como Gabriel – O Arcanjo posto ardentemente diante do mistério de Deus. Onde as palavras são todas inexatas e glória glória glória as almas mais exatas do que o dia.

Decretos seguiram como balões no espaço, para que o povo emagrecesse as sombras e cobrisse as árvores de folhas.

Violante persistia. Podia ser empurrada pelo sol, partir depois do orvalho.

Não era substância de vulcão ou meteoro mas de um sonho indevassável.

Tinha a permanência soberana do mar que lhe soprava e Violante de repente era mar.

E o mar batia na palavra *mar*.

E retornava.

MORFOLOGIA

A morfologia do universo norteava-se pelas linhas do porão que um arquiteto denominou "luminosas".

Aos ditames do mesmo estilo fundo, em épocas diversas, foram edificados no porão o Mosteiro dos Jerônimos, o da Batalha, algumas catedrais como Nôtre-Dame, monumentos ao *homo abissalis,* aquele que pensava ser a palavra ou pedra, memória, metafísica da lembrança.

Mas é o processo de fazer os milênios gravitarem sob o peso do homem, semelhando-se aos animais diante do próprio instinto.

Fitavam as coisas tão amorosamente, que delas se desprendia luz. Quanto mais interpretavam as coisas, dedilhavam as notas de uma a outra, mais os favos ocultos segregavam o melodioso mel. Como se avistassem os recessos noturnos.

Toda a morfologia do universo são dons de amar. Móvel e ardente sua figura. Não precisa de clarividência quem vê com os olhos dos mortos o que está vivo.

A morfologia do porão é igual à dos planetas que não arquejam o lombo sem que se espelhem doutro lado.

Mas todas as coisas caem porque voaram, gotejam porque puderam ebulir e se elevam de tanto que caíram.

A MATEMÁTICA

A matemática turbilhonava entre (n)úmeros como uma foice no capinzal.

O símbolo era exato, os números não, continham margens de dúvidas como aquelas à borda dos livros ou as pontes levadiças entre algarismos e multiplicadores.

O símbolo mantém sua harmonia mas os números estão no rodízio dos planetas, nalgum teorema encanado, no espantalho de ledos pintassilgos em algébrico feno.

A matemática é a fórmula sutil em que o caos se realiza, a boca do Profeta junto à porta do mar, a substância interior do sonho, o cálculo em gerânios de matéria, depois antimatéria.

E o jarro aritmético do céu.

O NOME DAS COISAS

Os meninos aprendiam no colégio o verdadeiro nome da folhagem, montes, árvores. O verdadeiro nome do mar.

Era preciso transformar as coisas, pondo-as junto ao sol como lagartos, sem o tapume de uma sombra mágica ou litúrgica.

A descoberta do nome sob o nome, sem a infusão de enredos mas o encalço do real. A tal ponto que a caligrafia tinha a curva do porão, o cunho deste jugo de indizíveis poderes.

Os meninos aprendiam o suporte semântico dos mitos que trazemos de origem.

ORDEM

As crianças ordenam os objetos, como se fossem coordenar a alma.

Que a ordem das coisas é a ordem íntima do homem, a mais polida solidão.

CRISTÓVÃO E A REDONDEZA DA TERRA

Todos foram tomados de loucura no porão, loucura mansa do futuro.

Havia um muro e não passavam dele. Diziam que o mundo terminava ali, as circunavegações ali calavam, como se fosse um precipício de almas e o mar no mar fundeasse.

Foi quando Cristóvão Columba provou aos sábios sua teoria de asas, a voejante redondeza fora do porão e com as caravelas de caule e som pousou na América tão verde, que verdes eram, os rostos marinheiros e verde a redondeza da terra e fofa como um vaso de floridos medronhos.

OS ATADOS DE LOUCURA

Os habitantes foram atados de loucura.

Queriam com o sopro abater os pássaros ou pescar lambaris com a simples palavra *lambari*. E todas as espécies de peixe com a designação secreta.

Outros possuíam a loucura da ciência e envelheciam nos altos tomos de água, dormiam nos in folios musgosos como se cobrissem a fêmea.

Outros desventuravam-se com a palavra e era úmida, pesada, cintilante.

Tinham as formas maleáveis de um pesadelo que paria outro até a terceira geração do sono.

A hierarquia terrena mais elevada era a dos loucos de Deus. Ficavam arrebatados no Absoluto que lhes absorvia e lhes doava claridade.

A santidade, percepção da alma sozinha na alma e tudo tão real que transcorria noutro universo. Como se a eternidade fendesse a eternidade.

O GÊNIO

O gênio é abominável no porão. Igual à palavra *abominável* que gira ao redor da viração com o silêncio preso na garrafa.

A provação é ter a marca sobre o flanco e esquecê-la, escondendo-a, diamante.

E a sua criativa claridade há que ser afastada muito antes do ventre, muito antes do próprio pensamento de nascer. E se nasce, que o desterrem menino.

A graça é a arte de Deus aparecer como se despertássemos.

Toda a luz devasta a calma dos que habitam o núcleo mais espesso.

O que é vivo deve morrer imenso. Ou apenas isolar-se no futuro.

OS REFUGIADOS

Pátria é onde apertam os sapatos.

Ou é possível desamarrá-los, pondo-os, bri(lh)osos sob a cama.

Mas os que amam a pátria no porão são refugiados da terceira mocidade, manquejam pelos anos sossegados, com linguagem ervilhosa, boca de noite os ânimos e os ócios cozinhavam.

Pátria ingrata, não terás seus ossos.*

REGIMES

Vingaram no porão:

---

* Alusão à frase de Cipião Africano.

1. A monarquia, tartaruga insone;

2. O regime autocrático de vespas e cabras matutinas;

3. A ditadura patriarcal das sombras e animal, de um só homem, subterrâneo;

4. O aceno a uma democracia mineral com cavalos saciados junto ao verde temor de entardecer.

PEDRA FILOSOFAL

Nada satisfazia os seres inconstantes do porão. Cobiçavam o divino. Era a pedra filosofal nova escada entre as almas e as celestes maravilhas.

Um profeta varou o deserto com a terra de promissão na boca seca.

Só os desertos amam os profetas.

O deserto: intervalo entre ele e ele. Depois não havia mais intervalo. Havia Deus.

A TEOLOGIA

A teologia do porão era subir. Não por leveza própria, ascensão de matéria sobre outra ou evasão de luz quase imperiosa.

E àquele que se acreditava desprovido, a santidade adernava, porque ela é quando o brilho respingou para dentro e nenhum gole ficou externo ao equilíbrio entre o homem e o anjo.

Subir é ser levado da carne para a alma e desta para a alma sem a carga.

Até a branca chama deslocada.

O CEGO E O MENDIGO

Um velho, cego no porão, apenas sabia discernir o que vinha de Deus e o que não vinha.

Além, mendigo com seu bandolim, era o tempo sentado sobre um rio.

ANTIMATÉRIA

A energia era matéria do porão, suas radiosas células.

E gerava a antimatéria, a loucura da inteligência engendrando a inteligência, tudo na palavra *morte*, flor tênue se evadindo no ramo de dois olhos surpreendidos.

A energia enfeixava toda a unidade do cosmos e a antimatéria se reclinava na matéria como as moças de interior assistem da janela o passadio, nuas sob a nudez tão velosa das coisas.

Mas o amor é a energia predisposta ao inteiro silêncio. À energia de salvação.

E a salvação é o avesso da matéria.

O PÓLEN DAS IDADES

Foi-se compondo o pólen das idades. E se afeiçoava à alma com o corpo enamorado.

Cereal o homem, desde o grão. Leopardo desde o cimo. Divino desde o chão.

Raiou este homem final, inacabado como a alma, que só se cumpre, amando e pelos vãos é um animal ganindo a perfeição.

ENERGIA

A energia, repouso da luz. O repuxo tempestuoso da luz.

Que matéria a domina ou que vaga precede o movimento da energia semente?

Mas no cavo porão, com olhos viáticos, um ancião sobre o leito, a morrer, murmurava: "Mais luz!"

E a energia como o mundo era o morto.

OS SONHOS

Alguém carecia tornar vivos os sonhos dos mortos ou nascê-los de novo. Como as folhas das árvores.

É que um sonho sozinho não amadurece o destino. E são muitos os sonhos que entretecem o largo balaio.

Porém basta um sonho que alguém esqueceu distraído para acordar os sentidos. E acordar-se com eles, abertos e ativos.

Mas alguém é a metade do sonho, a outra metade ninguém.

A VINDIMA

À força de lembrar, os habitantes passaram a esquecer, pelo mesmo degrau que os precipitava à derradeira infância.

A vindima os fazia desembrulhar os meses, rolar pela trama das grandezas, desajustar o esquecimento.

Um grito ecoando pode ser o fundo de certa mala roída pelo sono: memória.

REVEZAMENTO

No porão um revezava a outro, se desaparecia. E revezava, revezava como se a missão fosse única, o pensamento inacabável, o gargalo do sono os amparasse.

E se revezavam na dor ou tramitava na alegria o resistir humano fumegando das chaminés, o medo ao acaso com o capuz de fumaça sonhada.

Mas é o amor que impele o rastro dos milênios.

UM SÓTÃO

Feliz o que se nutre de real sem criar algum outro para si.

Carregamos um sótão sobre nós, como se pianos carregássemos.

Ali nós descansamos, talvez nos escondemos, amamos, conciliamos, resenhamos o mundo. E o mundo nos resenha.

Carregamos sobrados com surtos domingueiros, patriarcais, soluçados.

E pasta o gado sobre nós, florescem os pêssegos, as caladas porteiras.

Pastam os dias sobre nós.

OBSCURAS ESFERAS

Aquela noite coberto de musgo era inacreditável viver.

A terra pesava e cada um pesava o medo com o medo, a perplexidade com as colinas verdes, o terror inocente como a erva mais tenra.

A beleza ficou dura, caroável porque o macho silêncio não deitava nela.

Era inacreditável que a vida tomasse o contorno das obscuras esferas e cada ser avultava do parto sem a esperança de mudar, embora o quisesse.

Mudar o musgo, a pedra, o cheiro de terra úmida, a presença da noite?

Era inacreditável que ainda vivessem.

Mas viviam.

O PRIMEIRO TREM

Quando o primeiro trem cruzou o porão, eram os índios que ocupavam as terras na caça do bisonte, ainda não colonizados e dizimados pelos deuses de um rio branco e sedento.

A locomotiva de narinas infladas vozeou, entrou o sol, a lua, as pequenas coisas.

Foi-se adonando de territórios diamantes, cheios de vento, vermelhos, azuis.

E se constituía um país de limoeiros e trilhos, a separar as águas iniciais das finais como se o trote alegre, pluvioso, fizesse falar os juncos.

Até o horizonte é comboio de vagões sonolentos. E o universo, elefante branco, seu apito sincopado, longevo.

PRODÍGIOS

Menino, via sinais em tudo. Aprendera prodígios sob a pele fria ou rugosa do dia.

Pressentia marés com a mão.

Menino, abandonou tudo para ir preparar sua infância, como quem prepara a morte.

O POETA

Sob a enxovia de canários, o poeta alimenta as palavras como bezerros novos.

É tão mortalmente pobre para si e visionário aos outros.

As palavras sabem de onde vieram e ele desconhece as tempestades de areia sobre o berço.

As palavras soletram o alfabeto mas o alfabeto é uma rede sinistra no porão, carnívora, onde o Sistema arma, desarma as explosões.

O poeta é pai das palavras e todas elas são inocentes.

IDIOMA

O idioma no porão era prosódia gutural de pedra e pedra a fala, com o sotaque de vogais e folhas.

A roseira da fala, entre as fricativas e as palavras navalhas.

Quem sofre a servidão, a repõe de fala em faina, flauta quebrada na cantiga.

Mas os homens se negam a ser víboras, os homens não são víboras.

São homens no penedo da língua.

ZOOLOGIA

A zoologia é a mesma da Arca de Noé: um casal de cada estirpe ou silêncio, até que os filhos do porão se libertem de si mesmos como as aves de suas cas(c)as.

E venha o arco-íris no extremo das almas, o arco-em-alma.

Mas os animais passavam por uma metamorfose pendular, querendo ser humanos num regime de tarda escuridão ou plenilúnio. Tudo em face da esquivança humana com o medo nas costas da palavra, de olhos claros, gozozos, inundados.

A fauna dos bichos se instalava debaixo das árvores, como se entrelaçassem as imagens num plano diminuto e pudessem coexistir em covo nebuloso de garrafas na cristaleira larva.

EU ESTAVA NO PORÃO

Construí um laboratório de nuas paredes. Mesa simples, cadeira. Janelas abertas.

Sou o primeiro homem e tudo deverá ser reinventado.

Começarei pela alma.

ANJOS E DEMÔNIOS

A noite descosia-se e os fios nenhuma agulha mais cerzia ou estrela alguma.

E o porão foi cercado por demônios.

Porém, um bosque de anjos, aqueles de louvor, incandescentes se arrojaram nos ermos, combatendo. Pareciam gaivotas, iam rentes e absolutos.

Os demônios renderam suas almas consumidos.

E não é crível suportar tamanho amor.

O CÉU

Olhei pela fechadura. O céu estava todo no porão hipnotizado: Deus Pai, Deus Filho e o que ligava a ambos.

O céu com sacada lá fora e ardia.

Pela fechadura destilava-se minha alma e se ajoelhava na luz abaladora.

Os sentidos também se evaporavam como se alta força os comprimisse.

Nos dispersávamos no Todo. Apenas uma consciência via, amava, submergia, como se todos tivessem um só corpo.

Vi quanto a luz fabricava a luz.

E Deus se derramava em torno.

UM SER

Era um ser dentro de outro (girassol e sementes), protegido por um Anjo.

Seu nome, manual de perfeito equilíbrio, apenas se fazia por Deus percebido.

Diziam que a outra parte o sustentava ou que passeava com um tigre na coleira.

Discutiam em altas vozes – ele e o Anjo, ele e o universo divulgado e além, o impronunciado. Além, a galáxia habitada pelos oceanos de azuis intactos.

Mas a alma é impenetrável ao amor de alguém por seus fantasmas.

O Anjo, também inominado, não deixou que o ser morresse ou ressuscitasse.

Transportou-se com ele, os seus fantasmas, suas noites em claro, o vertiginoso tigre ao paraíso inviolável.

O que só a dor mortal concede.

A SOMBRAS DAS COISAS

No porão quem procura não encontra. Porém, se estancarmos a busca como um jorro, as coisas insolentes, cobiçosas procuram por seus donos. E os descobrem pelo odor, sim, a tépida exalação dos vivos.

Súbito as amapolas pegam fogo. A natureza e as coisas são feitas de substância comburente e se atraem na limalha.

Mas a um desequilíbrio, ou à cupidez humana se intimidam, recuam e recuam até cerrarem todas as veredas, iguais à tartaruga que se anula e fecha-se em canteiro de erva lúcida.

E a sombra das coisas era uma pedra escura, onde se lia:

*O que está embaixo,
em cima se ilumina.*

*A semente mais dura
requer descanso forte.*

*E é mãe comum
que pare
amor,
a morte.*

OS ADEPTOS

1. Desde a antiguidade do porão subiam e desciam os alquimistas, os adeptos, capazes de transmutar metais, transmudando a si mesmos, transmudando a natureza do corpo em outra e mais outra. Como se fossem transmudando a alma. Ou luzisse uma nova, viçosa na conclusão da pedra branca.

Pois a alma que acolhe o corpo eleito e é de uma juventude aterradora.

2. Os alquimistas vislumbraram que na diluição de metais em frascos ígneos era possível uma qualidade virgem, o recato de alcançar a alma nossa e a do universo.

E a cerimônia secreta se aleitava no fogo trinitário junto ao sopro do homem.

3. Entre revelações e execuções, a roda do porão virou sua pá mas os alquimistas retesavam a alma, a sua criação, demudando o que é vil em metal nobre, aperfeiçoando a alma até que nenhum anjo possa vesti-la no esplendor.

ALQUIMISTAS

1. Alberto, o Grande, santo e alquimista, expirou na cela do porão, aos oitenta e três anos, mas já havia morrido antes, antes, com a alma verdejando em Deus.

2. Vassala das vozes, Joana D'Arc, sem nenhuma alquimia, a Inquisição canonizou seu corpo com a chama mais ferrenha, inconsumível.

3. O médico e alquimista Arnaud de Villeneuve foi condenado pelo sacro Tribunal da Inquisição quando em alma no éden e fogo humano algum o devorava.

4. Nicolas Flamel, o escrivão, ao desvendar a pedra celestial, pôs a morte em seu lugar e nunca mais morreu, nem morrerá.

Ficou sobrevivente, levado tempo adentro no bico migratório de andorinhas.

FRAÇÕES DE ETERNIDADE

Os homens sabiam: tudo o que se veda na cumieira pode ser fundamento da casa e tinham o pesadelo do tempo, a especiaria de o reduzir ao próprio travo e peso, a cada inquietação, como se houvessem frações de estar no mundo ou de guerrear à tona do equilíbrio.

Precisamos da eternidade para um verso, a eternidade ao amor e também ao esquecimento.

A FRESTA NO PORÃO

Foi aberta uma fresta no porão para que a lua flutuasse ou que o porão flutuasse com a lua de fendas claras. E a luz doce ou macia se adentrasse, aos poucos ancorasse nos arcanos das pedras.

E de uma frincha outra mais rompesse e fosse dilatando a cerzidura e algo mais além ruísse das sólidas muradas, o ar avassalasse com suas nêsperas, e neonato e órfico invocasse o mundo ou que fosse mínimo ninho de estorninhos.

E pelo fundo a agulha dos direitos civis, a linha da noite e sua ordem, a sua hegemonia borbulhante, a luneta das navegações, o pequeno orifício por onde vaza a madrugada, a casa ou exíguo botão para que a liberdade não se desespere, uma simples levedura ao fermento da sombra, um risco que vai-se entreabrindo nas abas.

E coisas definitivas que nenhuma frincha encobre, coisas apertadas ao peito, abraçadas na cama estreita da palavra, coisas-ondas, entocadas, marítimas.

O ESPÍRITO E A ALMA

Tinha o espírito maior que a alma e foi abandonado pelos deuses. Até que a alma enchesse como um vaso de germinação.

Amaram-se os dois em si perdidos, perdidos um no outro, perdidos e achando a continuação das estrelas. Jardins que entre si confinam.

E não é dado mais apartar espírito e alma.

DUENDES

1. O porão era infestado por duendes, aqueles que ficavam apenas na primeira infância, semelhando-se em porte e feição aos anões de Grimm.

E saíam dos vales, das províncias, dos litorais de bétula e verdume.

Os duendes do pampa redobrados sob a tampa da várzea ou no queixo solarengo do cavalo.

Os duendes dormitam junto aos mornos cinamomos ou dançam ao fogo voluptuoso das colinas.

2. Mas havia os duendes fora da infância. Foram exilados do paraíso e se tornaram adultos, dramáticos, perturbadores, carentes daquela bondade da inteligência que gera a infância de novo – a deles e a das coisas.

Outros duendes envelhecem nos misteres e como uma palavra que envelhece, foram isolados nos livros, nas efemérides.

E a velhice do sonho apodrece com o nodoso arcabouço das nogueiras.

3. E há outros que não são infantes nem envelhecem. Parecem o zoar de abelhas sobre um vidro.

Mas conservam o espanto de percorrer o mundo com ele descido ao mais benevolente símbolo.

E a infância é movimento de mar; eles, apenas praia.

Enquanto os homens trabalham a mais aguda inocência, a que vai lapidando a morte.

4. Porém, os duendes do deserto residem na secura da linguagem.

Tapam-se de luz própria: um sol interno os vivifica, magros, cautelosos.

Como os pirilampos ou mariposas rodeiam o lampião maduro e as gerações.

Também designados *seculares* se refugiam por vezes no madeirame dos conventos, na votiva paz dos campanários.

São de uma mudez tão vasta, peremptória.

De pobreza capital nos indumentos, mais dizem o *não* que o *sim*. Não dizem. Juram misericórdia. A onipotência do silêncio.

5. Os duendes da guerra se prolongam por certas catedrais, junto à rosácea das góticas, nos forros, no fole dos órgãos, filigranas, ornatos de oboé.

Entretanto se tornam portentosos nos campos de batalha do porão, de uma formosura hostil aos olhos, desde Caim matando Abel, a Guerra de Tróia, Termópilas e tantas em sucessivo caule.

Pairam sobre o fumo, o grão da pólvora, o azedo grumo da morte.

São todas as armas, estratégias — apenas ramos secos de magnólia — diante de ser tão corrosivo.

O homem se descontenta de ser homem.

6. Por fim, os duendes do povo, a quem é preciso exorcizar sob pena de os sonhos combalirem de igual febre malária.

Reúnem-se em torno de fogueiras cativas como se a chama os dominasse, encantadas serpentes de um deus louco.

Nos bares, quando entre a bebida e a nuvem das canções, eles fogem das labiais garrafas como de uma lâmpada, aquela de Simbad, o marinheiro.

E nos comícios, quando a algaravia é uma andorinha sobre o fio da chuva, o orador, qual trapezista, sonâmbulo é levado ao seu discurso e é acordado nele.

Às vezes como pombos nas praças se elevam, descem a bicar o miolo de grão, o alegroso milho, largado por meninos.

Depois entram novamente na pintura de Goya, Bosch ou Brueghel e ali se esquecem, esquecem de existir, de comer, beber, ser como todos.

Ficam consolados, domesticados na vidência.

Adormecidos em prados de milênios, à espera de um chamado amoroso, o apelo incoativo de um profeta Perdido de Deus.

METAMOFORSE

A metamorfose era o princípio sedimentar, uma avulsão de certas almas para certo corpo e do corpo para almas já vacantes.

Depositam-se imperceptivelmente aquelas, nestes ou este, naquelas, como o álveo de leito abandonado.

Nada restava igual, ia-se transformando fruto e cor, o timo silvestre, a pele, o rio, a tenra planta, agaves, os cimos dos abetos, tear de aromas, a brisa cochilante sob a tarde.

Ia-se fluindo o menino ao homem e este em terra boa e de novo as gerações cursavam a mudança pela alma, o senso das espécies, o homem no menino e este, em anjo, depois as hierarquias, o sumo das constelações, a célula das almas, e de novo a idade enferrujava, as cerejas do rosto amarelavam com as folhas, a beleza com a casca das laranjas, murchavam apetências e as noites ocupavam os dias, as estações.

E o curso do universo era um Deus multiforme, múltiplo em si mesmo, ininterrupto, tornando à infância, perfazendo-se em amor completo, na inteireza de antes do caos, antes do rastro de um pensamento, o farfalhar de narcejas, o advento veloso do sol.

OS BANCOS

Os bancos debruçavam os seus juros na escala decrescente do silêncio com os dejectos, o pousio das plumas.

Tico-ticos sobre os juros esticados ao estendal das horas: o tempo é debitado.

Várias roupas borrifando a luz molhada de juros.

Só o capital encolhe o seu capote.

E os juros geram gotas geram fomes geram outros enxames de mosquitos.

E não foi em vão que os habitantes pressentiram belicosa picada de um inseto.

ALEGRIA INTERMITENTE

Talvez por sestro, amoita, instinto ao fogo, os sobreviventes desvendaram a felicidade como passagem entre campo e campo. O mais se estendia em amar a morte além das aduelas e brancas pipas que a demarcam. E se integrar às sombras todas, aceitá-las. E possuir a alegria intermitente na mais perfeita dor. A loucura abissal da alegria, quando se principia a ser humano.

AS IMPRECISÕES

O universo se manifesta nas imprecisões, nos pontos ignorados onde a vigília reponta. E a energia em avalanche se precipita da montanha. É o extravio de um sonho.

No entanto, as imprecisões confundem as precisões em mesma (m)aranha. E estas nascem infindavelmente daquelas, até que um leopardo tenha a mesma côr de um rio e o rio seja para os cegos, alfabeto.

NUDEZ

Quem ama desaprende toda a solenidade, para ser nu com a desnudez inteira do universo.
Ou quem sabe o universo é só nudez.

CÚMPLICES

São todos cúmplices no porão. Um ao brotar se tornou cúmplice de outro ao morrer. E se ressuscitou, elevou a cumplicidade ao mais alto desígnio.
Ao amar um se fez cúmplice do outro porque o corpo continua na alma e esta em achamento das pegadas.
Um desemboca noutro e descansa as propriedades belas e cúmplices, longas.
Quanto é cúmplice a eternidade.

OBJETO

O que acontece a ti acontece a mim. O que acontece ao sonho é do pesadelo. O que acontece ao morto é ressuscitável. O que não acontece também pode acontecer velozmente, com o fluxo do tiro.
Mas o que acontece à tarde é porque a manhã se ultrapassou e foi aveleira, avelã.
Depois nada acontece porque tudo aconteceu, como se a corda acabasse no derradeiro objeto.

O INSTANTE

1. O instante no porão só é independente do seguinte, pois o homem o bebe e adormece nele, como um velho bêbado.
Depois quando desperta, vários instantes correram, sem a participação mortal ou imortal, teceram videiras no futuro.
Ao fiar-desfiar da rede unânime, instantes se cativam ou libertam, entre as malhas fungíveis.
Uns são cabras, bois que, por passarem, já foram memoriados no pasto, junto ao dono. Outros, leões e tigres, têm seu domicílio na floresta – autônomos, difusos. Capazes de engolir o velho bêbado deitado no anterior instante.

2. Por vezes não devoram, devoram-se. E essa autofagia nemorosa, de lógica entre si e nenhum visco de conexão diurna, de repente retumba nas galáxias, em bosque sideral, entre leões e tigres, sem a jaula de

pensá-los em circo, ou a remota infância de um cometa.

VOLÚPIA

Há uma lei de volúpia, o interno desejo pode criar em pensamento intenso o alçar-se da águia ou talvez da maré para a jusante, uma mesa de águas ou de pedras, a nudez errante do real na redondez de um ato: o de amar ou lançar ao extravio, o drama que nos tange com sua larva e o que mentamos, âncora, em meio ao pensamento, seu navio.

Quem voa é porque antes levitou em nova gravidade, depois não consegue terrear, o vôo de fugaz, fê-lo morar no sábio chão do ar.

Quem voa pôs o pensamento a voar por ele, até que em pleno pensamento voou.

O reino se parece ao Rei ou a quem dele a tempo se exilou.

O CORPO

O corpo é de uma paternidade precisa. Faz da alma menina. E volta-se a ela para dizer: "Minha filha."

O corpo irmana a água, o fogo, a noite toda, esposo para as bodas.

Corpo, corpo, deixa provar-te de alma, tendo a morte por senhora e irmã muito afeiçoada.

REPERCUSSÕES

O livro recoberto pela relva pode ser um leitor que se preserva ou a escrita florindo em meio à selva.

O movimento mínimo do mar pode repercutir nalguma estrela.

O silêncio que é dado pela mão pode ser o que firma no caixão ou não será nenhum, se partido o lacre pelo passo maior que o consentido.

A palavra murmurada no porão pode ser a palavra que nos julga.

UBIQÜIDADE

O estar aqui no porão era estar ali de relance e não estava mais. Num lampejo o vulto sem corpo nem alma. E gravitava em outro pólo da memória.

Um sussurro e forjavam-se esconderijos no jardim de estar ausente, presente.

Um vulto atravessava num upa a Ponte de Londres com todas as almas passantes e trope! – bandeava nas feiras da Provença ou junto às ameias do Castelo de São Jorge, Lisboa revisitada, portando uma sacola de naufrágios.

Mas desabou uma carga de alma e os fluidos retomavam o estado de sólidos.

As gáveas do balão (c)alavam-se.

O corpo então trespirava aliviado porque tanta alma oprimia a fragrância dos ipês.

Viu-se que mesmo quem morria assumia um odor de ubiqüidade, que a morte mais supõe ou dá mercê.

GUIZO DE CASCAVEL

Tamanha a vontade de morrer que era um guizo de cascavel tinindo até onde o corpo varar a morte.

E a morte de um entrava em outro e entrava infalivelmente para não sair mais do morto.

E deixa o pontal da lembrança para a lembrança. Como quem faz entrar a morte sem morrer.

EXPEDIÇÕES

Os homens do porão fizeram tantas expedições ao desconhecido que, alguns incautos, foram engolidos pelas plantas de uma funesta selva e outros na Mesopotâmia se extraviaram, junto à tromba de fundos elefantes.

O sobrantes ficaram na Flórida, com floridos cavalos pela alma e a fonte da longevidade embaçava os olhos mais longevos ainda.

As palavras escavadas em púnico monumento mantinham o ar de lentilhas novinhas.

Não fora o Himalaia, o Pólo Norte ou Sul o que aturdira a inconfidência humana.

Mais insondável era o conhecido. Ou descobrir o rosto da amada.

OS SÁBIOS

Os sábios do porão esmeravam-se noutra ciência, a da espuma. E volteavam a infância. Entre alfarrábios de limo, a biografia das águas.

Toda a ciência era viver, amar sem ofender as ondas, morrer com a calma respirável de quem se deita.

É a espuma do mar o pélago suave das essências nos descuidados peixes do sonho.

Mas os objetos perseguem os sábios, acima da espuma, como na ponta dos óculos com as lentes e uma desordenada consciência.

E as descobertas é que planejam os sábios, na criança que vislumbra dentro deles a ciência miraculosa da espuma.

O ROCHEDO (I)

Os habitantes do porão sobressaltavam-se, como se uma parte se adiantasse noutra, parada. E plenamente olhassem na ceguez.

Quando a vida não fosse desposada, o tempo o tempo apenas viuvez.

Ou que erguessem a palavra na altura do medo e pesasse demasiado, como se fora o rochedo, Sísifo. O tempo não é feliz.

INSCRIÇÕES (II)

A rocha mais tranqüila, matinal moradia. Ou a rocha enfurecida de quem caçava o dia com afiada pedra, depois a soante flecha. E gravava figuras de peixes e bisontes na prazerosa rocha.

A CAÇA (III)

A fome se inventava quando era saciada. A caça inventa o caçador.

E apenas sobrevive no percalço invisível o que caçar o tempo.

O fogo se inventou onde era mão brotando junto ao chão.

O porão se inventava do porão.

CORREDOR NENHUM

A felicidade seria nenhum corredor. A alma que soprava vinha com a mesma e saliente narina e ancorava num corpo até o mar junto ao céu durável, faca guardada na bainha.

A IGUAL TERRA DO VALE

A pouca terra dos corpos se falavam. E se entre-olhando notaram que lhes alteavam álamos e a mesma água de poço, a mesma horta de favas.

Toda a memória era escola de algumas raras palavras com a terra do vale.

Mas ignoravam que neles continuariam os álamos, a água de poço, as favas.

Embora mortos nos mortos.

LANTERNA DE VOCÁBULOS

A infância é a terra natal, a religião dos mortos. Ou quando o porão se faz lanterna de certos vocábulos.

A maturidade é em plena infância.

Não há eternidade sem que ela deslize da memória como da pedra a pedra.

A infância no porão é juventude do mundo, os vocábulos meninos se divisam na rua de uma infância para a outra. Como se as marcas de nascença ou afeição fossem da mesma sina.

Cada um a concebe igual a si, a ondeação repleta ou mais franzina.

Se a infância se retira dos baixios, depois é toda a margem que se inclina.

ABELHAS

As abelhas lentas em tua mão, quietas, quietíssimas como se vicejassem junto a um ninho de veias. Ou te ouvissem pelo nome.

Rumorejam linhas de tua mão e o porão com as palavras abelhas.

A PALAVRA *MUNDO*

1. A ordem do mundo invadia a do porão como um touro transpõe a cerca.

Vem o peão na cantaria de "entra luzeiro ou ventoinho, pêlo silvestre".

O touro, piedoso, estende as rimas guampas contra o poema.

2. A ordem do mundo era uma floresta que invadia o porão com sua fauna de bichos e sonhos e os bichos ruminavam os sonhos e estes oscilavam sob as lentas, melodiosas sequóias.

Mas era a palavra *mundo* que invadia a palavra *porão*, mar rompendo os diques. Depois aquosos, inflados caracteres singraram nas cavernas, no esqueleto dos fósseis ou naquele que a gente humana leva como um búzio.

Ouviu-se o zumbir da (h)era sobre as pedras e a palavra *ordem,* formigueiro avançando na encosta de algumas metáforas até o canavial silêncio.

E foi-se delineando o mundo na linguagem dos filhos do porão, como a manivela delineia o motor.

E a palavra *mundo* tinha o macio sabor de milho verde e o cavo som de cavalos mastigando mastigando a donzeleza do milho.

A linguagem, motor em rotação.

VARIANÇAS

Um olhava para outro no porão e a vida passou voando: bentevi, bujarrona nuvem avariada.

Pelo vitral, de outro lado, ainda a vida está fitando ou fitará demasiado a pele em nós encolhendo, igual aos figos caindo, igual aos dias moendo.

Alguns morrem de nascer ou vão nascendo morrendo. O que se esfuma é o medo de estarem vagando a esmo no deserto de um espelho.

Muitas vezes no porão pode-se ressuscitar ou a ressuscitação é ofício de viajar de um corpo a outro.

Morre o que ressuscitou para de novo nascer como a nogueira em seu grão.

O velho só de pensar vai pela morte sumindo, uva dentro do lagar.

O TREMER DA INOCÊNCIA

A inocência é o sortilégio de ver no porão, com o mesmo espanto, as coisas iguais.

Que a lâmpada possa ser desdobrável sob o ígneo fulgor e o mundo salvo ou refeito ou temperado pelo risco quase imperceptível da mão acendendo outra e outra.

Depois o tremer da palavra *inocência* diante do Caos. E se retornasse com o fervor de Daniel entre os leões, perfeitamente vivo, com a alma porejada de anjos.

Ser inocente: primeira ervinha em queixo adolescente.

E dançar como Davi diante de Deus.

RECURSOS

A morte para florir precisava de recursos oficiais. E sem os filhos do porão, sofria a renitente proscrição ou finava-se, obscura.

Eles sem a morte conheceriam a longeva duração de Jacó ou Abrahão, existindo além dos andaimes da carne. Ou podiam nunca mais morrer com o cansaço e o imperecível sono.

É quando a morte chega benemérita, irmã de caridade.

E os morangos floresciam a morte, com a lua crescendo, a morte crescendo, os morangos luzindo e crescendo.

TRIBO

Algumas palavras se evadiam do dicionário, em tribo, acampadas no vale e se punham a dançar.

O feiticeiro pulava da palavra *feiticeiro* como se abandonasse as roupas, em andamento extremo.

E chovia, mas a palavra chuva era um cachorro molhado que se escandia. O verbo escandir rufava como tambor nas botas de um prisioneiro (também subjugado na palavra *prisioneiro*).

Um ídolo de olhos azuis fora derrubado na infância da tribo mas os cacos eram ídolos ainda que conversavam nas silhuetas da palavra *caco*.

E de improviso os rituais drenavam o porão, como se fossem tatuagens na pele marinheira.

Descia fogo nos gravetos da palavra *fogo* que mordiscava a gula transitiva dos animais.

A onça miava na palavra *onça* fonando as pontas do amanhecer.
Javali demandava guerra na palavra *javali*, mas ao ser murmurada desfolhava sua ferocidade.
E todos se instalavam na palavra *tribo*.

JURISTA

Um jurista no porão dobrava-se ao badalo de processos, sineiro junto ao temp(l)o.
E dobrava-se a arcada de seus ombros sob a ponte de abrasada justiça.
Os processos vergavam-se veleiros.

VAN GOGH

O porão do processo era um canteiro amarelo de corvos que Van Gogh com os pés em lebre atravessou de um sol a outro.

O LINOTIPISTA

O linotipista no porão tinha o prazer fungível de trocar palavras.
Em vez de *pomba* dedilhava *bomba,* colocando sombra entre o *b* e o *p*, assustando, as aves letras com a explosão.
Enquanto, se debruçava a pomba na ramagem da mesma palavra, branca.

CIGANOS

Um bando de ciganos com seus tachos trançavam o arco-íris nalguma barraca imponderável. E imponderáveis sortistas liam na mão o amor ou a breve morte.
Quem liga ao baralho seu destino?
Os meninos ouviam a fortuna caindo como gotas de um invisível filtro.
E ânsias pulavam os limites da infância.

A MURALHA

Igual a Jericó, esta Muralha movia-se ao som das trombetas, mortalha de trabalhos, punições, amores resolvidos ou insolúveis, móveis poderes e ambições.
Os filhos do porão certo dia (na concha, talvez, de um segundo) passaram a observá-la, cavalo de Tróia junto ao pátio ou repentina percepção de uma perna baleada.
A consciência ateou a derrubada, em alastrante música.
Primeiro, heras, depois milênios, depois as pedras que cantavam ao bater de altura em altura, como o fio de viola desgarrada. Depois as outras pedras subjugadas ao sonho de quem as cativou. Depois as plumas, as pegadas, os embuçados guardas.

A piedosa ressurreição.

E o povo então ergueu nova Muralha, de sono fiel e acesas pedras.

Rosto cheio de mundo.

CRIAÇÃO

1. Ela estava plena de Deus e fora, Deus também resplandecia. Deus acenava da alma, fitando desde o fundo da pupila.

E o porão se avolumava como o caos à espera da criação.

2. A palavra *criação* fora soprada até descer na palavra *caos*, como a lua sobre a água.

SÉSAMO

Para o assédio das fêmeas, os homens defrontaram um mecanismo perpétuo, moduloso. Palavras que, ao serem repetidas, abriam o sésamo da pedra, o largo nume do amor.

Tal descoberta se dera quando foi alçado o fogo entre os montes machos.

E eram tão secretas, que só se faziam percebidas por dois corpos com almas justas.

E se o amante esquece alguma delas, o amor se rompe igual ao casco rude contra as nuas geleiras.

Ao lembrá-las, o casco é retornado ao mar extremo.

O CÃO INEXISTENTE

Se alguém for ferido em corpo ou alma, força é ir esquecendo, esquecendo até tornar o cão inexistente e a mordida impossível.

Curamos o visível no invisível.

E a morte é inexistente, se a ressurreição for a semente da flor do esquecimento de morrer.

ADUANA

Não há cerca entre os lados da morte. Aduana que vistorie as malas.

Alguns mortos voltavam para junto dos que amavam. Mas cabia ainda recuperá-los do mistério da morte, a mudança de *latitude*, respiração, gravidade.

O porão recuperava os seus mortos.

OS DEUSES

Deuses criaram o sossego de não serem mais deuses.

Eram miraculosos ao toque das coisas, rodeados de si mesmos. Afugentavam as imagens do viveiro.

E andavam de pijama pela escada de um viver distraído, enquanto a morte nos degraus era um cachorro adormecido.

REVOLUÇÕES

Quando a Revolução bateu seu pé de pilão de milho, moeu um poder e o deu a outro. Moeu direitos de fala, assombração, de greve ou silêncio.

O porão era faca cortando ou face perdida do Exterminador ou a boca de uma tina longa, cerrada.

As palavras — muitas — foram barradas. As que voavam continuaram voando. As que tinham fé foram raptadas, delatadas, condenadas à fogueira.

A treva caída e batida era uma borboleta. Mas Deus não estava.

A lei, garra de águia copiava a silhueta do porão nas almas e cada artigo possuía o formato de garra e a letra *g* deitava na mangedoura página. Deus não estava.

Os mortos civis depositados sob o alpendre e o tempo gerando seus fantasmas e os separando em grupos como vasos pequenos na sacada.

O medo é um espantalho pela horta calada, um ódio civil posto em colunas de cegos fuzis e flores mudas.

Quando nova Revolução bateu no sangue daqueles que a faziam circular, o porão era veia ululante na garganta da aurora.

ADVENTO

O porão foi apodrecendo.

Suas madeiras comidas pela chuva, a estrutura bicada por gaivotas, a forte densidade varada pelo sol, o dente agudo, agudo, fundo, branco do sol.

Por uma inércia ou por escorregão de pé desnudo, salinos fatores ou talvez por arrasante luz.

Pode o amor alguma eternidade?

A história levedou,
a história levitou.
Mudou sua fundação
na aurora mais secreta.

APARIÇÃO

Como em anéis a luz se transfigura
e em anéis é sua força transparente
até ser luz estrita, formosura

cindida em raios lúcidos. Fremente
é o coração, se luz o amor reflete
o que da luz, sob o vitral, recua.

Pode esta luz tão casta repetir-se
se o amor a envolve na espessura,
pois não há senhorio se amor dura

ou nos afaga como se fluísse
no ato de prender. Mas quem resiste
à luz e seu bramido, sábio fogo?

Como em anéis e velos e brandura,
chegas, Amada, neste reino austero
e a luz parece o ar e o ar, a lua

onde em caminhos de água o dia selo.
Todo o porão gorjeia junto ao corpo
de um vinho destilado, sem o mosto,

sob invencível luz. E a luz mais dura.

DANIEL

1. Os anjos precedem as visões, a eternidade ao tempo. E antes de nós, tudo já sucedera em Deus.
2. Foi no porão que viu Daniel o Anjo com a voz de azenha, suas lentas mós. Descera do monte de Deus coberto de visões.
    Daniel jejuara tantos dias a condição de seu povo. E o Anjo trazia o selo copioso, intenso da salvação.

MIGUEL

Ninguém como Miguel combatera demônios. Impunha-lhes, vencendo, a impiedosa alforria de si mesmos.
    E eles iam minguando a ígnea natureza na dubiedade cúmplice ou suzerana harmonia.
    Um dia pediram suplicantes a Miguel que os deixassem viajar para o estrangeiro, desaparecer na orla de obscura montanha ou no mapa de algum soturno continente.
    Pareciam dóceis felinos a lamber a piedade do homem.

JOSÉ

Como estarão os homens diante de Deus? Os que trouxeram o porão do peito à alma e por ele vagaram, insubmissos?
    Os que o levaram pelos esconderijos da infância, às repartições municipais, ao tribunal, na rua, junto ao leito?

Pode o porão substituir o anjo ou este, onde o homem é a sombra de seu sonho?

Dirão a Deus que o porão se tornou insuportável a quem amou atentamente o dia ou àqueles que o portam sobre as costas, como a um boi seu arado.

Mas José, no porão do Faraó, sonhou que a liberdade é não apenas voar mas ser o vôo possível.

E que o porão voaria do porão.

NAQUELA ALMA

Os anjos eram sonâmbulos naquela alma ou é como se tivessem bebido a aguardente da noite.

Mas a alma levantava com sede, afogada quase.

Agônica e febril, a santidade.

POTESTADE

1. Onde vinha, um anjo o aguardava, porque tinha partes com a mais alta potestade. Ou talvez fora um anjo libertado de sua essência temível.

Ele havia caído dentro da luz.

2. Quando estava em seu quarto (um outro nele se acendia), viu a sombra atômica pulsando sobre cidades que se evaporavam pelo ralo de um redemoinho.

Cogumelo de raízes era árvore do último clarão.

E ratos começavam a roer a roer os restos do sono.

Nova estirpe adormece no coração do homem.

HOMO ABISSALIS

Por que não há repouso ao *homo abissalis*?

Talvez lhe seja dado um tronco onde adormeça.

Mas todo o abismo encontra sua própria consciência.

Então dormir pode lhe ser excesso.

PLANOS SOBREPOSTOS

O porão de repente se tornou a segunda consciência, a terceira e a quarta.

Como uma célula gerando outra, não podendo gerar a si mesma, salvo o reduto de alguma inteligência tormentosa.

A consciência são planos sobrepostos e sob a pedra solar assemelhada a um moinho de celestes abas.

E avistada foi a quinta consciência saindo em volutas de um lago, espantando vertigem. A sexta era apenas água-furtada.

LEVIATÃ

O Leviatã começou a ser expulso. Morria em partes cada vez. Deus o exorcizara através de um Anjo de previdente amor.

Quando o julgavam morto, revivia como se destilasse na morte o acaso.

Mas Deus decidira, movido de misericórdia, desalojar o Espírito que tropeçava na noite como um ruído.

E foi o Leviatã se fazendo pequeno, pequeno, até o sumiço no vão de um espelho.

O porão começou a voar.

ZEPELIM

O porão voava de escadas à mostra como um zepelim.

O ascendente espírito desbordava o espaço. E toda a humanidade do porão voava.

E as gerações emigravam nos séculos.

De um ar a outro.

IDADE DA ALMA

1. O porão chegava à sua última pele, como as serpentes. Agora apenas a ressurreição. E para mudar de pele carece mudar de alma na variedade da *fauna abissalis* ou de muitas constelações.

Mas Deus já era idade da alma mais avançada. Deus é quando todas as almas.

2. A ressurreição é uma dor espantosa, luz prensando os nervos vivos. E a natureza vai transmigrando as fases como as gaivotas decompõem os vôos. Até a ressurreição rebentar da ressurreição: lebre tocada de dentro da luz, fugindo por entre as glicínias.

3. Aos poucos a ressurreição renova suas cores, escama radiante dos peixes. Primeiro era o grito, depois a alma e depois o corpo que ressuscitava.

Não dependia mais da morte, nem da ressurreição.

Tudo agora é capaz de nascer.

PAI

O porão inteiro clamava "Pai" e era multidão e séculos de alma.

Balbuciava "pai" o menino sob a ponte, amarrado à sua fome.

"Pai" gritava um céu a outro, um grito a outro.

Denso de vozes, Cristo junto ao doloso monte.

Pai, até onde o amor é capaz de voltar e não voltar.

PERPÉTUO

Perpétuo é o movimento da luz.

O porão trancado de Roma, sua monarquia prudente, o cadeado de dogmas com o rito preso à corrente.

O porão de Moisés ao fundo do navio e a carga ascendente de marés. E oscilante, o do texto.

O céu da nova Lei a descoberto, como tábua de nuvem vindo à proa. Perpétuo é o movimento da luz.

A Inquisição tangia a cinza dos santos. Como em jogo de gude, as teologias zunem. Perpétuo é o movimento da luz.

O ventre do universo sofre parto. E os filhos do porão, transpassados no Espírito, brotam filhos de Deus.

Porque o universo não se subjuga a um Sistema, a uma hierarquia muda.

A luz impele o que está vivo.

FILHO DO HOMEM

1. O porão gemia, fole compulsado em oficina.

Cristo gemia ao madeiro, junto de condenados, como se um bloco de mar puxasse a outro e se ajustassem, martelados contra as ondas.

Cristo à tona da morte, com a lança fluindo no aro do peito, a morte ecoando gólgotas de sangue e medo, o frio, trovejava grave o vento, as cabeças postadas diante do movimento de um olho só, de Deus, que ainda repousava e abria no enxame da fronte.

E o branco favo do dia (f)indo.

2. O túmulo despovoado, sulcado de um linho alvo, nu.

Descalço de corpo e alma. E algumas tardas formigas que dormitavam.

Um Anjo falou às mulheres, tão aceso, que todas as claridades eram tâmaras ardendo.

"Saiu de dentro da morte." E a morte ficou morrendo.

Branca, branquíssima a morte.

Uma montanha (es)correndo.

Ressuscitava o porão.

OS APÓSTOLOS

Os Apóstolos entravam e saíam do Novo Testamento, curvados todos ao vento de Deus.

Uns falavam em línguas, outros curavam, alguns poucos detinham o dom de profecia.

Como um barulho de águas, o futuro se deslocava para dentro da palavra *futuro*.

E era vaticinado um novo céu e nova alma. O porão daria luz ao mundo.

Mas no enquanto, a alma é que se salva. O corpo é criatura da alma.

AS ALMAS

1. O corpo ressuscita, a alma às vezes morre.

Quem acorda teus sonhos, se a alma não se acorda?

O corpo ressuscita, a alma às vezes pode sofrer metamorfoses, como mudam as vozes na foz do mesmo rio.

De alma em alma segue a romaria ao cerne. O corpo ressuscita.

2. A primeira alma é a primordial, aquela que se abandona e é raptada, como se a crisálida invadisse a luz.

A segunda alma quando a própria luz é arrebatada à existência mais alva, regada na despida luz.

E a terceira alma já não deslinda a pele nem a dádiva de ser unidade invulnerável e é fortificada pela morte limada dentro como se afiasse a têmpera da luz.

A quarta alma quando o regozijo é de uma luz plantada em pleno paraíso.

Depois todas as almas são formas de que a luz vem sendo ouvida.

Cada céu se liga indissoluvelmente a cada alma, arrabaldes de Deus.

Teu corpo ressuscita mas a alma se acorda.

ÓVULO

O sonho deposita-se no sonho, em óvulo. E a reposição é de um oceano.

MANSIDÃO

Era uma luz mansa entre animais, a palha animada, ao som de estrelas chocalhos brancos.

Uma luz tão carnal que resvalou pelos silvestres panos.

Vinha do centro do menino como de uma harpa.

Sob a luz menineira, a noite não era mais noite.

Cristo começava a nascer tempo adentro, até a luz crescer com seus ramos de vento no tronco verdejante.

HALLEY

1. O cometa Halley no porão era um cortejo de entornados cavaleiros. Montaria era o céu, de esporas tardias, quando o coice da noite líquido rolava entre as duas pedras de um relampião.

Foi então que a memória se tornou este montão de luzes galopando.

E os corpos (des)almavam.

2. Naquele momento, os que faleceram por um Anjo foram arrastados à sua morte e ali não a encontraram, apenas uma (c)as(c)a adormecida.

Fugiu de si mesma, asilou-se no estrangeiro, perdeu a mortal natureza.

E os que nasceram sob o translúcido cometa foram acometidos de eternidade e embriagaram-se com ela como Noé depois de fundear a barca.

3. A eternidade não é o sol à sombra, é o sol que rói toda a matéria desde o caroço à carnação do fruto, o centro, o em torno. O sol consome a sua consumição.

A flor restante é a que o sol depõe, se muge a eternidade como um boi.

4. Deus é o sol à sombra ou a sombra mais gloriosa que o sol.

Deus é
onde tudo existe.

COMPENSAÇÕES DA LUZ

A luz nos preservava, camada sua, aquela em que a noite deslimita a noite ou tudo é aprendizagem de luz. Foi quando a alma se formou.

Há uma coerência inadiável entre a luz e suas cavernas, porque a luz demasiada se compensa com a pouca luz e esta com nenhuma.

Mas o coração não se compensa com a delegação da alma.

NUVEM SOLAR

Deus Pai, à direita do Filho, reunidos no Espírito sobre uma nuvem alta, ondulante que vestiu o porão ressuscitado.

E o filhos nos joelhos do Pai se derramavam, chamas de um fogo que a tudo absorvia, em reluzentes formas incorpóreas.

E amor era onde, quieto, Deus passava.

O ANUNCIADOR

O porão debulhava entre as celestes vozes, o que o Anjo gravara sobre a entrada:

Só a alma eleva
ao grau de sua morte
a graça de te esposar,
Eternidade.

AMAR, A MAIS ALTA CONSTELAÇÃO

Põe-me como selo sobre o teu coração (...)

Salomão, *Cantares*, 8:6.

A tune upon the blue guitar
of things exactly as they are.

Wallace Stevens

SOLTOS DE IMENSIDÃO

Os anos, Elza, já não gravam nada,
porque gravamos nós o tempo todo.
O teu cuidar, faz-me animar o fogo
e cada dia em nós, jamais se apaga.

Provados somos e o provar é um gomo
desta romã partida pelas águas.
Somos o fruto, somos a dentada
e a madureza de ir no mesmo sonho.

Os anos, Elza, não consertam mágoas,
mas as mágoas não correm, se corremos.
Não encanece a luz, onde são remos

da limpa madrugada, os nossos corpos.
Amamos. No existir estamos soltos,
soltos de imensidão entre as palavras.

OS DONS

Por entre os dons, não há no amor, o lume
que, de igualar, nos urde. Quem aclara
no inverno, o verão, o outono, a rara
primavera? Na soma se presume.

Por entre os dons, o deste amor nos une.
Não há mais rugas, por romper o espelho?

Infante é o coração e, às vezes, velho.
Frouxos os olhos. O que a dor não pune,

não cabe a nós punir. Humanos, almos,
o avesso é um penedo recoberto
onde o navio naufraga. Transitórios,

afagamos o eterno – ledos, calmos.
O mundo não deságua sobre o verso,
se não me ajusto nele, quando choro.

PERCALÇOS

É vida o amor, é vida a morte, é vida?
Se me encantei, andei desencantado
e a corda, quem me pôs, foi-me deixando
até o amor ser foz, por onde os seixos

rodam polias nos polidos eixos
de marés e percalços. Não tem quando,
o que é sempre, o que sempre se refrata.
A morte não se cumpre dividida.

Nem dividido é o tempo, em que se acaba.
Nem o prazer pode nutrir prazer,
se a dor em pleno gozo se consagra.

E a corda é a mesma onda, a mesma faca.
Em onda, em faca, a árvore desaba.
Que não perece a vida, se morrer.

A LOUCURA É MÃE

De uma loucura a outra, fui marujo.
De geração em geração, possesso.
E a loucura ditou-me o universo
mas este me deitou no seu marulho,

nos búzios assoprados neste verso,
depois levado adiante sem refúgio,
sem úmidos conselhos. Não aceito
ver os tragos do mar num caramujo.

Loucura se faz mãe quando amamenta
nos ubres de seu chão o filho antigo,
aninhando na luz a vestimenta.

E já lançou aos céus absurdo nome
de alguma solidão, gume, perigo.
A loucura se foi. Regressa o homem.

MINHA FAMÍLIA

Minha família é aqui, onde não caibo.
O meu pai é o tempo companheiro.
A âncora, estes mapas, o veleiro
de caminhos sofridos, sem o laivo

de trilhar ou esquecer algum roteiro.
Minha família, aqui. Além os tardos
acenos, os tambores, os afagos,
os apertos de mão, o corpo inteiro.

Minha família eu ouço na palavra
e cheiro na manhã onde repousa
e lavo na tarde, nos domingos.

Pois não é tão remota a sua Casa:
a esposa se acende pelos vincos
e o pensamento range em cada coisa.

A MESA POSTA

Minha família é aqui. O dia moço.
A mesa, o peixe, o vinho, o pão do vento
e o vento junto aos pés e o cão, o osso,
outro vento tangido se entretendo.

E os filhos: povoados, rios e montes
retidos na toalha deste invento.
No canto, há um vaso de horizonte
e a morte se despede para dentro

do coração. A sala já gorjeia.
E as bocas, os aromas, as cigarras.
O sol no pão, os dentes, vãos e veias.

A morte se despede, quando a fala
é arruela de poço. E no reboco
passam restos de vento rodopiando.

LÂMPADA MARINHA

Minha infância é uma lâmpada marinha,
um jogo de armar. Dissimulava
figuras e cavalos, reis, rainhas.
E a ira dos deuses, essa larva.

O mar, borboleta na janela
para o menino que o vislumbrava.
E a borboleta ia, maré-cheia
e o mar ia nele e não voltava.

E o menino: que deus o acalentava?
Ou que temores nas sandálias iam?
E nos brinquedos, o amor aldrava

de uma porta de ondas e de sinos.
O menino sabia que era lava
e queimava, pavio, devagarinho.

OS MEUS SENTIDOS

Um dia vi Deus numa palavra
e luminosa despontava, argila.
E Deus vagueava tudo, aquietava
as numinosas letras, quase em fila.

E depois se banhava nesta ilha
de bosques e bilênios. Clareava
as formigas noctâmbulas da fala.
E nele os meus sentidos se nutriam.

Os meus sentidos eram coelhos ébrios
na verdura de Deus entretecidos.
A palavra empurrava o que era cego,

a palavra luzia nos sentidos.
E Deus nas vistas do menino, roda
e roda nos olhos da palavra.

SONÂMBULOS

Ditosos, perseguíamos os ninhos
de sabiás no mato vespertino
extraviados, às vezes, neste vinho
capitoso das folhas. Possuí-los

imaginava em febre este menino
e aos ovos errantes. Vinham juncos,
cipós amordaçados. O que junto,
no ar é separável. Como guizos

os ninhos tilintavam e terríveis
tentávamos colhê-los num assalto
ao imprevisto peito sopesado.

Mas o amor de menino é tão sonâmbulo
que se abisma no amor e o ser amado
se dissipa na sombra como um sopro.

IMPRONUNCIADO

Calemo-nos. O amor
se alimenta silêncio.
As nossas mãos, os corpos,
a alma e estes verdes,

que, pelo monte, manam
e do cristal o peso
que sustamos, nascendo.
E o que, planos, plantamos.

E o só calar é amor.
E nós nos depuramos
no ileso, no secreto,

no mais: aquele espesso,
onde não somos nós
mas somos o silêncio.

PROA MERGULHADA

Com as coisas mais simples, silenciosas,
a casa com seus hábitos. A onda
que se compraz a descansar na água.
Pelo ar inefável, sobem rosas

de um jarro: te amo. A mesa tão redonda
que, na manhã, é proa mergulhada.
O café, junto ao leite quente, quente;
sua xícara suspensa na inocência.

E o pão cortado, a fala destilada
sob a luz. Era o tempo, sua ciência
de ir sem ser levado. Segurava

no bico do silêncio: amor, amada.
Falamos sabiás, folhas e nadas.
O sol por dentro, o galo da palavra.

ENTRE OS GERÂNIOS

Entre os gerânios, ias sossegada
dormindo. Ao vento fundo sob a tarde,
o lento cotovelo te apertava
e junto à laje, a casa rodopiava.

Cheiros de malva iam. Encanada
era a lua na axila de laranjas
e vozes. A nudez limpa da água
pelo muro rilhava com suas franjas.

Dormíamos as almas, se entornavam
os corpos. Se achegavam neste embarque
para a perdida foz de antigos barcos.

E vazavam as almas, iam juntas,
velozes, ao rolar do sono, o baque
da noite num gerânio de perguntas.

ANIVERSARIAMOS NUVENS

Aniversariamos nuvens, tantas vezes,
nossa pendência humana, gotejava
a doce luz no gonzo das aldravas
e as orelhas de chuva pelos meses

ouviam. Pelo azul confidenciava
esta orelha sutil de um tamarindo
perto do coração: o musgo, a pedra.
A sombra dos ouvidos vai-se abrindo.

Esta orelha de seres consumidos
e inconsumíveis, esta orelha de ervas.
A orelha imponderável do universo

em nós posta, a semente posta em levas,
nas coisas mais humildes, sobre o verso.
Nós aniversariamos pedras, gritos.

ABANDONEI-ME AO VENTO

Abandonei-me ao vento. Quem sou, pode
explicar-te o vento que me invade.
E já perdi o nome ao som da morte,
ganhei um outro livre, que me sabe

quando me levantar e o corpo solte
o seu despojo vão. Em toda a parte
o vento há-de soprar, onde não cabe
a morte mais. A morte a morte explode.

E os seus fragmentos caem na viração
e o que ela foi na pedra se consome.
Abandonei-me ao vento como um grão.

Sem a opressão dos ganhos, utensílio,
abandonei-me. E assim fiquei conciso,
eterno. Mas o amor guardou meu nome.

FIGURANTES

Palavras me brincavam de criança,
por mim escorregavam turbulentas
e saltavam libertas da placenta
como ancestrais na sua dor ou dança.

Palavras eram vespas e besouros,
anjos eram, depois trigais intensos.
Palavras tomo: alfaces e repolhos
com suas plumas vegetais, alentos.

E as vogais modorrentas, as consoantes
de cama e de farnel, as ilibadas
donzelas, damas, servas, muito antes

de alegres respirarem. Calejadas.
Palavras alvas, doidas. Figurantes.
A mesma cena mas alguém se salva.

AS TRANÇAS DE PAPEL

Pode salvar o amor qualquer pretexto,
uma esquiva bondade, a flor de um pátio
e o pátio da flor dentro do peito.
Pode salvar o amor um simples átrio,

a carena de um gesto, sedimento
entre escuro relâmpago e presságio.
As tranças de papel por testamento
na escrita funâmbula dos lábios.

Pode salvar o amor, o que está salvo?
Ou nunca foi: é cinza este cuidado.
Pode, acaso, salvar com o enterrado

das nuvens, as plantas? Está salvo
numa conversa, no incivil recado.
O amor pode ser salvo no silêncio.

PERFIL

Matar o amor é ir morrendo nele,
até que de morrer não reste o escasso
sortilégio da carne. Ou se revele
a campa, a tampa, o rasurado lastro

de cravo e cacto. E ao perder, não sele
outro cavalo, a morte, em outro laço,
prendendo em dura mão do lance o ele.
Encilha-se o cavalo, onde me gasto.

Morrer no amor é não saber perdê-lo.
E a vida é muita morte. Nada escapa
de seu perfil. Pode acertar no erro

e pode em dor chover. Morremos cedo.
Morremos sem morrer. O amor é falta.
E matamos o tempo, que nos mata.

DEPURAÇÃO

Por que o menino em mim é tão insone,
coberto de séculos, moinhos?
O menino depura o ar do homem
e na morte não deixa ele sozinho.

E nem a eternidade, esta azinheira
florida nos úmeros e linhos.
O menino perdeu-se numa feira
e o homem se privou da luz ao tino.

Pois o homem perece, enquanto brota
o limo da infância na planície
de vivos e mortos. E se esgota.

O menino depõe nos seus sapatos
as pegadas incaicas da velhice.
Onde andará no velho estes espaços?

HUMANO PESO

Os sonhos não os têm só quem navega
ou tenta navegar no vento aceso,
mas quem por entre abismos fica ileso
como se flutuasse numa verga

e as âncoras baixassem na tristeza
ou tristes conduzíssemos o peso,
mais a desolação da carne, a intensa
gravidade das coisas, homem preso

ao mínimo das águas, desatento
aos astros, aos planetas e se alterna
mas é somente febre disparada.

O sonho, o frágil corpo, os elementos
navegam as mudanças subalternas
e os nadas de espuma, em puro nada.

TARTARUGA

Quando a tristeza é tartaruga e dorme
sobre os olhos exaustos e pesados.
E é mais tristeza ainda o que consome
aquém dos olhos. Dentro, nos sobrados.

Quando a tristeza é bem maior que o homem
e mais espessa, com tendões amargos
e a tartaruga se levanta enorme,
enorme, enorme. E a tristeza é o tardo

movimento das patas e do abdômen.
E há um gemer redondo e pesaroso
que ressona, ressona, e como um óleo

confunde-se ao corpo, com seu gonzo.
Quando a tristeza é bem maior que o homem
e ele transporta um morto dentro de outro.

CLARA ONDA

Este amor em meadas e triciclos
que nunca se divide, confluindo
e torna a noite este sapato findo
e o firmamento, silencioso ciclo.

Este amor em meadas, infinito.
Em meadas de orvalho, desavindo,
em meadas e quedas, rugas, trincos
e rusgas, trinos, pios e sóis contritos.

Este amor me retece e configura.
Tem pressa de crescer, fogo calado.
Apenas queima, quando não se apura.

Parece interminável, quando tomba.
E só se apura, quando despertado.
Dissolvido me solve em clara onda.

ÁRVORE QUE CANTA

O mundo concluído nesta folha
e a árvore que canta na ventana
e é continuação da casa, chama
de verde combustão, garrafa e rolha

de marítimo ar, onde se molha
o sobrado de passos, se derrama
ringido de chinelas, estas rolas
que murmuram na sombra que se esfolha.

O mundo concluído, violado
na árvore que canta na persiana
de um ominoso coração nomeado.

Na fronde da lua que se escoa
os estalidos saem das horas ramas.
E a folha, esta metáfora ressoa.

O DIA JOGADO

Que alma se encontra neste largo
de homens e coisas? Que alma ou fuso
intenta, deslindar o ser confuso
que, estando adormecido, é apenas fardo?

Que alma, será alma no seu alvo
e o mundo fustigado pelo uso
e a nossa ambição que jamais cruzo
sem que o sonho viaje no petardo.

Algum carvalho, a alma, algum penedo,
abelhas em ardume, gelosia,
uma pedra atirada contra o dia

e o dia jogado. Ali me quedo
para fora. A alma é uma demora,
uma terra inflada de papoulas.

DILÚVIO

A fábula da infância era a memória.
Lia sobre o dilúvio e numa escada
o mar descia, com a luz falava
e depois me seguia pela água.

O coração, um circo que se armava
com tolda branca branca, a mesma história
que em outra e outra se desenrolava.
Como parar a infância sem a glória

de tanta exatidão? Não há vitória
ao que parou na luz, sem saber onde
a graça vem, a escuridão se esconde.

Mas a criança é quem nos vê mais longe.
E atravessa a rua para a sombra.
Era a sombra o dilúvio, era uma pomba.

PALAVRAS JUNTO À PORTA

Como dizer-te, amor? Fui disponível.
Alimentei palavras junto à porta
e as hospedei num quarto, sob o nível
das estações plangentes. Era torta

a faca das estrelas? Cada gota
bondosa pelo sangue nos decide.
A chuva nos beirais, chuva nas vides
refloriam palavras quando mortas.

É pungente, aflitivo o que desprende
cada palavra gasta e a mais ausente.
Ou a mais pungente coisa que nos sofre

e faz sofrer, espora. E cada corte.
Hospedei as palavras junto à alva.
O real no real se em(aranha)va.

A FOZ E O CURSO

Não sei de amor que amor me sabe a tudo
e dele o tempo move o seu contento
e não há perda quando amor sustento
e se desfaz a foz e o curso é mudo,

o curso é mais durável do que o mundo
e cerce o tempo: amor e banimento.
Acaba nos confins, da morte o cedro,
porém o amor aponta seu verdugo.

E amor não desalenta o que conserto,
por mais que o destemor nele se afronte
e natureza e amor é o mesmo vulto.

Não sei de amor que amor me sabe tudo
e tudo convenceu-me de estar longe
e de longe o mais perto que carrego.

LENHOS E PRADOS

Este cheiro de terra quando amamos.
E as chuvas que me entraram as narinas,
entram nos mortos. A eira se combina
e as flores de um só corpo acreditamos

mesclar-se às outras, com odores, climas
e nomes enfunados e estes gamos
que manam pensamentos e resinas
pelos lenhos e prados. Nos tocamos

no pólen e nas peles, umidades.
A funda terra chama as almas fortes
e os fundos corpos correm sonorosos.

Nenhum verdor de chuva nos invade
como este – cor, racimo, grão e pouso.
Que amada neste amor se faz a morte?

SOLO NATAL

Tracei no povo amado a tua face
como se algum rochedo contivesse
algas, ruído em milenária veste,
inumeroso assombro. E retornasses,

onde o solo natal nos adubasse
com as peras, uvas e maçãs silvestres
e fosse mapa sideral o ver-te
e bússola terrosa te apagasse.

Ou se povoando de limosas tréguas
ao povo em vela panda fosse treva,
a mais paciente. Armei de amor o lance

de sulco, história, sigiloso barco.
Mas pode haver amor que não alcance
os riscos de tua infância no retrato?

ESTE CAVALO

Achei de cultivar os intervalos,
os tenros amavios, amaritudes
e eis que me aparece este cavalo
e no seu casco vou, fui onde pude.

E o cavalo mastiga as inquietudes,
a minha aldeia, as avelãs, o halo
de sabê-lo montar mais amiúde,
embora queira súbito apanhá-lo

no seu momento poderoso, enorme.
Antes que se enverede pela tarde
este momento de beleza dorme

sobre o lombo, entre as patas e a selvagem
eternidade encolhe-se nas crinas.
E assim todo o intervalo se ilumina.

CAIXA DE MÚSICA

Toma esta caixa, amada. Tua é a música
e ouvi na tua carne, vezes muitas
e dos dias comigo, sua púnica
amendoeira de sons, tardias frutas.

Eu, caído no tempo, e resolutas
as forças do universo nesta única
dor com que te levei pelas fortuitas
potestades. Toma esta caixa, túnica

de indelével essência, nosso sangue,
os sonhos, os meus ossos sondarão
os epitáfios. Caixa de trovão

e das esferas, harmonia exangue.
Mais música nos anos que me deste
e nesta lágrima de amor terrestre.

NÃO CANSA O AMOR

Não cansa o amor nem fica descansado
o ser que ama e este amor criança
se torna rio com seu andar que avança
e se faz outro, quando transportado.

O amor apenas muda na esperança
que vai mudando nele, reparado.
Pode ser que decorra em água mansa
o plasma elementar de fogo e favo.

Pode o amor se exaurir, ilimitado?
Um animoso enigma, cava e cova,
jamais se cansa na redonda monda.

E se é mendaz ao forasteiro, sonda
aos que nele se ousam no resguardo,
habita um corpo antigo em alma nova.

O PESO DA TERRA / I

Qual o peso comigo nos enganos
que a sorte cativou por este engenho
e se avultou no capitel dos anos?
O meu peso conhece de onde venho

e o transportá-lo em mim, nos seus reclamos
me dá limites e grandezas. Tenho
apenas o que sou, sem nenhum ramo
de nomes. Mas o nome não é remo,

nem lona, nem brasão por onde estendo
o preito de meu berço. Não há pai
em nenhum nome. Porque pai se gera.

Os feixes de um engano, de uma guerra
entre o que sou e levo mas desvendo:
sob o peso da terra sepultai.

O PESO DA TERRA / II

E sepultai a dor que me escolheu
nos contrapesos e outra na mesura
de côvados e limas. A fundura
do coração tem cada palmo teu.

Sepultai os agravos. Quem perdura
é só misericórdia. Mereceu
o que está vivo e tinto, neste breu.
Que tudo é graça e silvo, criatura.

Sepultai-me. Já vai bem rasa a bruma
e da misericórdia as altas heras.
Tudo o que é da alma se exaspera.

Não há noite nenhuma. Sepultai
o que é dela e de mim. A noite é o pai
e os dias, meus irmãos. Noite nenhuma.

SORTILÉGIO

Menino, adivinhei-me ao sortilégio
de um livro de gravuras. A linguagem,
sua távola redonda e o privilégio
de andar com os cavaleiros em viagem.

Não era Carlos Magno, nem a laje
premonitória, nem poderes régios
de um trono de maquinação, voragem
e gerânios vermelhos. No colégio

das armas quem falava, quem me ouvia?
E me sagrei no rio com Lancelote
e batalhei com os anjos de Rolando.

Depois adivinhado ardi no dia
do texto. Melodioso Dom Quixote
sem távola na morte pelejando.

INTACTA

Quis ter minha morte intacta.
Quis ter minha morte baixa.
Quis tê-la no som da gaita
e a gaita não tinha pressa.

Mas era elevada e forte
a morte que me tomava.
Nem a desejava imposta,
nem vencedora. Então quis

a minha morte bem larga.
Acomodada à platéia.
Nada mais era que a lerda

progenitura da terra.
Quis tê-la tão alta e fera
que sozinha ela se enterra.

SOLAR EQUILÍBRIO

Ileso e concentrado,
um esplendor se atira,
ali, naquele espaço
de perda, pedra, lume.

Como se fosse às cegas,
na ceguez absoluta.
Onde minhas reservas
difusas ou contritas

bradam os seus enigmas.
E em brancura assisto
o solar equilíbrio.

E sem cessar, eu vivo
a luz, sua eficácia
de queimar o visível.

AMOR VOANDO

O sonho tem leveza.
Pesa tanto a razão.
Não há maior represa
que adestrar tua mão

de rio na minha, mestra,
ao navegar o grão.
E também a floresta
que nossos pés farão

nas clareiras do vento.
Seremos velas unas
e vagarosas, quando

levados: dunas, plumas
de agrestes pensamentos.
O sonho, amor voando.

PARIS (1989)

Paris, os dias chamam sobre a palma
do teu sol escondido, negro e frio.
A minha alma se estende à tua alma
pelas ruas, fluímos junto ao rio

Sena. Montmartre, Nôtre-Dame, a calma.
Pavio aceso, o poema nos pariu
como chamas despertas sobre a cama
em Arco-do-Triunfo. E este fuzil

de céus já vulnerados, confluentes.
E chamam os dias nos poentes.
Pelos quartos de hotel, pelo Metrô

nossas mãos familiares se entretêm.
Nossas almas e corpos, este trem.
Amor, amor teu fogo nos raptou!

HERBÁRIO

A luz demora o tempo necessário.
O amor demora igual à luz e morre?
Não há candeia semelhante à torre
da lua sobre as águas. Éguas, baios

a pascer juntos. Onde amor, não caio.
E é jovem o rio no tempo jovem.
Como prever o orvalho, a luz que escorre
nos teus cílios sonâmbulos: herbário?

Este soneto escrevo com teus olhos.
Pode a luz ser ambígua nos espelhos
e convexa no pé de azuis repolhos?

Infantes, complacentes e tão velhos,
espelhos somos de um a outro instante:
apenas onde a luz nos leva adiante.

SERÕES DE SENTIDOS PLENOS

Tantas viagens eu vi
na dobra de teus cabelos,
que me fizeram partir
e depois voltar por eles.

E são domados os elos
deste anel que em água flui
e em fogo. Posso perdê-los,
se não gozá-los em ti.

Na dobra/cobra dos joelhos,
vagas, serões, sertões, seres
percorri. Hei-de mugir

com os bois, os sentidos lerdos.
não tenho mais aonde ir,
salvo no amor que me deres.

FORMOSO É O FOGO

Formoso é o fogo e o rosto
da amada junto a ele.
No lume de seu corpo
tudo em redor clareia.

Depois o que era fogo,
é espuma que se alteia.
E o mundo se faz novo
nas curvas da centelha.

Já não existe esboço,
mas desenhos, e teimam
— unos e justapostos.

Já não existe corpo:
são almas que se queimam
no amor de um mesmo sopro.

A CASA MEMORIOSA

A casa é onde o mundo se represa
sem ser hostil, os costumes na arca
e roupas, animais na tíbia barca.
E as leis, orquídeas na parede, coesas.

A casa é o homem junto a outro, marca
que a liberdade torna mais retesa.
Dunas e vagas na varanda, mesa,
areia e sonho mas a cama é larga,

enseada rumorosa, onde a amada
embarcação se faz e oceano vindo
e retinindo em límpida jornada.

A casa é a amada e o mundo a sua soma,
a sua entranha: o tempo se carpindo.
Pela memória, a casa sempre é outra.

SINTAXE

Eu me acrescento aos rios e os rios me descem.
E me acrescento aos peixes. Neles deito
e com os musgos preparo alguns projetos.
Nos liquens boto andaimes que florescem.

E me caso com as pedras, conchas e ecos,
onde as lesmas pernaltas se intumescem.
E me acrescento a todos os espécimes
que se aleitam na orla, entre os insetos.

Ovos de larvas, vespas renitentes
e os mais jovens orvalhos em resíduos
se acendem. Borboletas se acrescentam

à sintaxe de um sol intermitente.
E vento, vento entre algas e libidos.
E em rios me acrescento, onde não venta.

REPUXOS CEGOS

Cozi a infância nos barros iletrados
e era um forno a noite, um forno clárido.
Cosi a sombra com a palavra larva.
Cosi a estrela, a estrela sobre o nada.

Peguei a morte e a morte soluçava
nos meus ombros, ébria, desalinhada.
E penas tive. A morte não é dada
a estes repentes de mulher amarga.

Cosi a sombra no conselho dela.
Cozi a infância. Pus repuxos cegos
no analfabeto rio que transitava

perto das portas e era a minha casa.
E a vida se adiantava. Não falava.
E era na infância a paz mais sossegada.

OS FOCINHOS RUPESTRES

Desatrelei do nome o seu jumento
e do nume, o jumento vacilante.
Ficaram a pastar nos meus instantes
e depois os larguei para escarmento

dos séculos em mim. Ainda comento
os focinhos rupestres, quase arfantes,
os baraços que desatei no mento
e as patas. Os jumentos viandantes

entre genealogias e excrementos.
A glória tem seu feno e seu rebento
e do nome, rebenque. Desordeno

os pêlos de uma glória satisfeita
e os de outra, rangente. E mais sereno
o jumento do tempo que se deita.

DORMIREI DE NOVO

Épico fui de bois e de andorinhas
com o pampa no peito atravessado.
A fala de meu povo na bainha
como espada cavada no guardado

sotaque. Clandestino é o seu estado;
a relha, este meu povo, donde eu vinha
e aonde seguirei desatinado
e eterno. Com a noite se avizinha

e só na claridade visitado.
Meu povo é quando acordo, esta neblina
e dormirei de novo neste indício

de pátria e de loucura na retina.
Épico fui, serei no claro limo.
Um povo ao alto cimo: revelado.

A BICICLETA

A bicicleta de sóis que pedalava
pela calçada de um futuro insano,
era um menino, que outro carregava
na lua, bicicleta pelos ramos.

E aquela que no tempo levitava
e a outra de Deus nos desenganos.
Bicicleta que aos corpos conjugava
e a desta alma roída nos seus planos,

na fera imperfeição. De seu pedal
o mar e a preamar forma um só gomo
de azuis, velocidades, tombos, mitos.

E do seu aro estranho, nasce o sono.
Da roldana, a agonia, seu ritual.
Os pés na vida, os pés no próprio grito.

AS UVAS MUSICAIS

Quem veste meu pijama sossegado
e a fatiota suspensa no conforto
e o motor tem de nau desencalhado
junto à gruta dos ossos, a estibordo.

E me substitui quando em desgosto
e na minha alegria é contentado
e na máscara tem o mesmo rosto
ao repouso se torna repousado.

Quem assume os papéis, caligrafia,
a foto natural, a freguesia
de minha profissão de solitude

e fúria? Quem é o sósia que transporto
ou me conduz? Há muito que estou morto
com as uvas musicais, um alaúde.

POEMAS E SAPATOS

Nada tenho de meu, nem os sapatos
que vão acompanhar este defunto.
Nem tampouco montanhas e regatos
que habitaram o verso, nem o indulto

pode valer-me, o soldo, mero extrato
de contas. Nada tenho, nem o intuito
consome esta vontade ou desacato.
Desapareça o nome, seu reduto

de carne e bronze, a fome incorporada
e mais desapareça onde fecundos
são dias e são deuses nesta amada.

Não foram nunca meus – sonhos e fatos.
Nada tenho. Poemas e sapatos
irão reconhecer-me noutro mundo.

SINETA

Cada minuto indene sob o cerro
com o corpo nulo, imprevisível.
Cada minuto e seu girão possível
na mente morta morta. Em alma erro.

Cada minuto foi lacrado em selo
sob os fundões audíveis, inaudíveis.
O corpo ainda conspira sobre o meio
de ser pó quanto antes, reversível

em mechas de crisântemos, cometas.
Torna a terra no corpo, esta paragem
e minuto a minuto de moagem

perenemente tange com a sineta.
O corpo ainda conspira e se ressente
pelas voltas da terra na semente.

ARTIGO DE MENOR AFLIÇÃO

O dia seja leve passarinho
neste corpo tocado pelo trote
da noite tão mais leve, de mansinho
e aceite o que ela traz no rosto forte

de minha avó na morte, igual ao mote
repetido sem pompa ou desalinho.
Não renunciei a nada, nem ao linho
da escuridão, nem outro, de consorte.

Mas renunciei a tudo por artigo
de menor aflição. A posse é isto.
A posse não se enquadra no que é visto,

sentido, amado. Renunciar contigo
é uma posse às avessas, morte adentro
e aceitá-la nos faz com ela, verdes.

AVAROS

Os companheiros de colégio, donde
regressarão, guris de minha rua?
Estão alguns calados sob a lua,
clarabóia, farândola. E se escondem,

outros, neste comboio que recua
e vai adiante. E é o mundo, embora ronde
com lobos o meu anjo (que fulgura
de banda e foge). Muitos estão longe,

nas asas de Gerião podando o mirto
de alturas predispostas. Cativados
alguns, no eito de semanas, hirtos,

por entre girassóis e desagrados.
Meus companheiros de colégio, avaros
na sala implume. Tento convocá-los.

BORREGOS E MESES

Chamei os nomes. Por que os nomes jorram
como baldes lançados neste pego?
E se desovam. Todo o desapego,
uma videira. Cílios, grilos choram

pela musgosa telha. Surdo, cego
é o tempo nos enxertos que se escoram
aos nomes. E essa teta de borregos
e meses. Porque os símbolos não moram,

emigram. Porque os símbolos consolam
o coração na sombra. Onde se foram
as larvas, os instantes? Mestre em calma

e fogo, onde as árvores e as lavas
se ordenam? Onde as senhas, onde a alma
de nomes e semblantes na palavra?

CABRAS MONTESES

Os meus filhos à escola, muitas vezes
nos dias pandorgas, amarelos,
puxei-os pela mão. Do ritornelo,
capas azuis tiritam. Siameses

e plácidos. Os três como novelos
de madressilvas e manhãs e adeuses
letivos e fluviais. Há que contê-los
desde a nascente à foz, cabras monteses.

Há que contê-los, cordas de violino
'rascantes, torrenciais, onde me asilo
em húmus, ventas, vida em burburinho

comigo e deles — vida neste silo.
E livros, aulas, nuvens intervindo.
A mãe eternidade os vai parindo.

MONJOLO

Acreditei no amor, este monjolo
esta seqüência pertinaz, isenta
que foi história e coma na cinzenta
trituração. No amor não há consolo

a quem ama. Constringe o espesso joio
para cevar o evento que rebenta
do próprio ocaso e deste amar de rojo.
O monjolo da infância mais sedenta

que a maleita maleva. Tenho sede.
O monjolo do corpo noutro, dentro;
monjolo da paixão e das calendas.

Monjolo, Deus. Monjolo, onde me esqueço.
Fração nenhuma apraz nesta moenda.
Fração alguma. Amor na morte aumenta.

JAVALIS MIRACULOSOS

Triturante destino, triturado.
No mesmo engenho que se faz moroso,
os búfalos escorrem desatados
e morre um homem, quando venturoso.

E um povo, cravo se ergue e um outro, cardo.
Entre eles, javalis miraculosos
e jônios. Deita o verso em pasto amargo.
Com o povo levanta-se formoso.

Segue a trituração de mim perante
a roca, rocha viva, o que deploro,
sorvido. E me desgasta além, de novo.

Triturado destino, triturante.
No tântalo do peito este monjolo
batendo, batendo. Eis o meu povo.

CLAVICÓRDIO

De minha ambição? Nada. O tenro solo
de clavicórdio e sol e grão. Presumo
ao menos do que fui, dorso de fumo
e do que conquistei, nenhum consolo

amigo, amor. Ontem, hoje, rebolo.
De ambição e de altura me consumo.
No caos a morte apenas desenrolo
com a ponta deste velo, o seu resumo.

Minha ambição se faz diversa ordem,
diversa instigação. Não mora o ódio
por onde vinga o mar, o seu mugido.

Minha ambição nas garras de um gemido.
Porém o amor é o solo que me explode
o seu compasso em ave, clavicórdio.

RIO ENCARCERADO

Até o ar nos molha quando vem
o teu vagar no meu, desamparado
e a corrosão da morte se detém
e o tempo noutro tempo faz arado

em nosso corpo, amada, cultivado
no ar de tanto amor e muito além
da existência de um corpo, este refém
e como o ar, é rio encarcerado,

à procura da alma. Mais pressente
o amor acumulado no celeiro
de estarmos em nós. O amor aprende

a mergulhar intenso. Confluente
é o manancial do corpo no ar trigueiro,
quando o tempo no tempo se distende.

LENTIDÃO DO ARVOREDO

Como é doce o teu corpo
junto à lareira. Na febre
o sossego está desperto
com as ancas e os lentos seios

como se fossem gorjeios
sobre a varanda e o peito
e os bambuais vão crescendo.
E é doce a tua boca e o ventre

pela escuridão sorvendo
de gozo as alegres gotas
na lentidão do arvoredo,

que as pernas tácitas deitam
ao verde arroio silêncio.
E é doce ir-te amando toda.

VASSALOS

Como é poroso este fogo
que pela tarde se evola,
com sua fulva corola
e os sazonados fojos,

— um e outro — sobre a borla
de tempestades e sorvos.
De brisas, coisas e ouros,
o nosso corpo se solda

na mesma procura — é onda,
na mesma enchente, vassalos
de outro som, o nosso tempo

mais alto que os pensamentos,
mais veloz do que as estrelas
e seus potentes cavalos.

NUDEZ

O mar entrava nos elos
de teus recatados seios
e eram cachos os cabelos
de chuvas e sóis. No meio

das vagas colhia as uvas
de língua madura e água
que deixavas pelas curvas.
E o mar piedoso entregava.

tua nudez tão virtuosa,
debaixo de tus vinhas,
entre as coxas e a cintura,

ali, nas secretas linhas,
onde o universo glosa
a negra parra da lua.

AMAR NA LUZ

Amar na luz ou à sombra de um cometa,
com o tempo fungível, fugitivo.
O barulho das ondas afugenta
o que restou de mim sob o rochedo.

Amar com as horas todas, aturdindo
os corpos nus, as almas, os sentidos.
E perceber que a amada está fluindo
até o som e aos peixes perseguindo.

E é por isso que neles vou descendo
e não sei se é amor, que já me invade,
ou por ele que morro em toda a parte.

Ou terei de morrer, se já me fogem
as vagas de um viver, que à vida solvem,
apenas por estar com o amor fluindo.

DIAMANTE

Onde a caligrafia do menino
nesta letra puída, dissonante?
Endureceu o homem, diamante
e se amoldou doído, cristalino,

o dia dormitando, flutuante.
O homem lapidado, mais ferino,
represo, muitas vezes titubeante
no cardume de numes e de sinos.

E máscaras, as letras conformadas
com os timbres nos olhos e os acentos
e este solar de barro reclinante

nas maiúsculas letras, no fermento
do mar, as linhas pobres, os pescados.
Mas o menino é o mesmo, fulgurante.

ESCARPA

Tosar limites busco nesta pedra
e andarilhar por eles venturoso,
que fui perene, enquanto estava ocioso,
sabendo como o tempo se sujeita.

Tomar limites, quando o amor aceita
nascer de novo, por nascer copioso
e breve. Nos limites se concentra
por ser a liberdade que desposo.

E ser a que sepulta o que me mata
e ressuscita a morte debruçada
e faz da morte, uma inocência intacta.

Prender limites como quem se escapa
— a terra é farta — pedra a pedra, escarpa.
Livre, livre, mais livre. Conflagrada.

ROCINANTE

Comecei a escrever o mar em mim
como se algum coral nos arrimasse
no dicionário imemorial e a face
ficasse impressa com seu próprio fim.

Ou me fosse escrevendo e me calasse
no silente epitáfio ou neste sim
emerso de algum não, se o mar rasgasse
diáfano papel com seu rocim.

Rocinante diáfano, maré.
Comecei a escrever e a caminhar
co'as vagas. Na salsugem lavrei fé.

Escrevinhei nas rochas este mar.
Escrevinhei-me junto e me entrevi.
Outro mar me escreveu. Rolava em ti.

A UM PASSO

Eu, a um passo de tudo, mais vacilo.
O tempo é um tocador febril e velho
no fiel espelho. Ordeno-te, destino!
E saio neste amor do cativeiro.

Amor, acolhe a quem não busca esteio
e já te protegeu igual a um filho.
Eu vi na morte o teu furente brilho
e a morte não é mais do que um menino.

Metamorfose: assisto ao mesmo circo
com saltimbancos no fio do poema
e sou equilibrista do que assisto.

Eu, a um passo de tudo não vacilo.
No amor provei a luz, provei as penas.
Mandei a morte toda para o exílio.

ÁGUA-FURTADA

Fogo de Deus em ti, fogo insubmisso,
imoto, genital e semovente
com as estrelas, cores, flores, bichos
junto ao bosque celeste, entre as potentes

dominações de arcanjos. No indiviso:
esta água-furtada adolescente,
o mundo. Desde a infância se ressente
em pétalas o fogo, desde os frisos.

O fogo em ti é Deus que se pressente
humano ou que retorna ao paraíso
queimando. Nem o choro, nem o riso

em odres carregados e se somem.
Que pode o coração, que pode o homem?
Que pode o homem contra a eternidade?

QUANDO A MANHÃ RETARDA

Perfaz a morte o último ponteio
e o bem de possuir o que nos salva
ou de ganhar, perdendo, o pesadelo
de toda a criação. A noite é escrava

do seu próprio valor, do seu anseio
de transmutar, quando a manhã retarda.
A morte vem mais cedo sob a calva
da vida minuciosa que nos veio.

A morte em teu amor faz com que cresça
a eternidade e a eternidade espreita
e aflora ao sonho e é tão real cumprida

e pelo amor somente depurada
e só no amor o império que deslinda,
pois a morte morreu afortunada.

O NEVOEIRO CEGO

Amor, esta neblina sem aposta,
esta neblina férrea, esta neblina
trancada em si mesma, sobreposta,
que principia mas nunca termina

em almas ou memória que germina
nos andaimes do corpo pela encosta.
Este veleiro cego vai, se inclina
no nevoeiro mais cego. Não há rota

igual à condição que se faz nossa
ou que, amando, se esqueça na neblina
de estar em ti, buscando a sombra morta.

Ou recriada, amor, gota por gota
se torna na lembrança o que confina.
E que a lembrança venha. Mas pereça.

QUANDO

Quando verei a morte se acabar?
Quando se acabará a morte? Quando
vai a agonia cúmplice estancar
na secreta agonia, se apagando?

Jamais verei a máscara calar
o amor obstinado. Triunfando
a alegria na dor, terá comando
o que na pedra pôs o seu lugar.

Quando, verei o amor se avizinhando
e da íntima terra rebrotar,
como se a morte nela apenas fosse

o sarro que engoli, um rosto doce
a seu flavo chamar? A morte quando?
Então verei a morte se acabar.

O MAIS SOFRIDO

Amar que só perdoa ao mais sofrido
e sabe o gosto de viver, o gasto.
E não procura recolher o saldo
e nem esposa o que esqueceu, perdido.

Amar que só perdoa o ser banido,
atirado no caos, do caos exausto.
Para o que é luz não ficarei retido,
nem dormirá na morte o que refaço.

Nem em mim dormirá este inclemente
espaço de te amar e apenas larva
de outra eclosão maior, de ser contíguo

ao paraíso. Muito amei consciente.
E só o amor vivido que nos salva
e, amada, permanece o que está vivo.

A LUZ NÃO SE CONFORMA

Não há nenhuma sombra
que amor possa reter.
O rocio se delonga
e é relva o acontecer.

A luz não se conforma
com a noite a se mover.
Toda a dor não tem forma,
enquanto não morrer.

A lembrança é inodora
e a memória não vê.
O futuro é memória.

O tempo vai crescer
na terra da viola
que a semente bater.

NO IMÓVEL REDEMOINHO

A luz desceu tão de repente quanto
era possível fluir a luz do dia.
E eu não passava de um clarão do instante
que o raio sibilante conduzia.

Não era mais do que um solver radiante
de escasso tempo sob o curto manto,
no imóvel redemoinho. Em luz rugia,
e à sirga me arrastava o ser vivido,

velas soltas na aurora. Entretecido
fui, serei. Balão inflado e infindo,
hei-de subir, descer, descer-subindo.

Em dura escuridão: terei florido.
Delimitei na luz todo o conflito
de amar e perecer, estando vivo.

CRUEZAS DA FORTUNA

Sou um homem. Tocai-me, confinado,
e efêmero. Cruezas da fortuna.
A carne é tão pungente e se coaduna
ao sonho pelo amor transfigurado.

E pelo amor tangido, revogado.
Sou um homem no juízo e de alma una
com o universo. Parvo chão de alguma
virtude transitória, alvorotado.

Pequeno, mais tardante que baldado,
com danos pela sorte malferidos
e pelo desconcerto na piedade.

Pequeno e poeira e travo. Quem nos há-de
poder bastar, gravosos e falidos?
Sou um homem. Não mais. Um desgarrado.

SONETO AOS SAPATOS QUIETOS

Os pés dos sapatos juntos.
Hei-de calçá-los, soltos
e imensos, e talvez rotos,
como dois velhos marujos.

Nunca terão o desgosto
que tive. Jamais o sujo
desconsolo: estando postos,
como eu, em chãos defuntos.

Em vãos de flor, sem o riacho
de um pé a outro, entre guizos.
Não há mais demência ou fome.

Sapatos nos pés não comem.
Só dormem. Porém, descalço
pela alma, é o paraíso.

COLOFÃO

Este livro de sonetos foi escrito – na sua maior parte – de novembro de 1978 a junho de 1979, em Porto Alegre, RS. *Roda do Dia (monjolo)* foi seu título inicial, ou conforme o *Novo Dicionário*, de Aurélio Buarque de Holanda, e o *Dicionário Etimológico*, de Geraldo da Cunha: "*Monjolo*. Bras. MH e S. Engenho tosco, movido a água, usado para pilar milho e, primitivamente, para descascar café".

E esse ato de moer, pilar, descascar, triturar não seria o que Shakespeare denominou "a guerra do tempo"? Mas ficou, como título geral, *Amar, a Mais Alta Constelação*.

Refaço este Colofão e incluo alguns sonetos novos, na mesma comarca do País, o Pampa, em 7 de maio de 1987. E dois anos mais tarde, março, nesta terra do Espírito Santo, brotou "O mais sofrido". E em 23 e 24 de junho, do mesmo ano, mais sonetos vieram, entre eles, "Soltos de imensidão" e "Soneto aos sapatos quietos", postos junto às pedras iniciais deste livro. Mais tarde, retirei "Virgílio Moro", "Orfeu Caído" e "Dimensões" e os coloquei em *Os Viventes* (1999). Em seu lugar, vieram "Intacta", "Solar equilíbrio" e "Amor voando". Dou fé e subscrevo.

O Servo da Palavra,

Carlos Nejar

A exuberância é beleza.

WILLIAM BLAKE

But when the birds are gone, and their warm fields
Return no more, where, then is paradise?

WALLACE STEVENS

1. AVOS DE ABELHAS

> Este Paiol recende a mel e avos
> de abelhas sussurrando. Cada cousa
> nomeia outra e outra, sem agravos.
> E a hera pelo muro não repousa,
>
> como um enxame verde ou mariposas
> aos jorros vesperais de fonte, favo.
> E amar só é jardim para quem ousa.
> E por te amar, na castanheira escavo
>
> teu nome, Elza. Perto a mesa, o vaso
> e a alegria dos cães correndo a sombra
> ou a sombra correndo como onda,
>
> antes de se espalhar. E se te abraso,
> todo o Paiol se abre: uma gaiola
> do mar que voa, amada, para a aurora.

2. ACESOS COGUMELOS

> Junto aos pés de feijão, surda figueira
> e acesos cogumelos, minha infância.
> Não havia loucura sobranceira
> que não fosse curada na fragrância
>
> das tácitas noites, sem distância
> no coração-moinho. Sobre a eira,

a manhã era um coelhos, preso à ânsia
de em círculos correr. Porém, roseira

de mitos era a tarde. Debulhava
a infância suas fábulas incautas
como ervilhas catadas entre as altas

estrelas. A infância se encantava.
E ao menino deitado sobre a areia,
era cavalo o céu solto na feira.

3. COM OS SABIÁS

Aqui, neste Paiol, o engano é findo
e o desamor jamais irá chamar-me.
E Elza no jardim, de olhos sorrindo,
e os amigos chegando sem alarme.

E o tempo repousado, o tempo indo
há de parar, suave, junto à carne
e às folhas. Mas as almas confluindo,
iguais às estações, virão achar-me

ressoantes, coesas, como o tinto
do vinho na garrafa, como um sino.
Sou homem, tenho o mar e quero alar-me

com os sabiás, às vezes. Por instinto,
ganhei o que não pode a vida dar-me
e só no amor compreendo o meu destino.

4. A ESCOLA, O FIRMAMENTO

Quando menino, não sabia as horas,
nem como nos prendia o esquecimento
e era um tordilho livre, sem esporas
dentro do circo, sob o velho tempo.

Quando menino, retirava a escora
do vento, retirava sem tropeço
a escada, a enxada, lenço, cesto, fecho.
E o firmamento era a minha escola.

Não sabia de Deus, ali, no espesso
que esta vida aprimora. Nem por onde
em outro nome, é luz. O que se esconde,

pode brotar adiante. Junto à fala,
outro tempo de infância se agasalha,
ao se inventar apenas quando esqueço.

5. SONÂMBULAS PEDRAS

Gastei os meus deveres, junto ao limo
das sonâmbulas pedras. Não escuto
a água da palavra, nem confirmo
a dor dos oceanos, o seu fruto

na boca das marés. Porém, astuto,
esbanjo o sol nas mãos. Timão e timo
de um navio na enseada. Quando luto,
é quando subo na montanha, ao cimo.

Gastei deveres junto ao meu cachorro
que pula, jorra azul, põe seu focinho
na grama em chama, vaporoso ninho

de chuvas, curvas. Pelos céus eu choro.
E pelas castanheiras não concedo
que a vida seja mais fugaz que o beijo.

6. SONETO DAS AMORAS

Quem poderá locar do amor, o fogo,
do coração, a paz, o desaprumo?
E a alma contida neste logro,
talvez alugue a luz, o grão, o grumo.

Locará pensamentos, cujo sumo
começa a enverdecer? Este malogro
de ser humano e anjo, talvez fumo
que se dissipa e extingüe desde logo.

Pelas amoras eu recolho cedo
nos ramos desatados, o sossego.
Quem poderá locar o devaneio?

Ir alugando a morte, a contrapêlo,
ir alugando o espanto, seu aceno,
até que a morte esqueça por que veio.

7. DOS SENTIDOS, A FOZ

De meu, que tenho eu, salvo o que vejo
e o que tateio e agarro, o que o sentido
me faz humano, em foz, este desejo
que, vento, desemboca? No aprendido,

O limite é pardal; o vôo, abrigo
de coisas que não sei. E entre os seixos,
o tempo só confia no apetrecho
de sua correnteza. Não decido,

junto ao Paiol, senão te amar. O rumo
dos pés, unos, se espalha pela veia
das rochas. Nosso corpo não refreia

a monda de espumas, seu consumo.
De meu, que tenho eu, por este espelho?
Com a face mais funda me revelo.

8. TROPILHA DE CÉUS

Com minhas mãos nas tuas como cordas
atadas ao convés, esta sacada,
acordas as gaivotas, longe acordas
a tropilha de céus na madrugada.

E então somos um só pela nomeada
descoberta das coisas, sua solda
de ferrugem e sal, fonte selada.
Ao que nos recordar, o amor recorda.

E mais recordas ondas e gaivotas,
ao saberes que amor nenhum se esgota
em apenas amar. E a boca afronta

o ar de outra boca, o ar, o arfar violetas.
Que formas tem o amor, por que sedentas
venturas e infortúnios nos desponta?

9. NÃO FECHARÃO

Não fecharão minha voz no ataúde.
Nem este corpo poderá firmar
que estranho fui, ou apenas o que pude
desempenhei, jurisconsulto do ar.

Por testamento e amor, criei virtude
capaz de montes, rios na voz levar.
E fui mudando sem desenterrar
a palavra da arca, ainda que mude

o costume fortuito de chegar.
Não fecharão minha voz. E a noite vai
ter os seus ossos postos devagar

junto ao fundo da alva. Retardai
esta morte que avança: tigre, tigre.
Dela hei de saltar, antes que emigre.

10. SOL(UMBRA)

Sombra del sol, solombra.
QUEVEDO

Tanto cantei o amor, que a luz se foi
alçando, alçando a luz engatilhada.
E me escapei daquilo que me rói
e me rói, desposado na palavra.

E consumido fui, de sol em sol
até baixar ao nada que faltava.
E o nada vai sobrar? Desamparada,
a vida só se espaça quando dói.

E a dor na superfície se arredonda
e pela profundeza ela se ajusta
como o peixe no tanque da alma presa.

E sem guardar temores ou surpresa,
tudo por nós aos poucos se despoja,
por ser a noite longa e a vida curta.

11. SIGNOS E FOLHAS

A luz me prende nela. Então se une
à luz e sou portão, serei cordame
de nave, popa, casco, chão, tapume.
A dor ensina a doer. Mas sem liames.

Não quero nela armar procelas, numes,
nem deito aos seus ouvidos os ditames
que as pombas me confiaram junto ao cume
da infância. Mas as árvores, velames

de nuvens são. E lumes quando escrevo
no vento as árvores. Anoto signos
com as folhas, os ramos mais secretos

que as letras avessas do alfabeto
ou da montanha os escondidos trevos.
Como na luz captar o que está findo?

12. BADALO

Há um grito dentro do grito
e um sino vai no gemido.
O homem só tem sentido
quando Deus por ele plange.

Há um grito dentro do mito
que vai correndo, perdido.
E está Deus todo contido
na palavra que se expande.

Há um grito dentro do grito
mas é animal o ruído
e anjos o bater do espírito

se no amor é voz saindo.
O homem só tem sentido
quando se vai consumindo.

13. TABOR E ARGOS

Na mão dou de comer ao cão-menino,
Tabor e vem, voraz, morde o alimento
e ao leve, minha mão: cão-passarinho
voa com ele, vai. Nada comento

aos pintassilgos, perto. De mansinho,
como se fosse mastigar o vento,
ele come. E maior, Argos, ciumento
quer também receber na boca o trino

deste alimento-pássaro. Então penso:
como os cães sob o amor paciente movem
os lombos e a cabeça. Muito amados,

seus olhos animais, olhos tão densos,
piedosos gritam gritam. Quando jovem
é a fome que os congrega, devotados.

14. O PARAÍSO

O paraíso é estar entre dois montes
e os peitos de bronze em nós tangendo
pássaros e nós olhando ao longe
o mar e o mar, um pássaro descendo.

E nos olhando ao longe, como a noite
da varanda de pluma, percorrendo
as orelhas do oceano, sob a foice
e a garganta da lua. Pertencendo

a este pombo-tempo, o paraíso.
E Adão e Eva — castanheiras, juízo
de estar amando de alma, sorvo, corpo.

E cada coisa ser, sem que o reboco
da morte se entretenha. O curso é longo
e o paraíso é o bico desse pombo.

15. O TROVÃO-VIOLÃO

O violão das águas corta a lua
e a lua é um trovão de avulsos peixes.
E se o Pontal com seu chapéu se mexe,
o coração de brisa então flutua.

Quando amamos, a vida continua
a ser vida. E é como se o seu feixe
de anêmona estourasse em pedra nua
e restasse o estupor, sem que tu deixes

este violão tocando na fundura
de corais, esta mão desencadeada
de sóis e cerração, talvez usura.

Talvez a água da alma seja, amada,
esta lua cortada, este pavão
de limo. Quando o amor toca o trovão.

16. NA TRIBO DOS MILÊNIOS

Desperto com o mar, este tambor
de úmeros na espuma, couro de ondas
e fôlegos de fôlegos na tromba
de um poroso animal. Depois a cor

mais verde é uma árvore de pombas
arrulhando, entre o raio e seu fulgor,
entre a casca de terra e onde ela estronda.
E Elza, nós temos que escutar o amor

batendo pelas vagas, percutindo
o júbilo de sermos dois, mais um
e muitos. O tambor do céu rugindo

na tribo dos milênios. Mas nenhum
verdor atrai mais forte que o desejo.
E nem a morte sabe o que prevejo.

17. UM TREM

A minha infância apita como um trem.
E na memória apita. E eu no vagão,
enfermo, suava, suava. Na estação
aguardava meu pai, aflito, sem

o chumbar deste orgulho. E o apito vem
e vem e aperta com seu esporão
de som. Fico encostado como um *não*
no assento, entre percalços. Mais além,

a infância pára. É o trem no dia breve.
E antes que a fumaça vesga o pegue,
gaguejando no teto: eis o vagão

da escuridão. Menino, atado à febre,
com a febre apitando na razão,
tua vontade de viver me segue.

18. GIRASSÓIS VERMELHOS

A minha casa é aberta aos passarinhos
que tecem ninhos árduos sob as telhas
ou se alojam nas duas castanheiras.
Porfiosos cantam. E os radiantes moinhos

das tardes giram, giram e as fileiras
de canoas na margem são ancinhos
a escavar penumbras, ou coleiras
no pescoço do mar, devagarinho,

postas, à força. Ou como bois na relha
a empurrar o sol: são bentevis.
E esses, girassóis de cor vermelha.

E os cantos maduram pelos ramos,
inventam flores, nuvens. Mas eu fiz
a minha casa sobre o que mais amo.

19. DO TRANSITIVO

A primavera foi e o inverno veio
e nesta sucessão vamos calando.
O tempo passa em nós e de permeio
nós passamos no tempo, mesmo quando

o tempo somos. Ontem triunfando,
e hoje, no despojo. Nunca leio
a mesma folha igual e nem o seio
da palavra é o mesmo seio arfando

da que nos ama. E as datas se refundem
nos sentimentos e depois são pontos
num caderno de vento decomposto,

por entre as estações. Ainda que afundem
dois corpos num relâmpago, do fogo
é que a alma se forja. E me renovo.

20. MEU BARCO

O meu barco ancorado tem o nome
de *Odysseus,* companheiro, sobre a popa.
Como ele fui nômade. O renome
dos seus feitos é aquilo que me sobra.

E o mesmo mar divino, a mesma torva
matéria de vagar, onde se somem
grandezas e perigos. Mas o homem
é o mesmo entre os abismos e esta corva

demência e solidão. Nenhum afago
me separou da infância, nem mulher
foi maior que esta sina. Onde couber

o mar, cabe o destino. Mas a língua
é este barco singrando, é esta míngua
de pátria a cada trilha. E cada traço.

21. O SÓTÃO

O Sótão começava o fim do mundo
e o mundo, animal que resmungava,
enquanto eu arrostava estas palavras
que vinham como o Sótão pelo fundo

da casa elementar. E o fim do mundo
se movia nas coisas, conjugava
a mais ferrenha vida no rotundo
de seu bojo de guerras e de larvas.

E era o fim do mundo cada escada
e cada janela se emboscava
noutra maior. E afônica era a luz

e asmática, asmática nos cantos.
E resmungava o dia pelo espanto,
onde, por onde o Sótão nos conduz.

22. A REDE

Argos me acompanha junto à rede
e cão rapaz me olha, pleno, em paz.
E me olha. Lá fora, o mar com sede
ensalivando ladra e o rosto faz

rodar o mar e olha. É meu parente.
De quando – nunca sei. Mas se compraz
o cão ao lado e o outro cão atrás
a adolescer, com as patas no poente.

É o mesmo amor que faz ranger a rede
ao peso de meu corpo e marulhar
o cão deitado no que ora se estende

e o do poente no que vem me olhar.
E pode a sorte me impelir: dependo
de minhas mãos e do que estou vivendo.

23. BISNETO CERVANTINO

Aos animais amo e, às vezes, me falam.
E às árvores amo e jamais concebem
que eu não fique com elas, onde estalam
os brotos pelos troncos. Nem as sebes

comentam o que, cúmplices, nos servem
ou como as tais sementes não reparam
o infortúnio dos homens. Nem se abalam
as formigas na leira, onde se atrevem

a levar negras sílabas e o trevo
no carreiro da alma. Esta família
me ensina a ver. E neto sou das tílias.

E bisneto das plantas e dos serros.
E cada ser me encontra entre os arreios.
Quando pareço descansar, peleio.

24. DE CORES E POEMAS

Pego a felicidade com seu linho
bizarro, sua roupa toda em cores.
E o mundo é inaugurado como um vinho
de castas primordiais e raras flores.

O sol reparte sóis, trilos e ninhos
e o universo treme, seus rumores
nas vagas estremecem. Tem ardores
a luz, odores cegos. Mas caminho

cada vez mais, agasalhando poemas
sob as cores do céu, entre fonemas
e vogais, os filhotes sob as asas.

Não principia o mundo, nem se fina
ao toque desta luz ou da neblina.
Mas sabe o poema onde se abrasa.

25. GEÓRGICAS DE ORVALHO

Virgílio com as geórgicas de orvalho
e as estações que o canto cultivava,
me apareceu. Com Melibeu trabalho
na horta da manhã, coordeno as favas

e os meses. Tanjo os pés de alfaces e alho,
tomates. Mas a enxada rija escarva
o solo da razão e o do carvalho
dos símbolos. Na alma se plantava

esta raiz. E eu morando nos tenros
do verso: toso o armento dos bezerros,
enquanto meu cavalo rompe, aos rinchos,

a cerca de presságios, pondo riscos
no covo da memória, o chão do ar,
que este arado de numes vai rasgar.

26. O CAROÇO DE PÊSSEGO

Cada estação tem seu relógio de ondas
e latitudes, seu relógio de ossos
que não sentimos quando somos moços
mas na velhice dói, como se a sonda

descesse pelas veias, fosse cobra,
escorpião numeral, com os alvoroços
pulando juntos, galgos e na monda,
o tempo fosse moído em seu caroço

de pêssego. No outono, a dor se acoita
em dor, secura. E a natureza implume
vai extraviando, então, gota por gota,

o seivoso vigor. Porém, o amor
é uma hortaliça do relógio em flor.
E é vivendo, que a vida mais nos pune.

27. A FANTASIA TEMERÁRIA

Amamos o que vai na fantasia,
mesmo que a fantasia temerária
nos leve num transporte, o que cabia
imaginar ou ser tocata, ou ária

suspirada sozinha, enquanto cria
esta música nova que se espalha
como o desejo, o fogo pela sala
que talvez seja noite, talvez dia.

Amamos o que vai na fantasia
e o que nos imagina, o amor comparte.
Porém, se é temerário o que se adia,

é mais ainda o amor que não termina.
E quanto mais imaginando, é tarde,
quanto mais cedo o sonho se imagina.

28. JOSÉ, O BENTEVI

Passarinho, que pousas no portão
e pousas sempre ali, com os olhos fitos
nestes seres humanos, em botão
de sofrimento, tempo e nulos gritos,

que diante de ti, sequiosos, vão,
sem te fixar sequer, pelos restritos
desvios da fortuna com o refrão
dos dias, dos minutos e delitos.

Passarinho José, neste Paiol,
ambicionas talvez bicar o sol
E a nós mostras, transeuntes, que o bordão

não faz o viajor e que revoar
é também debruçar-se no portão,
vendo as coisas crescerem devagar.

29. ADAMASTOR

Este vento não dorme, *Adamastor*
chamei e ele escutou. Compridas as pernas
e botas de rios e de cancelas.
Adamastor, minuano, onde tua cor

na pele se derrama? Onde se escoa
no relume? Depois como pantera
tenaz, acode. Adamastor reboa
com os pés enovelados de quimera

e assombros. Este vento é tão insone
e parece o destino que só come
em marmita de febre. Nos seus rastos,

persigo minha infância, os desabafos.
Adamastor talvez venha levar-me
sem ruídos, um dia, sem alarme.

30. OS VIVOS

A vida há de bastar-me. Não invento
outra constelação, salvo a dos vivos.
E se a morte vier, por ela tento
aos poucos divisar o paraíso.

Que a vida que amei está no atrito.
E se a morte fincar na terra, o cedro,
o paraíso está talvez no estribo
deste cavalo a desmontar por dentro

o escuro de que é feito, seu vergel
de alentos. Mas a vida há de escolher
a ração de prazer e de silêncio.

Ou como pode a morte então morder,
o que pelo seu tronco, é puro céu
e o céu, aos poucos, pode ser incêndio?

31. DETRÁS DO MURO

Detrás do muro, o mundo, seus encerros
e cinzas. Cada coisa que disperso
é outra adiante. Cada planta é o texto
que pelo amor decifro, sem o nexo,

os lógicos sentidos, os marmelos
que no tacho borbulham o universo.
E um sonho é adormecido entre amarelos
ciprestes, borboletas, signos, versos.

E a sombra das palavras acasalo
aos caracóis remando pelo muro
e os pirilampos no parir da lua

como uma ovelha sobre o campo claro.
Detrás do muro, é que eu arredo o escuro,
com o carro da noite que recua.

32. A MINHA RUA

Diante do Paiol, a minha rua:
esta alavanca, anzol preso no mar.
Os automóveis como bichos no ar
por ela cruzam, muito mais que a tua

silhueta relampeia. Sim, flutua
com as ondas, a rua. Sem calar
este pó nesta brisa de chegar.
E é mulher, como o espaço, às vezes, nua,

de ancas oblongas, que se afunda
na cintura das nuvens. E serena,
escutas os pregões da maré-plena,

com os serões dos barcos. E se inunda,
em ti, minha alma nômade. E os sapatos
já rotos, longos. E o miar dos gatos.

33. MALA DE COURO

Esta mala no armário, em couro e tréguas.
Esta mala na morte desarmada
como um revólver, o tambor sem nada
de balas ou viagens, roupas, léguas.

E sem disparo, a mala se desprega
com a mola do arcabouço, é desmontada –
do nada para o nada, onde carrega
a sombra mergulhada sobre o nada.

E o mistério que foi, certa fereza
de quem, aos poucos, vai desconjuntando
ossos e ócios. Toda a pontaria

se desfaz ao gemer e o instante é o dia
que no ventre de couro se condensa
e se dilata, em céu, sem saber quando.

34. NO VARAL

As roupas estendidas no varal,
ao quintal do quintal, ao vento cantam.
E ululando, outras vezes, animal
cativo no cercado, então suplantam

as cores do arco-val. E o vendaval
dançando sobre as coisas se levanta.
Vestidos, calças, véus e meias, mantas
fatigam-se com os homens. E é real

este roçar da vida, de al em al,
este cair das tardes como pêras
e o descer das manhãs pelas nogueiras.

Enquanto as roupas secam, sob o mal
e o bem, secam na espera, no desdém.
As roupas inquietantes que nos vêem.

35. NÃO ME CONFORMO

Não vou me conformar com a escuridão.
Não me conformo. Luto: o que me salva
é bater nesta porta, onde a palavra
jamais se apagará. Mas o lampião,

com a nossa carência ou sujeição,
continuará a queimar. Pois se consagra,
com a luz que se acendeu na criação,
o fogo deste amor que não acaba.

Não me conformo. E sei que o paraíso
celeiro é não. Porém, se a luz, aos grãos
perdendo vai, eu luto, convencido

de que na aurora estou, na aurora habito.
E que, por mais que neguem, me verão
cair em Deus como se planta um figo.

36. (DES)AVENTURA

Esta idade me desce pelos ombros
como a relva no pátio, sem fanfarras.
Gastei na mocidade as suas galas
e alfombras. E morri de tantos tombos,

quantos os sonhos, as traições com amaras
senectudes. Ergui desses escombros,
um monumento brônzeo, sem aparas,
de eternidade jovem, entre biombos

de imagens e metáforas vassalas.
Esta idade me desce como a chuva
nas parreiras esbeltas, prenhes de uvas.

E me recobre todo, até deixar-me
só no destino e nu, sem esta carne,
esta aventura insana, esta mortalha.

37. ANCESTRAL

De Argos, aliso o pêlo, aliso a rama
da jubosa cabeça, mais o grave
e talhado focinho, sob a escama
de seus olhos tão moços, cheios de aves

esvoaçando, esvoaçando. E cada trama
das patas se bifurca, sem entrave,
noutra. Mas alisando o pêlo é a chama
que afago e queima. Nas pétalas se abre

e é tão humano o olhar e tão suave,
que parece ancestral, interminável,
com camadas e idades. Largo, altivo.

Fitando o mundo, em paz. O próprio dono.
A suportar, mais resignado e vivo,
as passageiras coisas sem retorno.

38. CICLISTA

Ciclista era o céu, com a bicicleta
do espaço, sua roda. Pedalando
as estrelas. E no aro, via quando
a lua entre as polias, bem desperta

girava. Todo o céu vinha na greta
da noite e a bicicleta vai rodando
com estações, os dias, este poeta
e outras coisas humanas. Começando

nos pés da escuridão, depois os pés
de cometas e nas constelações,
até findar o ciclo, onde não pões,

ó sol, o teu pedal, nem o que vês
em raios se formar. Com os reveses,
a vida nos pedala pelos meses.

39. TRELA

As estrelas que o mar me alcança, eu pego.
Cinco pontas, em âncora, na mão.
Como um navio de concha, tonto e cego,
bússola de corais. Também virão

outras estrelas de outro mar no pego
desta sorte sem lua ou mastreação.
E outros céus e estrelas cobrirão
as mesmas palmas, almas, desapegos.

E as estrelas que tomo pela mão,
são as mesmas que agora na água eu bebo
e junto à etérea esfera, é este vagão

de rutilâncias e eras. Não há nervo
visível no clarão. De estrela a estrela,
criando-me, palavra, dou-lhes trela.

40. ÁGUA DESCALÇA

A pé andei quilômetros de brisa
com veleiras gaivotas voando em torno.
E pela areia morna o pé desliza
e desliza a maré. Deita com sono

a praia azul. Com o descosido forro
das calças vou. Junto à tenda, precisa
é a fome. Então siris azuis eu como
com a pimenta e a água bem concisa

e germinal, esta água tão descalça
por dentro de meu corpo. E que disfarça
o que a vida contém e não resgata.

A pé andei quilômetros e datas.
Andei no passo que, ao sonhar, retive.
E sou como a gaivota e a água: livre.

41. OUTONO

Outono, outono, outono. Mas os homens
não, jamais se derramam na derrota
ou na ruína de ossos, quando a fome
é maior do que eles, com a resposta

urdida em Deus e no universo. Tomem
deles sua pompa, glória, a frágil crosta
de carências, paixões. E nunca some
a luta, nem o espírito. Reponta

outra força na dor, outro consolo
de resistir e amar. Cavar o solo
de inventos, flores, sendo o seu suporte.

Mas ir mudando. Se o dormido outono
desplumar-se, adiante e além do sono
é acordar, o acordar. Mesmo na morte.

42. NEM AS AVES, O SOL

O amor gorjeia onde não gorjeiam
as aves, nem o sol. Mas o que for
das árvores canta neste amor
que só sabe pousar. Nele se alheiam

as convulsões e lides. Pode o ardor
do corpo ser a alma. Pois ladeiam
com os cânticos as vides, no verdor,
enquanto cachos para a luz volteiam.

Que constelações podem gorjear,
como os que amam? Nem o tempo pára
igual a este outro, junto à vara

das tormentas. Nem ventos vão dançar
pelos tetos do céu. Porque mais alto
irei cantar o amor com que te exalto.

43. O COCHE DOS MESES

Morri de ter morrido, tantas vezes,
que de morrer, perdi o olhar absorto.
E ao me velarem, estarei sem corpo.
E a alma levada no coche dos meses,

por velozes cavalos e corteses
cocheiros, em portais do sol, eu solto.
Morri de teu amor. Nenhum esforço
há de me devolver o pasto, as reses

com que a fortuna me nutriu, consorte
de tão curto fulgor, tamanho espectro.
Morri do banimento, da beleza

que o tempo descontou e que por certo,
de morrer me refaz. Mesmo que seja
para provar ser impotente a morte.

44. MILENAR JARDIM

Parei em Deus, parei em Deus, parei-me,
como se tudo Nele fosse o gozo
de passarinhos, árvores, idosos
contornos do Pontal. Nem este sêmen

de oceanos, talvez, ache repouso
no milenar jardim, nem vai valer-me
esta sede que só Nele desposo.
Se me faço navio, guia-me o leme.

Parei em Deus, parei: meu soldo-sol.
Sinais e bichos, plantas do Paiol
divisas são, eu sei, dos meus sentidos.

Mas Deus não me divide no poema.
E pela luz me banha, salva, queima,
com tal amor que Nele é o paraíso.

45. OSSOS DE LIMO

O limo envelhece com meus ossos
e de pecar, é envelhecido o lume.
Mas Deus sabe de nós e dos destroços,
por mais que a barca sem tutela rume.

E bem mais do que o sonho nos presume,
ou menos que o desejo e o alvoroço.
Porém se Deus me toca, tudo posso
e a culpa, igual à faca, perde o gume.

Não, mais nada envelhece, como os nossos
desvelos, embaraços, cotovelos,
ou pressas mal-contidas e os novelos

que, lentamente, a dor no tear destrama.
E se a tudo refaz o sol nos ossos,
apenas ousa mais, aquele que ama.

46. SEM ESTRELA

A morte ia comigo e eu, com ela.
E vi o seu ridículo vestido,
o andar desajeitado e sem sentido,
o rosto com penteado de donzela,

sendo tão velha, velha, no ruído
de suas meias e sapatos de heras.
Então não resisti e me ri dela,
caçoava de seus gestos confundidos.

E desta sisudez que nada espera,
mas sabe que na vida um só gemido
pode fazê-la emudecer. Insisto

em rir de sua passagem sem estrela,
sem grandeza nenhuma. E se resisto,
é porque está em mim quem vai vencê-la.

47. AD FINEM

Sob o meu teto, o passarinho pousa
e no seu ninho, eu pouso descansado.
Se ele plana, ou caminha pelas cousas
fixas do pátio: lajes, vasos, largos

parapeitos, eu revôo debruçado
sobre as árvores da alma onde se entrosa
com asas, este ardor, esta velosa
piedade, destemor, desejo, travo

de ir mais alto, chegar além do muro
da humana condição, dos pés obscuros
e do fardo de céu, chuvas, açoites.

Quando voa sozinho no seu bico
canta a manhã só para ti, comigo.
E se voamos juntos, somos noite.

So round in a ring we flew, my dear on my right, when I awoke.

W. H. AUDEN.

Thy firmness makes my circle just.

JOHN DONNE.

I. ELZA DOS PÁSSAROS

CANTATA AOS PÉS
VELOZES

Há um fugaz instante.
Fugaz, fugaz e eterno,
em que o amor se expande
sem intervalos, termos.

E digo amor, aonde
os pássaros alcançam.
As palavras são joelhos
e os pés velozes cantam.

E conversas com os seres
de nosso andar ardente.
Os quadros e os espelhos,
a sala, o quarto, o tempo

de provados saberes.
E sabores tão verdes.
Amor me dizes, tremes
na voz. Palmeiras, cedros

se plantam, régios, tenros
na graça dos dizeres.
Entre os rosalvos dentes.
E no fugaz instante

Amor, já respiramos
estes aéreos frutos,
ao sermos um só vulto
e o universo, inúmero.

Incontroverso e único.
E ao livro abro, silvo
o violino trino,
a flauta azul dos meses,

com as reses, o rastilho
do que sorves e dizes.
De vegetais e lumes,
nas minhas, são felizes

tuas mãos, tuas campinas.
Regatos, nos deitamos.
Tão mansa e diamantina
é a vida que chamamos.

Amor é estarmos indo.
Não é fugaz o sonho,
se ele nos deixa livres.
Não morremos: voamos.

CANTATA AOS
VÔOS (C)ALMOS

Que pássaros te alam
em alvacentos, almos
gorjeios sobre o nome?
De mansuetude munes

os penedos e espinhos.
Núbeis estorninhos
baixam nas sobrancelhas.
As coisas se coordenam

ou se rendem na chama
de um insubmisso reino.
Amada, toda vibras
na montanha, nos ermos.

E no menear da brisa,
o cochicho das penas,
baixam as sobrancelhas
e os dias já vividos.

O que é mortal desliza
sobre a pele de ameixas.
Mortal é o peso, o cimo
das coisas mais perfeitas.

Mortal o som, a idade.
A dor que mais nos queima
é aquela que regressa
ou a que nos invade

na raiz mais espessa.
Que pássaros, amada,
em ti são vôos calmos
e plácidos compassos?

E o teu olhar é um barco
um barco um oceano
um arco de guitarra.
E o fio dos teus cabelos.

CANTATA EM RODAS
PLUMAS

O amor armou a clava
da tarde e seu alarme.
Quer, albatroz, levar-me
onde alcançam suas asas.

Vem, ditoso, acordar-me.
Quer nos levar nas rodas
das plumas e avalanches.
Nós chegaremos antes

com jubilosas almas,
que se absorvem, alvas
e salvas, nos redutos.
De céu a céu, conceitos

são cinzas e ferrugem.
E os que se amam, pungem
de amar, e mais amando
em gozo, em gozo, em bombo

ou nos vestígios, nuvens;
nos elos desta lava.
Em mais amor solvemos
o que se faz pequeno.

E humano: abismo, abismo.

CANTATA DAS
DESCOBERTAS

A mente a mente é um grito.
O mundo, um precipício.

E só o amor decide
a forma de estar vivo.

Há muito já morremos,
mas viemos de jorro.
E a morte, ave, ávida,
foge. Canoros molhos

de trigo: vivos, sábios.
Saímos dos enganos.
E são pios, os teus olhos
nos meus chilreantes sonhos.

E em nossas almas, crio
plúmeas palavras, horas
piam. Viver é um rio.
Piam nas águas, dias

partem. Em asas gozo
o ir das penas findas.
Íamos. Ir é o que somos.
Os trilhos sobre as cinzas.

2.

De fimbría a fimbría, linde
a linde: vagões, aboios,
vagões de arroios indo.
Como se partíssemos,

amada, num comboio
para a estação da alma,
entre as verdes esferas,
galáxias, hemisférios.

Nós dois, amada, almas.
Moramos nos amando:
o fogo interminado,
que rodeia os planetas

e os leva na voragem,
ambulantes, sidéreos.
E se esquecer no talo
de cada descoberta.

E ser plasma, deserta
instância, entre cisternas,
sistemas, casas velhas,
sonolentas garrafas

de navios naufragados,
entre as pernas e os ares
de evaporadas ciências.
E é bêbado o anel

de flavos, búzios céus.
E búfalos cometas.
Ruídos, descobertas
polimos: com os sentidos.

Voando, nos unimos.
E cada vez mais alto.
Somos, amada, o salto
além do precipício.

CANTATA EM SOL MENOR

O que vivi, se foi:
certa desolação,
verões, o soterrado
amor sob alvos bois.

Não foi amor, foi dor.
E reboou no gongo.
Os relógios são pombos.
E era um grito, o mito.

O que vivi, vivido
está no flâmeo bronze.
E sob o pó, o pó
e nem o nome acode.

Em ti acordo, hoje
e o teu olor enrolo
em ouro, nos in-fólios,
onde a paixão se esconde.

Nomeio teu contato
na água e no sentido
secreto ou ignorado.
Amada é restituído

o dom de andar ao vento,
a leste, a norte ou sempre.
O limo do futuro
ao nosso amor não prende.

Nem líquens ou escuros
que se avolumam entre
os conceitos e os túmulos.
A memória é o futuro.

CANTATA DOS LIMOEIROS

Toda a terra se estende
e febril nos acolhe.
Há um gozoso júbilo,
um íntegro repouso.

Em tudo o que murmuras
ou no gesto ditoso
de acariciar-me o ombro.
Sim, estremeço todo!

E a terra então se estende.
O dia tem seus olhos
amendoados e plenos.
Posso medir o sol

se a luz cai nos limoeiros,
ao peso de teu beijo?
Desmedidos, espessos.
Num côvado, crescemos.

E noutro, combatemos.
Morremos, ressurgimos.
Temos a primavera
quando a terra se estende.

Mesmo que a nossa carne
nos meses se evapore,
seremos pólens, lírios.
E as nossas almas, cedros.

És o real, amada.
E o real tem fronteiras.
Somos os dois, macieiras
de sabiás, relvadas.

E o coração conjuga
razões de limo, tílias,
razões de orvalho, adros
de chuvas e cavalos.

Os corações se ajustam
no sopro da colina.
O meu: pampa de lua
e pipa que se empina.

Teu coração flutua
no mesmo peito, acima
das procelosas hordas,
do ressentido zelo.

Toda a terra se estende
no abraço. Pode o tempo
mensurar-se no tempo?
Amar é ser inteiro.

CANTATA INOCENTE

Não perdi a inocência.
Amada, ainda guardo
o riso debruçado
nos olhos e no tato.

A claridade guardo
nos ouvidos abertos.
Ferrolhos e cancelas
sobre os braços não levo.

E é incrível estar vivo
por dentro, onde a alma
é como um passarinho
cantando na palavra.

Assim, não há sacadas,
terraços nos sentidos.
Ao te dizer, amada,
é aurora – o que te digo.

Com a mesma claridade
em que pões teu vestido.
E a tarde vem descalça
e é decifrado o signo

de cada coisa grata.
Dia a dia que passa,
eu volto a ser menino.
Quem vive sob a graça,

cresce devagarinho.
E a idade não lhe marca
o perfil. Não há rugas
na inocência, nem datas.

E inocente é a sede,
a fome, a fonte, o fôlego.
Somos os dois travessos
e inocentes no fogo.

CANTATA DE UM SÓ RASTRO

O rastro destes dias
é feito de milênios.
Não há matéria inerme
quando o amor a faz leve.

Os rastros destas mãos
ficarão na parede?
Imprimem-se no afã
de amar eternamente.

E amar cada manhã
ao rastro da semente.
Pode a alma ser flor
e o corpo, o que pressente

toda a germinação.
O rastro de avelãs
no teu falar contente.
E as desaparições,

que a linguagem ascende
na palma deste chão.
Mas há um rastro varão
que à femeza verga.

E a teia dos que vão
rastreia a maré-cheia.
E deixamos o amor
modelar as pegadas.

E despertamos alfas,
conchas desprevenidas,
resíduos de palavras,
inauditas línguas.

E o rastro sobre a alma
deste limpo sigilo
de ser por ti amado
e te amar, o gatilho

de um rastro noite a noite,
a culatra do rastro,
a atra, sáfia foice.
Amor é onde nasço.

II. A ORDEM DOS PLANETAS

DESLIZAMOS, MADUROS
(CONCERTO N.º 2
PARA OBOÉ)

Toda ordem, amada,
tem um peso de água,
se nela não puseres

a ordem de tua alma.
E assim que se desvelam
a Via-Láctea e a Ursa —

Maior e as mais estrelas,
com a ordem e a matéria
consútil. Toda a ciência

é apenas transparência
do amor, o seu domínio.
E me submeto ao vivo.

Onde os astros gravitam
e é divisor profundo
entre tomos e átomos.

Diáfanos, diáfanos,
deslizamos, maduros.
E tudo é o absoluto

de uma ordem sem números.
E túmidos os nomes,
tão úmidos, silvestres,

contemplam sob as coisas.
De manar, nos descobre
o amor. E desmorona

arquivos, merencóreos
fatores, caem ruídos
de pêssegos na tarde,

ou vão-se desmanchando
pouco a pouco, contornos
de figos. Se desfolham

as famas e governos,
erros, proclamas, tifos.
Todo o amor é aprendido

ao respirar tão junto,
que o universo sabe
o seu percurso. E assume.

O CÉU DE AUDÍVEIS TATOS O pampa, amada, é o tempo
e o tempo, pampa tenso
no coração. Quem vence

é o que nele é silêncio
e se refaz em alma.
E entende o quieto pasto,

o céu de audíveis tatos
e os olhos de um cavalo
tão tímidos, dolentes

e feros na fereza
e plácidos de vento.
Não há nenhum cavalo

igual ao que está dentro.
E o tempo é muito avaro
e apenas obedece

a quem sabe o seu faro
ou nele não perece.
Ou paga o preço caro

de amá-lo, mesmo amargo.
Ou de retê-lo, pássaro.
E sáfaro, apanhá-lo

nas malhas com que prende.
Seu avaliar é um raro
e apetecido empenho.

É assim que, amada, calo.
Ou na surdina tanjo
seu (m)ávido instrumento.

Quero trazer-te ao povo
no claro verso, aquele,
que em seu mover, me fala.

Ao povo que se entranha
sob a língua, sem mácula.
Sob o sotaque a monda

sala, varanda de água
e o plano da montanha.
Amada, vou trazer-te:

palavra junto ao fogo,
ou mãos que as labaredas
aquecem. E se estreitam.

E tal o pão no verso,
as fatias que como.
E somos tão diversos.

E tão perplexo é o tempo
neste desvão tão vário,
tão prenhe de pretextos.

E madurar consegue
o seu quintal, bem antes.
Acontecer é o pampa

na tampa dos instantes.
É pampa voltar sempre
ou ir levando os montes

conosco, convenientes.
Os montes, os penedos.
E tudo o que confronte

perigos, atropelos.
Ter a coragem verde
e arrostar o que seja,

onde se desconhece
e é o medo, o medo, a perda
e superar. O pampa

ali na realeza
de companheiros quando
é luta, paz, trabalho

ou conversa na mesa.
Os fiéis camaradas
sem insígnias, proezas.

É pampa ir esquecendo
nulos ressentimentos
e cuidar de ser homem

ou mulher, sem fermento.
É ir-se despovoando
daquilo que nos perde,

ou vai desenganando.
E ser feliz, feriante,
é pampa quando amamos.

E é pampa o alucinante
sol que, agora, desponta.
Um revólver aponta,

um revolver, um ver
as coisas pelo inverso.
Um (des)volver o tempo

pela luz, um (des)vento
no ultrapassar perfeito,
a lâmpada crescendo.

Verás o sol rugir,
disparar, ir na frente.
Depois, dócil pascer,

ovelha na coxilha
e ser um manancial
de águas cristalinas.

Quando explodir a cal
das nuvens, em novilhas.
E verás quanto é bom

meu povo, em cada tira
de légua ou cega luz,
ou no capuz da chuva,

ou a sobranceira noite.
Há um povo discernindo
minuanos e horizontes.

medindo o seu falar
no andejo pala ou passo.
E saberás, amada,

este país no andar.
O quanto nele estou.
E como em mim se expande.

Nem pode se acabar.

O RELUMEAR DO ESPELHO

Amada, agora tenho
a inteligência ardente
das coisas que não vejo.

Aquela fé, vizinha
dos acontecimentos.
Percebo por inteiro

a janela e o anteparo,
o aljôfar, os quinteiros,
indícios e volúpias,

os tácitos planetas,
a variação dos corpos
e as lívidas certezas.

O relumear do espelho.
Nenhuma fresta mais
no doer da inteligência.

Amada, então desvendo
um pudor entre os ossos,
o plumioso interdito

e as sediciosas fábulas.
E o que me traz mais vivo.
Na idade, a disciplina

e uma voraz constância.
E é tão lindeira a infância!
Cada manhã mais curta,

a tarde antecipada.
E a noite já contígua
ao quarto em que se deita.

O caroço da fruta
é lançado na lata.
Ficamos mais em casa,

menos em rua, ao trânsito,
ou talvez na sacada.
Apraz nos habituarmos

aos cômodos e âmbitos
da casa derradeira.
O olhar é deficiente,

mas vê mais fundo o ambíguo
contorno do universo
e sua tarda liteira.

Guardo amizade intacta
com o meu Deus: mais lépido.
Mais próximo, mais cúmplice

o que é mistério. E chego.

O FIO DE FÉRREA CHAMA

Breve e inusitada,
a nossa estada humana.
Tantos percalços para

saber que corta a lâmina.
E corta sempre exata.
E avara, fio de chama.

E corta corta corta.
E nunca é timorata.
"Timor mortis" – aguda,

aguda – "conturbat
me?" – Aguda, férrea luta
– ó lâmina interdita! –

para saber que matas,
para saber que ficas
no amor mais infinita.

MARTELO DE VERTENTES

Pode cantar o galo
alado, alado, inflante.
O cântaro tonante

de céus silvestres, ágrios.
Fundir o horizonte
com o seco, surdo, rouco

martelo de vertentes.
Sob o cantar do galo,
nós dois nos ocultamos.

Soluços e percalços
e o triunfante gozo.
E luto, luto. É tudo

o que me deu o turvo
apetrecho do mundo.
E luto e sei que o tempo

é um soturno equilíbrio
de forças e raízes.
E ao dormir, amada,

dormimos mansuetudes,
quietudes variegadas.
E o gaio galo insonte

com o bico, o dia irrompe.

DE MUDANÇAS
E APARÊNCIAS

Contentamentos alcei
e sopesava o costume
de escalar mais alto cume

sem reparar altitudes,
gumes, amaros engodos.
Tudo no amor tem virtude.

E vontades contrastei,
para que toda a vontade
só fosse aquilo que amei.

E ser do amor me presume
integridade indefesa.
O amor na alteza se eleva.

Pesará sobre a beleza
ou no mudar do semblante,
o que mudara bem antes,

sem pressentir, se mudando,
ou apenas se entremeando
aparências de mudança.

Sorrir nos pesa, solando
desejos, limites, mandos.
Não pesa o amor, pesa o engano.

Tem durezas a esperança.
E tão confiado me leva.
Que me vou no arder. Ou neva

onde no amor, vão-se os anos.

ROTAÇÃO DAS ALMAS

O tempo em que se vive
não se demarca, é virgem.
O tempo nos atinge

ou súbito nos mata.
E toda a gravidade
na rotação das almas,

é ter o amor na palma
de cada eternidade.
Ou ter a idade alma,

a idade sem idade.
Amada, o que me invade
é só amor, mais nada.

CANTATA PARA AS
LENTAS MÃOS

Minhas mãos sobre a pele
atenta. Brilha a escrita
azul azul das veias.

E as mãos descem precisas,
como se fossem letras
em papiros, paliças

arcaicas, documentos,
que, amando, interpretamos,
à luz de velhas línguas

e vetustos arcanos.
Uma janela, um hino.
A pele mais completa

na vertente carícia.
Amando, amando, amando.
Corpos, cometas gemem,

as estelares vides,
nebulosas. Um sino
de corpos, almas, corpos.

CONCERTO N.º 1 PARA
VIOLINO E FLAUTA

Menina, vou cobrir-te
com minhas alegrias
e a capa dos países

que vi (não vi). Retive
a casca destas árvores,
as amêndoas felizes

das falas (que não disse).
Mas te direi, amada.
E bordarei de faias

com borboletas altas
cada dia contigo.
Louros sons de brisas

e espigas se reatam
nos teus discretos risos.
E os grãos de favos olhos.

O amortecido grito
do sol nos sóbrios píncaros,
entre os rocios e cílios.

E és tão organizada
na casa. Tão concisa!
Compões a economia

dos vasos e das sílabas.
Coordenas os planetas
na ceia, na cozinha

dos castos, consteladas
espaços, nédia corda
desta flecha celeste

retesada, vibrátil
entre estrelas e a lua,
as remotas comarcas

do estígio firmamento,
a seta disparada
de nuvens, onde instalas

a economia em abas
de paz, sem a ferrugem
ou a toalha do acaso.

E entre talheres, calas
pratos, conchavos, grilos
e copos de vocábulos

que não servem ao siso
e ao vinho das reservas.
Amada, somos silos

de algo que preserva
o céu em nosso rumo.
É céu tudo o que prezas

neste reduto puro,
branco, branco, sem muros.
E onde Deus nos une.

AO SUL DOS OLHOS Fui épico e regrado.
VELHOS Serei ainda quando
o mar houver andado

dos mapas para o canto
e deste ao continente.
E houvesse guerreiros

anônimos. O tempo
andarilhasse neles.
O espaço é o tempo cauto

e o tempo, espaço mudo.
E era vibrante a espada
e tão pesada a fábula

No verso me desnudo
amordaço as palavras,
desarmo sob a lua

achados e calados.
A morte apazigua
os seus baldos soldados.

E a vida, certa página;
as árvores, metáforas
e as pombas, folhas, tumbas.

Quem vai cobrir a chuva
nas túmidas paragens?
Ou subirá nas úmidas

montanhas e sobrados?
As formas resolutas
em outras, mais se ajustam.

Porque o amor é a túrgida
vontade no estar junto,
ou dentro, no entrecosto,

no poço de um milênio.
Tem o amor um rosto,
igual ao verso. Um dorso.

Compadecido, às vezes,
retraído nos meses.
Transmuda seu semblante

em outro, impressentido.
Heróico, retumbante.
E é sempre vário, imoto,

às vezes, ser imóvel,
informe caos, um ovo
de águia no deserto,

o sol no sol. Alerto
as coisas, sob o covo
da criação, nos côncavos

de cada dia ou monte,
ali, no azul paul
da Ursa ou da Cruzeiro,

ao sul dos olhos velhos.
Onde percebo o indício
dos ávidos planetas

em combustão, bulícios
e cios de negros istmos
e as vacas nebulosas

a pascer entre as rosas
de um campo sem pastores.
E o plácido moído

de centelhas e trigo.
E o percuciente trilho
de licores cometas,

abandonando o brilho
de súbito no verso.
Na boca das espécies

sidéreas, satisfeitas.
A vida é mais que o sítio
por onde se completa.

E o cântico é um ouvido
pousado sobre o verso.
Um tímpano batido

por raios e sementes.
O que é vivido, entende.
Sugerido, não dito.

E finco os meus sentidos
no texto do universo.
Porém, amor é o preço

de estar onde mais vivo.

PARA AS COISAS FELIZES   Cada coisa é uma escala
de climas e coragem.
As ondas justapostas:

imagem sobre imagem.
E pode haver resposta
à luz que fere e morre?

E à outra, dura e sóbria,
que é imperecível e ousa
subsistir, imperiosa?

Ó rocha sobre a água!
A ordem de teus olhos
se põe na ordem toda.

Amada, a casa ganha
o teu conciso brilho.
A toalha letrada

e a cortina sílaba.
O vaso que se escora
na cozinha de falas.

O tapete leopardo.
A mesa, suas plantas
e os utensílios aptos.

A cor, o ardor imóvel
dos objetos cálidos.
O cândido convênio

dos vidros e tua pele:
morena, tão diáfana.
A brisa como harpa

modulando a nudez,
que o espelho convoca.
Esta nudez, as formas

de ares e objetos
na sala mais redonda.
E o dia então se orna

de uma luz econômica.
Contas pagas e roupas
em cômodas gavetas.

Avara dinastia,
amada: o amor aceito.
Harmonia, prodígio

entre os seres e os erros.
Me fitas tão tranqüila
e é tudo comprazido.

Ou cristalino paira.
Uma brancura extensa,
o fundo mais terrestre,

a propícia nobreza.
São felizes as coisas.
Felizes e completas.

O TRINCO DAS AMORAS

Pode quedar-se o tempo
no seu resíduo tinto
ou noutro, sumarento?

As complacentes uvas
do amanhecer mastigas.
Seguras o equilíbrio

no trinco das amoras,
no brinco das espigas.
O que é maior que a vida,

senão o que ela chora?
Seguras o equilíbrio.
E a morte pela gola.

TERCETO FIEL

Só é fiel a agonia.
Jamais o prazer dos topos
e o cimo que a luz fustiga.

Mais fiel, porém, é quando
mesmo na morte tocando,
o amor jamais se fina.

CANTATA PELAS FORMAS

Eu posso contemplar-te,
amada, sem tristeza.
Face a face mirar-me

nas formas que velejas.
Somos num corpo espessas
almas que sem alarme

tendem pelas levezas,
sendo da mesma carne.
Ou sem tardança ardem

de tantas realezas,
que nunca se persuadem
na claridade ou termo.

Amada, face a face,
tento em ti converter-me
e te convertes toda

em nau que vai ao leme
da viração. Ou à solta
não teme dissipar-se,

ao ser a própria onda.

CANTATA AOS
RELÓGIOS-OLHOS

Relógio que nos olha.
Por entre pombos, jorra
pelos olhos-relógios

das mãos que se consolam.
Quando te vi, as horas
podiam escutar-me.

Amada, nunca choras
mais que os olhos fecundos,
junto aos olhos do sono.

E quantas vezes somos
dois ponteiros-relâmpagos
nos arcos do oceano?

Arcos de Deus, arcanos
em horas que confundo.
Relógios de murmúrios

e prados de ir morrendo.
Amada, à porta bato
como um relógio e entro.

CANTATA AO DESENLACE

A dor pode acordar-se
ou dormir contrafeita.
Ou talvez libertar-se

das pesadas cadeias.
Talvez pelos cristais
de cardumes e meses,

saibas o desenlace
dos ódios e ferezas.
Ou sem saber, te abrasas.

Não tem o amor mais parte
com a morte, onde ela esteja.
Mesmo que não importe,

amada, o que perceba.
Não tem razão a morte.
Nem ser a ela presa.

PELA ESPUMA

O sol em mim se expande,
amada, vai soando
com fogo: a luz nos foge,

como um ramo entre as vozes.
Amar-te é ir caçando
nas vinhas as raposas.

Minha alma te desposa
e alma é o que te basta,
se o espírito se alça

a sermos um. Deixemos
a luz tombar na alma.
E pela espuma, os remos.

CARRETEL, O COSMOS

Não temo o universo.
Nem viver, amada,
é um trajeto adverso.

O vivo amedronta
mas depois prossegue
naquilo em que pousa

e não pára ou cede.
Interrompe a fala,
a pausa. E não se mede

com metros de sombra.
O que é vivo, bebe
a essência mais pura,

o que a luz persegue
e o que a dor apura
e o prumo da neve

sob a neve, empurra
e é nesta cintura
de cereais, albarda,

alavanca de albas.
O que é vivo, esquece,
onde o mal, lembrança,

nos mordeu. Não serve
de funéreo albergue,
mas, vivendo, empresta

toda paz aos vivos.
Jamais se apropria
do que é disponível.

O que é vida, chora
por ser vida, como
cada coisa, o dono.

Cada pomo clama
o gustativo sorvo.
Não há sonho quando

toda a vida se abre
ou vai fibrilando.
O universo sabe

mais do amor, que o sabre
corta ou vai cortando.
E sei do faltante

ou do excesso, o nexo
entre o após e o antes
do silêncio extreme,

do coice, do choque,
no entreaberto enlace,
canaviais de favos.

Tudo o amor preside.
E a vida culmina
nos velados centros.

Carretel, o cosmos.
Carretel, o invento
de ser o desmonte

das roldanas, peças,
A voltagem entre
o feroz e o doce.

Tudo o amor pressente:
o universo, argila
de obscura matéria.

Ilha de outras ilhas
na fanal esfera.
Voz de vozes, eras.

Estrelas antílopes,
e os cometas corças
sobre o prado nímbeo,

correm livres, límpidos,
para a luz voltados
e na luz finitos.

E odres de vinhos
no azul entornados,
com suas correntes

que se atraem, convergem
tintas e furentes
em quasar de espaço,

entre tonéis guenzos.
Perto um alambique
destilando tensos

litros de voragem.
Sílabas molhadas
entre a escuma e a falda

de rios ébrios, vagens.
Quântica muralha
de camadas soltas

e órfãs. As limalhas
sobre um frasco de ondas
puxam asas, astros,

ostras, conchas, aros
de um oceano álgido,
auro, austro, largo.

Tudo o amor germina
no subsolo aéreo
ou nas toscas minas.

Tudo o amor dirige
com seu albo leme,
o timão marujo.

Tudo o amor eleva
sob o algibe ou a lava
ou a calva sede.

Tudo o amor refreia
num empuxo. Tudo
no jogar de um átomo.

E o concluso é falto
e o carente, farto.
O que o amor prescreve

tende a doer na ausência.
E doendo, aumenta.
E vivendo, excede

toda a contingência.

O GALOPAR DO FOGO

Amar não é esquecer
o rosto sobre as cinzas.
Mas é lembrar o fogo

e o que ele limita.
E enrijecê-lo todo,
carvão de rubra fibra.

O fogo, o fogo, o fogo,
no potro, que o encilha.
E ir queimando como

se vai moldando a argila.
Sabemos que o abandono
mantém as formas rixas.

O fogo, o fogo, o fogo,
suas rédeas transidas
com fúrias e perícias.

O fogo, o fogo, os anos
de penhascos e bridas.
O ar no ar as vinhas,

centelhas, iras, víboras.
De tanto amar e amar,
o que em nós queimar,

é o que nos vai podando.
Amar é libertar,
libertar-se das cinzas,

até ficar o fogo,
o seu trote frondoso,
o fogo, o fogo ainda.

INFINDÁVEL SOLO
(OU A ORDEM
DOS PLANETAS)

Embora preso ao pampa,
eu sempre fui sem pátria
ou acostumei-me à ingrata

volúpia de ir seguindo.
Não parava na falta.
Parava, onde soía.

Parava de ir partindo.
Tinha casa na alva.
Sem rede, pelo instinto

de pescador ao eito.
Pôr o espinhel de alma
ou então fisgar o peixe

sem portulanos, onde
o dia em nós confunde
as pás de espuma e o rude

repasto das correntes
e a luz é o peixe arfante
e o peixe morde a sede.

E eu morderei o instante
igual a um pão. Me rendo
a cada rio ou monte,

às árvores, ao hálito
do diamante clárido
que no sereno arpeja.

Mas não me rendo à luta,
ou à dissipada urna,
que a noite faz da lua.

Transmudo-me, oscilante.
Não sou eu mesmo nunca,
nem mesmo eu era antes.

Sem pátria e circunspecto,
fui tantos, nenhum gesto
pegava-me no engenho

de construir-me, sendo,
com calças de palavras
e paletós, crepúsculos

que urdem os minúsculos
estatutos da sombra.
Mas construir nos funda.

E o que me contentava
não vinha da estranheza
ou páramos, das cores

ou suas flores mudas.
Aperfeiçoava a dúvida
em (g)alas de lembrança.

Aperfeiçoava a vida
nas dádivas e usanças
de cada coisa minha

ou tua ou nos penedos
ou álgida espessura
de ir ardendo. Herdo

a natural brandura
de quem, não tendo pátria,
é pátria o que acompanha:

o penso fecho, a tarde
e os meus sapatos tardos
e os altos olhos secos

e o que caduca e vence
a glória e em glória geme.
A ordem dos planetas

é pátria. Onde não chega
a viandante instância
deste vagar plangente.

Quem apartar a infância,
pode ser dela, ao menos,
absorto na fragrância

de seus campos amenos?
E é tão restrito o canto
quando da infância pende

e reticente o verso.
Embora ao pampa preso,
em que pátria sustenho

os teus olhos ulmeiros
e os tordos pensamentos?
Sou pouco, parco e atento.

No muito amar, aprendo
a língua dessa pátria.
Aos pássaros escrevo

no ar: "Ó pátria árdua!"
Ou "excelsa liberdade"
— segredo para as vastas

afluências da noite.
Ou é fidente flauta,
gracioso tom que sigo.

Sonata de colheitas
e ondulantes juízos.
O meu país é onde.

E é quando não entendo
ou quando em mim consentem
descansar os viventes,

os pasmados rebanhos.
Pode ter pátria, aquele
que não a põe no tempo?

Ou é pátria o banimento,
o reluzente pálio
do que a verdura aclara

em soberana estrela?
A ululante máquina,
que se emperrou, girante

onde jamais se achara,
rangente e mais amara?
O enferrujado eixo

de túmida memória?
Acostumado à incauta
volúpia de ir partindo,

,onde é país me calo.
Não sou mais forasteiro.
Além de mim, te afago.

Acalmo, palpo, cheiro.
É forasteiro o tempo,
é forasteira a morte.

O meu país é quando
só alcancei, sonhando.
E por te amar, contento,

ali, se resplandece
Vésper e o largo oceano.
E é tanto o que te amo,

que já perdi a fonte
do ar de ir deitando
as águas e os sossegos.

Infindável o solo.
É quando quando quando.
Por onde nunca morro.

O QUE DELEGO AOS PÁSSAROS

Tive os meus bens fungíveis
e os infungíveis símbolos.
Mudei pernaltas formas,

as buritis e as rolas,
em ósseos, plúrios corpos.
E eis consumada a alma

por onde avançam sopros
e odores inebriados.
Tanto sonhei, que pude

repousar os cuidados.
Sou prático: a saúde
não lego aos que estão mortos.

A erva seca queima
os restos da umidade.
A vida é a própria cura

deste viver sem margem.
E ao teu confiar, confio
mais puro, o amario

de meu ser, o recesso
tão íntimo, converso
ao mais secreto dia.

Amei os impossíveis
que se tornam vibráteis,
palpáveis. Sei que o vivo

é sempre mais intacto,
vendado, persuasivo.
Equilibro os contrários,

os sólidos e líquidos,
o presente, o passado.
E faço disponível

o mar no verso findo
e o verso no ar contrito.
O peixe é o verso surdo

e o verso é onde escuto
visível, o invisível,
que aos meus sentidos ligo.

E o que for uno e simplice
acato. O incompleto:
delego aos plúmeos pássaros.

CANTATA AO PAVIO
DAS ÁGUAS

Não me confino à morte,
ao que morrendo, mata.
O corpo só repousa

na alma sossegada.
Há que reter as águas
que descem pelas coisas?

O que é precário e falto,
apara as poucas datas.
E, amada, os olhos trago

nas afiadas mágoas
e sem (p)avio, as águas
pelos meus quedos olhos.

Como se o tempo nada
fiasse na palavra.
E nada em nada, aos molhos,

fossem mudando os olhos
pela morte parada.
Viver é o que nos toca.

CANTATA EM LÁ MAIOR

Ir envelhecendo
de cair na infância.
Ir caindo dentro.

Com a juventude
nascida do vento:
que não queima, fogo

e teima em poderes.
Conhecer o risco
e assumi-lo todo.

Mas humilde, enxuto,
eu sei qual é o custo
destes dissabores.

Pode o sal e o mosto
serem preparados.
O lençol composto

com os nossos mortos.
Ir no sol moroso
e a noite perempta.

Renovar a seiva
junto às águas vivas.
E reter a língua,

conduzir a fala.
E cair na alma
como alguém ao poço.

CANTATA DO UNIVERSO

Temos a madureza
e é outra inteligência:
verde, serena, densa.

Saber o que é do fruto
e apenas o que é ciência
palpável, resoluta.

Captação do absoluto.
E reduzir o apuro
à sede do imperfeito.

Nada nos desconcerta.
Nada se torna íntimo,
depois de haver vivido.

Sabemos onde é o muro,
onde a planície espaça,
os dúteis latifúndios.

E onde se apruma a graça
de sermos dois e muitos.
Os indícios do riso

e as espécies de culpa
e tudo o que a beleza
sob o nome disfarça.

O que o universo eleva
na camada de folhas
ou aquilo que acena

em possível derrota.
Ou a marcha das estrelas,
infatigável, tensa.

A mais pungente venda
aos olhos da matéria.
E a antimatéria intacta.

O que o universo baixa
sob o alfabeto de usos
e costumes contritos.

Ou a mais ingente perda.
O que absolve ou salva,
o que recolhe os fusos

tardantes da metáfora.
O que grava a memória
de fatos sucessivos

e os mais gloriosos feitos
que a faina alteia e apaga.
E é onde então que a idade,

amada, nos aprova.
Já foi severa e farta.
Agora é uma pergunta

dentro de outra, em rumos
abertos — pedra e selva.
A dor na dor perfumo,

são outros os espectros
mais tácitos, o fumo
dos bens está disperso.

E é bem maior o preito
em mais te amar. E o verso
no léxico se funde:

um velo retraçado
de canto e alaúde.
Envelhecemos, quietos.

E amando, se entretece
em mais amor o tempo,
que nos possui, vivendo.

Enquanto o corpo desce,
o amor é mais concreto
e abrange o universo.

ALOENDROS

Os aloendros
os aloendros.
A morte

encheu-me
o sol
da boca.

De aloendros.
É um poço,
amada.

E vai desem-
bocando
em outra água.

Aloendro
aloendro:
eternidade.

COLOFÃO

 Este livro é para Elza Griffo Almeida Nejar. Seu nome – *Elza dos Pássaros ou a Ordem dos Planetas*.

Entre maio e julho de 1988, brotou. Até dezembro de 1991, depurou-se na cantina de seu interno fogo. Escrito nesta cidade tranqüila do Espírito Santo, junto ao mar. Foi concluído em 8 de setembro de 1992.
O servo da Palavra,

Carlos Nejar

Para Elza e ao amor
que nos recuperou a infância.
Para Balduíno Manica, amigo raro,
menino de bronze.
Para Eduardo Portella,
Ferdinando Berredo de
Menezes, Nelly Novaes
Coelho, Oscar Gama
Filho e Paulo Roberto
do Carmo, amigos
aquém da infância.

Al mi fec'io, quai son color che stanno,
per non intender ciò ch'è lor risposto,
quasi scornati, e risponder non sanno.

DANTE ALIGHIERI, LA DIVINA COMMEDIA.

(Quedei-me, como quem, por não captar
exatamente o que lhe foi narrado,
se queda mudo, sem poder falar.
INF. XIX, 58. Trad. de Cristiano Martins).

For poetry makes nothing happen it survives.

W. AUDEN.

INDÍCIOS

Resolvera partir para aquém de sua infância. E só podia ter explicação na luz. Mas não se explicava – ia clareando, clareando. Até deixar a morte no escuro: menina trancada no quarto. Assustada.

Queria penetrar onde a infância tinha nomes enigmáticos. Ou se misturava com os elementos de óxido, barro, embriaguez, colméia, relampeios. Depois ao sussurro de alguns vocábulos como **Betelguese, Alfa, Beta e vaghe stelle dell'Orsa, sul paterno giardino scintillanti**.

Mas o aquém da infância deslizava nas etimologias. Ou indícios dos planetas.

CANÔNICAS VARANDAS

Não guardas alamedas, canônicas varandas. E nem te permeias com a racionalidade numeral dos adultos. Viajas.

TERRORISTA DO MÉTODO

E um terrorista do método, Descartes, foi condenado ao monastério, entre cela e regras.

O seu livro oscila: um espantalho de pano sobre a horta de milho e de formigas.

REFUGIADOS

Os que se refugiam aquém da infância, foram antes banidos. Ou já haviam transitado o inferno. Talvez por se atreverem a inventar flores, alvissareiras claves, sons. Alguns rios poliglotas, ou vales econômicos.

LEONARDO DA VINCI   Leonardo Da Vinci tinha sua efígie nas escolas silvestres ou fluviais. Seus desenhos e quadros, como os de Bosch, Chagall, Klee, Miró, tentaram civilizar a infância. E as espécies evoluem para o veloz e imovível côncavo de Deus. De onde gotejam figos. E os olhos mortais não podem ver.

MILÊNIOS   Os milênios não suportam a perfeição maior, salvo a das almas que à meninice nunca desterraram.
Nem no corpo, ou na morte.

ILETRADOS   Mesmo os sexos não deixavam de adotar a inocência com que os corpos se entrecruzam. E se juncam. Toda a ambigüidade é infância.
Até aos iletrados da escuridão.

ARO DA INFÂNCIA   A ciência com os átomos e as abelhas elétrons, circundava o aro da infância. Depois se concentrou, rompida a casca. E a gema é o núcleo de outro núcleo. Ciclista com os pedais, entre os cometas.

ÁTOMOS   Os átomos mais puros do que as fontes. Divisíveis como o caos e as formas das borboletas lampas. Ou o cacho de almas na balança.

CINAMOMOS VERGADOS   Os átomos são cinamomos vergados de pássaros. E não há poema suficiente, para que todos os átomos, aos saltos ou entrelaçados aos pilares, caiam.

Ou se propaguem com a maranha de encalhados remos. E ondulem ocres sóis que os mendigos enrolam, cobras sob a música.

PAVÕES   Os átomos pavões nos quintais do corpo. Mais cristalinos do que a nudez dos chafarizes.

BURRO E ÁGUA   O burro: átomos amarrados pelo freio. E o movimento é o ninho de uma águia.

OLHO DO CAVALO   Devagar é o olho do cavalo que te fixa. Com a estremecida lança. E a vida é o amarelo encravado em Deus.

FUZÍVEIS

    O invisível é o relato das metáforas. Pregadas com agulhas de fuzíveis ou geométricas torrentes.

    Cientistas como Niels Bohr, e outros, presos a sonhos maiores do que eles, principiavam a criar imagens, que também os iam criando. Cântaros com arroios no bojo intumescendo.

CASULO DO MUNDO

    Agora numa toca, ias reedificar o casulo do mundo. Como se fosses extraindo a claridade dalguma veia. E a cabeça metida na penumbra.

    Essa toca foi crescendo com os seus utensílios. Mas a espécie necessitava de infância como da pesca ou a caça dos javalis e tigres.

EGRESSOS

    Os egressos da razão ou da loucura sentiam-se restituídos com os afagos da mãe-água ou avó-terra. Ou a esse reverter ao ventre suspeitoso. Como um estágio evolutivo ou aperfeiçoamento da esperança.

    Era montar no galope de um raio para dentro da manhã mais turbulenta.

COMUNIDADE

    A toca vazou com seu rumor de avoengas botas e o piano de telhas e roseiras. Uma comunidade relinchava no silvo dos vagões. E se ia soldando com as palavras.

    E o amor arfava, arcava-se de flavas teogonias, ia-se revendo sobre as águas e pétalas. E as imagens falavam, ciciando outras que também falavam. E eram independentes e se reproduziam.

    Miravam a si próprias, correndo como cervos. Junto ao acórdão de fontes manuscritas pelo bico dos pássaros.

    A vida persevera de viver.

CONVIDÊNCIAS

    Alisaste o universo. E se era evasivo, não se constrangia de existir.

    As pedras, árvores, bosques, rocas, cabras, vacas, barcos podiam ter nomes inventáveis, talvez conotativos. Ou de uma procedência constelar, ou dos que pela infância se asilaram. Com aquela redondeza que só ao amor compraz.

    Conviviam se abordando. De olhos marinheiros. E a língua dos olhos que fitavam, subia, reclinava, baixava como um barco ao cais. Atado.

NOVA RAÇA

Os anões e gigantes. Uma nova raça de aquém-infância. Os anões: na medida em que os anos se alargavam com os cipós das samambaias, também cresciam nos músculos e membros. Até ficarem altos, longilíneos, assemelhados uns aos outros, como se peregrinassem — adotivos de argila — em comum parceria.

Os gigantes iam-se apequenando, com a mesma semente dos anões. E a agilidade das florestas que se vêem empurradas pelos ombros.

O que advém da infância escava os fundos.

CORVO IMÓVEL

O teu país é um corvo imóvel. E falas sozinho, ao falar com os átomos de tua infância.

O crânio dos ares cavalos. E o futuro: átomos alçados no repuxo. Sem a estrebaria do instinto.

Falas com tua infância. Mais habitável do que os píncaros. E todos os átomos são felizes entre os colibris e as pestanas do céu andando.

DOGMAS

Dogmas: desfiladeiros. E as idéias, porosas labaredas. Mas falas com os átomos que se elevam e perguntam.

Na fogueira gemem os gravetos. E amêndoas quebradas.

SOB OS CANDIEIROS

Não era apenas uma toca, a infância. Uma sintaxe de casas adejadas pelos sonhos. E eles, sombras esfumaçadas, se nomeavam sob os candieiros. Com nomes dúlcidos, ditosos que sacudiam a cauda como esquilos, entre sebes.

OS PÓSTEROS

Quanto mais se entende a infância, mais o universo é concha ou pedra lisa e oceanos de firmamento.

Menos somos entendidos pelos lógicos e mais falamos com as coisas. Ou com os pósteros que falando sozinhos, sozinhos nos entenderão.

BAÚ DA DERRADEIRA INFÂNCIA

Foi apresentado a um pardal sonâmbulo, depois a um trovão de asas escarlates. A um robalo, de olhos gaios, a testa fora d'água. E plúmbeo.

Depois, entre mansuetudes, foi apresentado a um ancião, com cílios brancos. Custodiava o baú da derradeira infância. Que podia explodir num atalho de gesto.

E era um outro estado de interminável referência. Como os velhos trilhos e trens abandonados. Onde os meninos se ocultam, em viagens. Com a imaginação desembocando.

SILÊNIO

Esse ancião – Silênio – chefiava outros, todos de turbantes e gibões abotoados com cintilantes trevos. A hierarquia vinha do olhar, não das regras.

E a derradeira infância tem os tons graves da memória, que se desenterrou como um mapa de piratas. E a ilha, cegonha que tartamudeia o bico, onde o tesouro arde.

GEOGRAFIA

Têm os rios, essa infância, que acordarão ao chamado das trombetas. E os montes ocupados em ofícios de prudência, serão cindidos com o levantar dos mortos.

Sim, essa infância tem a alegria de amantes: um do outro extraviados. E uma felicidade que não quer dormir. Não quer ficar contente com o restrito, esférico esquecimento.

Ou então cairá em Deus.

ÉDEN

Ele foi seguindo seguindo um pintassilgo. E quanto mais ao canto dilatava, encantado ia seguindo os trinos. Até que pelo amor foi arrojado no silêncio: o éden.

INFÂNCIAS

Por que as infâncias se assemelham, zanzam, junto ao mar, sustentam às insaciáveis tramas, escalam os alcantis da alma e se desgarram entre as letras dos livros?

E as infâncias se acumulam como os verões, as cheias. E odres de vinho com as milongas. E a severa fronteira, com a memória.

A derradeira infância é onde as vozes ressoam como um fogo piedoso. Uma guitarra de vulcão e água.

ENTRE AS PÁLPEBRAS

Depois viu que os anões e gigantes nascem e reagem com a constância de tremer a aurora. E o mar avançará. Quando o sinal for dado.

Se não tem mais joelhos entre as pálpebras, a noite é curva como um bule. E moeda de ouro, o dia. Sem confundir suas cores. E a velhice que emigra também para outra infância. Com as baleias e as focas.

ALFABETO DE MORRER

Não voltou. Nem voltará sob o gonzo dos girassóis. Nem redemoinhos podem submergir o que se engolfa em sua sorte. Como um violino verde. Onde não há rancor de filhos contra a mãe terra. Nem impiedade do filho contra o pai, seu fogo. Mas cinzas recuperam a chama. E um homem desaprende a morte. Até o alfabeto de morrer.

ATRAÇÃO

Aquém da infância, ou nas camadas supernas, o que acelera os sonhos é a atração das remotas estrelas. E o que acelera os corpos é apenas amor.

COM A PONTA DO TROVÃO

Como circunscrever o universo com a ponta de um trovão, se a outra, em pomba, plana de volta as arcas de sua treva?

E a rotação dos limites fabrica a escuridão, que também gira com as asas da ave que pousou.

No universo o que morre, ao vivo se translada. E a inteligência não poderá suprir o ardor de uma candeia acesa. Mas a infância não ignora o dilaceramento de nascer. Nem ignora o levantar de Deus.

CARACOL

Os pensamentos se arrastarão como um caracol nas enseadas. E é um caracol a manhã pelo rugir das chamas. Um caracol, a tarde sobre um galho de cigarras. E chovem todas as idades, até a luz rebentar o céu. Com seu sapato espesso.

A luz não ofende, explode para dentro.

DIDÁTICA

Tinhas na ponta da língua: amor, ias falando com a didática da luz. E atalhou Laor, com as feições de um albatroz desajeitado sobre a trancosa oliveira:

– Aqui tudo convive e essa é a língua que te ensino, aprendendo a respirar. E falas o que assopra o paraíso.

LÍNGUA E PARAÍSO

O que assopra Deus em nós? Nomear é ir.

E o paraíso começou a ir parindo a língua e as árvores ovulando o ar debaixo de seus galhos.

E há que continuar nascendo sem que o amor escolha formas de não nos deixar nada.

Os testamentos da infância não prescrevem. Nem prescreverão enquanto o idioma não se contaminar dos sentidos lógicos.

MORTOS E VIVOS

Os nossos mortos terão os nomes, adjetivos desejados. Por serem nossos, pertencendo a imaginação da terra. Os vivos não. Ultrapassaram a esperança e nascem do mundo que começou a chover. E persistirá com a infância dos sonhos chovendo. E vai chovendo desde o dilúvio das gaivotas, sucessor do que engoliu os oceanos. Continuará chovendo até o arco-do-vento primordial. Por todas as idades das palavras continuará chovendo.

Sem recordar excertos, pretextos ou enxames adventícios de água. Como se os dilúvios fossem desenhos do esquecimento.

Sabe disso quem viveu.

BALEIA

O mundo é uma baleia – dizias. E me lembro da silhueta do animal em teu caderno de colégio e tinha tantas dobras. Parecia submarino dentro de uma rocha.
E vias a baleia. Mas os sonhos apenas coincidem em unânime sono, como balão de água no oceano. E os engrolados, rúgidos peixes eram cotovelo de prata se erguendo.

Depois andava como um furacão arpeado. E via o mundo na cauda oleosa da baleia. Arrastando o sol. Arrastando arrastando a alma que lia o céu em letras de vento.

Arrastando o mundo que eu lia numa gota de água. E o livro do corpo indestrutível na infância. As compridas e afinadas cordas vogais, as estrelas.

Papoulas em botão, furiosas. Nos ouvidos abertos do firmamento.

ROÃO

A língua pode ser a terra. Às vezes, é o que se aparenta com as árvores.
E Roão te acompanhou até onde rolava a roda do silêncio.
E desapareceu como se voasse. Nunca adivinhara que possuísse equitações de ave.

TRASLAÇÕES DA INFÂNCIA

Por que, aquém da infância, Newton concebeu a gravitação, puxando a lua como os ponteiros de um relógio, que o horizonte oblongo badalava?

Ao aprender a matemática com os túneis, as translações da infância se inventavam.

E o mecanismo interior da energia sedimentava, armava a luz. Como um motor de veleiro.

APÓS A HIBERNAÇÃO

A luz arqueava frondosa complacência. Os raciocínios mais lestos e bisontes, após a hibernação, são alvejados com pontaria exata.

E o gênio era pilha de incoercível unidade. A pontaria de Deus.

DECURSO

No decurso, os moradores se ofuscaram numa felicidade foragida.

Se conheciam as leis do fogo, molestavam o azul com os artigos martelos nas bigornas. Rubros, túmidos batendo.

Intervirá em sulcos, a inocência?

INFÂNCIA-ETERNIDADE

Chegas a uma infância, onde a divisa, sem pegadas ou vozes humanas, denuncia orlas inatingidas, salvas. Depois te vestes deste abismo e de outros, como fios de lâmina estendida. E não ha saltimbancos na esperança. Nem Rei Artur, ou Távola Redonda. Nem a onda de teu grito alcança a margem. Nem a insuspeita ortografia das formas pelo corpo se recorta. Equânime é o reflexo, não o espelho.

A infância-eternidade tem seus filhos nas cinzas. E delas — saem ilhas, tílias, penedos, lagos, sóis familiares.

Das cinzas, o paraíso.

EQUILÍBRIO DORMITANTE

A luz não se quebrava como haste. Não podia mais quebrar. Tão inteiriça, de cristal levíssimo. As coisas absorviam propriedades avessas a esse nosso equilíbrio dormitante. E era labial a luz, simultânea.

PÁTRIAS

Não lutas entre pátrias. Ou as transpiras, colete de feltro. Todas são peças mobiliadas do universo. Mas a infância é a única em que cabes. E aquém, continuas cabendo. Sem a humanidade em que prescreves o indulto de esquecer. Ou com ela, até as vísceras, a sina de mourejares o seu round, a batida do gongo. E foi o horto que te aprouve. Talvez o gozo das faculdades habituais do sonho e ordem. Ou queres colecionar a vida?

Terás pátria onde conversas com os que te amam. Sem ter a controvérsia, o mero repetir-se, nada, nada mais te rouba!

SÓSIA

Não apenas desaprendeste de morrer, como morrer não te ocorre. Não se parece mais contigo. Nem é sósia da lembrança. Aplacou sua arte. Esqueceu de averiguar. Depois foi-se esquecendo em si. Sem desvencilhar-se da vida.

Sabias de morrer, quando despertaste. E não te abarca a sua exatidão.

E a eternidade é mais consciente. Não se faz anciã, pobre. Possui identidade e nunca será a que já foi. Nem a que está sendo. Discernível.

Choraremos diante dela? Tua solidão se modula de céu em céu. Como um violoncelo. Só a infância te conhece. Só a infância tem eternidade. A infância da infância da eternidade.

PARA SEMPRE

Agora as histórias adoecem sem o avio dos médicos e a fábula entontece com sua febre de brisas ou malária. E os viventes têm nova parição. Mais rápido o espírito na luz, dama: velando, deita-se com o futuro, confiada. Nenhuma ferramenta se afiava com as lágrimas. E sim, na ponta de alguma travessia.

A infância era a cadência das primeiras gotas na razão. E vai filtrando datas, larvas, sezões. Pensamentos instigados e ávidos se revezando.

Nova versão dos sonhos que a terra cobiçou, sob a tampa do sono de bilênios. E os que foram calados, inocentes, cheios de navios, desenhos, gente, nesta infância regressam.

Em vez de terem nomes de pais, mães. **Para sempre** – se chamam.

MARMELOS BORBULHANDO

A infância começou a se agrandar como uma pedra. E nós que a compreendíamos, percebemos que era humana.

Falava um dialeto de fonemas e esdrúxulas vogais. Esbarrava num poder que a língua autenticava.

Mais intransigente do que as armas . E os tachos de marmelos borbulhando.

GRAVURAS E TINAS

Urdiam-se palavras, todas adolescentes e impúberes.

Os habitantes dos vinhedos iam voltando à linguagem da primeira dentição, por não atingirem a do siso. Como as carretas lentas, lentas, atravessando as sílabas.

Mas os grilos e pombos ensinavam o sotaque metálico das roças. Com as gravuras e as tinas.

CORDAS

Aqui, as almas são cordas no arco distendido da matéria.

INSCRIÇÃO DE EINSTEIN

Deus não joga dados. E essa inscrição de Einsten era reproduzida nas muradas de uma ponte de pedras-rolas, trêmulas.
Nada supunha o cogitar da mente, que era, talvez retrocedendo, uma etérea energia levitante.
E sabia que Deus estava distraído numa infância que destecendo, tece. E era Ele mesmo — sempiterno e descontando os termos, multiaberto e quieto, como um rosto que se ama.
Deus não joga dados, joga os seus contornos. E a palavra confere a solitude.
Todas as noções atingem amplidões de tempo, espaço, claridade e se enxugam no húmus das idades. As orelhas do céu se movem, escutando o ruído da gangorra, o medo.
Os **eus** ululam e se anulam como polpas de escuros.

TORPOR DA GRAVIDADE

O amor não se desliga da matéria. Até ser de outra quota rarefeita, incólume.
Deus não é solto. É o extremo da inocência. O extremo de minhas mãos nas suas.
Como o amor pode queimar sem chama e ascender com as montanhas? Não cabe mais sofrer o peso e o torpor da gravidade, como se taful, volátil, de nós se dispersasse.

A matéria se adorna de matéria: violoncelo no estojo.

Mas a luz desagrega.

DEVAGAR

Não teremos de carregar os mitos, se é um manancial o espírito na água. Ou chave de lua em sua aérea porta: devagar.

E devagar, os moradores os gravam sobre as vértebras, como renas vermelhas na caverna. E devagar o dia se encostava noutro e se encostava noutro – imenso, imenso. E não deixava nunca de ser alvadio e quente. Como um pão assado, subtraído temporão do forno.

O JUÍZO DA INFÂNCIA

Deus rompe a vara das amêndoas e da brisa, rompe os cordéis e os guizos.

Mas o juízo na infância é a eternidade que se apruma nas crinas dos relâmpagos.

Tudo na água decompõe a água.

2

E se dão melhor as coisas quando se avizinham. É cordata a noite. Como a barrica de madeira gasta com jorros pelo furo constelado. A energia se liberta com os besouros.

CARREGADO DE MORTOS

Viajava carregado de mortos pela alma. Mergulhava de canoa e correnteza na floresta.

O que nos faz brotar, é o que nos mata?

CHORAVA

Chorava de infância, chorava de esquecimentos rápidos. Com o umbigo em flor dos álamos.

Chorava de cor. Como as lagartixas pelas fendas e números.

Mas chorava de gozo, alacridade, tântalos surtos, cavalos comendo as uvas. E como a primavera, chama do fundo das entranhas. Chama de Deus.

TEAR DAS MARÉS

Mesmo que seja um tojo casado com andorinha, não consegue mais fugir da infância. Como de uma teia com linhas de sono. E o tear das marés.

DESCER

Descer, ao secreto das espigas, ao secreto arado das sementes, ao gemido secreto dos rochedos.

Descer até o segredo múrmure do mar. E não ter outra unidade, senão a de uma alma mais secreta ainda. Como um ramo de infância entre as mãos. Sem nada ter de náufrago.

2

Implume, deitas o navio na alma.

3

Bezerra infância berra junto aos braços, com que arredondas o estábulo da lua.

ECOLOGIA

A derradeira infância preserva a ecologia dos velhos sonhos. E não são separados, como algumas sociedades exilam os antigos.
Possuem clãs e cada sonho povoa a tribo de sua família. Tem a natureza tintilante e casta. Sem os sintomas arbitrários da morte.

ZOOLOGIA DO SONHO

Há outros sonhos zoológicos. Filiam-se a escalas que nem sempre se fundem com as dos animais conhecidos. No imaginar fibroso da luz.
Mas os pesadelos têm os seus próprios espécimes. Pesados e esparsos.
Alguns se assemelham às harpias, outros à fênix com o fio em ponta dos seis olhos. Alguns a centauros: os cavalos mortos neles os fariam volver à forma humana. Ou hipogrifos. Virgílio, talvez em funesto pesadelo, os acasalou com cavalos, apesar de haver quem os acasale às nuvens. Outros animais se parecem com os nossos sonhos futuros.

O CEDRO DAS ESPUMAS

Confiava que aquela pátria não lhe dobraria os sensos. Mas lhe entrava na boca. Com a língua de seus esconderijos e a saliva sedosa da erva.

O que aparentava ser a escuridão, era a linguagem dos botos sobre a pedra rugosa.

Mas os rios que correm aquém da infância, nada têm com os outros. Sob um eixo maior se movem. Como planetas em órbitas junto à foz do sol.

As ondas, de grandes olhos, brincam de ser rio. E eram róseos os cedros das espumas.

SOPRO ADORMECIDO

Como há céus que nem os anjos chegam, assim não distinguia entre as funduras, o fogo.

Ou que serventia tem a luz para os que não a vêem ou dissimulam a ancestral esperança? E o trovão inventa-se no vácuo. E o repouso é sopro adormecido.

MANUAL DO SILÊNCIO

Números rorejam nas paredes um cosmos desarmado. E há o manual do silêncio, lá fora, nos penhascos. E o pêndulo da lua é a batida de seu pulso insone.

Pode o amor desamparar o paraíso?

2

Anêmona é o universo e os filamentos sobrevoam a carga de viver. E tens o desconhecido de vestires a infância derradeira, mais do que uma capa, ou calça. É a ti que vestes. Com uma substância mais secreta que as estrelas. Como se suas rodas te movessem. E toda a tua infância fosse uma roda girando em outra e outra.

Não escutarás a dor, como se tapasses – Ulisses – de cera, as ouças onças. Nada te divide, porque sabes a idade das tuas sombras. E basta ir, vestir tua vida a um grau que nem os sonhos vêem. Como um amor que enlouqueceu.

É na pedra que dormes? Ela é grande e suave. E revolvida foi para a ressurreição.

DE NADA SERVEM

De nada servem os cães da morte e as ovelhas da agonia. De nada servem os latidos do grão e o balir dos cereais sobre a colina. De nada serve o ganir da fé sem a cria – esperança num estábulo.

De nada serve o bulir de um véu com os olhos lerdos. De nada serve a morte. Nem para si mesma.

PRECURSOR

    Um mudo. A partir do rio amarrado pelas ventas. Ia precursor.

    Sabia distinguir o fuso das plantas com o da luz. E te acompanhava no território de ninguém, onde o silêncio sideral se acercava. Como se a manhã verde voltas desse ao mundo.

    Seu nome – Roão. E mudo era, por não querer digerir palavras-romãs. Na mais atenta mudez: dizia luz.

2

    Os mitos foram terminando terminando. Olhar não finda. É uma casca de mar.

    E Roão, mudo de nascença e não no espírito, sobre o rochedo vertia sua caligrafia zunindo. Desfraldava.

    Olhar não terminava de ir germinando. E a azenha de cana ia moendo longes, moía a luz.

    Olhar não terminava de ir costurando com agulha de infância, costurando a roupa da impiedosa adolescência. Costurando e atualizando os bens de raiz e memória.

    Embora a esperança não prescreva, ninguém agarra muito tempo a luz.

CANDEIA MIRACULOSA

    Contemplas a infância. E falas manso, muito manso, para não despertá-la. Outras vezes, ela se acorda em ti com a tempestade. E os músculos endurecidos de uma junta de cavalos amarelos que se dobram. Outras, como um borrego de peito. Embalas a ti mesmo? Candeia miraculosa de Deus.

HAC

    Hac está vindo. Advertiu o Vento Oeste. E tocou na tua testa com dedos de chama. A videira se alteou e os malhos cedros tremeram.

    Como um vidro, a névoa se fechava. Tocou-te na testa novamente e crepitou sua voz. Era um trovão, de cabelos flamantes e crescidos. Falou:

— O tempo é arado enferrujado e não te serve mais. O tempo, uma aldeia sem ninguém. Viver não prende ao tempo. E ser ditoso é evadir-se dele.

Depois se alçou, tonante. Em torno, a névoa se rompeu. Rasgou-se o céu: clarim por entre véus e rolos de ruídos.

Tossias, tossias margaridas. Sem descansar a mochila de milagres.

TOCHAS INSACIÁVEIS

A morte nada mais pode fazer senão morrer. Morrer sem partes submissas, com a doença incurável de sua longevidade. Perecendo em si mesma. Sem alcançar a criança ou mesmo retornar à mocidade. Como se alimentasse, desnutrindo-se, as tochas insaciáveis.

A morte não sabe mais do que morrer.

ATRAVÉS DE UM PAÍS

Viajou para aquém da infância. Como através de um país. Com o coração carregado de mortos. Sob as velas derramadas pela popa, o ar e as latitudes, passará. Ossos e mastros zonzos se agarrando à duração. E passará. Com o acaso inerte, refratário.

Tudo é continuação de outra continuação mais inefável: Deus.

PANEGÍRICO

Era como se entrasse num pessegueiro e desse brotos e fosse o pessegueiro a sua casa. A infância toda. E era uma república com suas prosódias de sabiás, comícios entre frutas. E o morder de flamas aturdidas.

2

Quando garatujavas os indícios dos pássaros, os escuros te liam. Com a autobiografia das vertentes, madrugadas.

A inocência é o saber das árvores.

3

Não, não podias ser riacho, mas o seu fundo calado. Porque a luz tem olhos baldos e nenhuma cãibra pelas costas.

4

Infância: sótão cheio de jarros e passarinhos.

5

Tudo é continuação, o manuseio do equilíbrio. E a felicidade é uma montanha tola junto a um surdo moinho.
O paraíso: não estar sozinho com os sentidos.

IDIOTA

Agora, o som é anterior à noite e algo parece nos pertencer com o dialeto de coisas sem o pó das agonias e parições. Nada retinha o esquecimento. O espelho rachou ao meio e a história era uma idiota repetindo o tempo

AUTORIDADE

A morte nada mais pode senão morrer. E desmontar o bote, ir desmontando as garras ou a coragem. Porque a infância sabe tudo sobre a morte e a decifrou. E ela não terá mais autoridade. Nem quererá de morte se chamar, por desaparecer, envergonhada. E vai-se desarmando a cada toque. E pára de ferir com bala, faca. Até se desfazer.

INVULNERÁVEL

Invulnerável é a infância, onde se depositam as mangueiras e rastros. Invulnerável a menina sentada na soleira de avelãs. E o ar curtido, pele de carneiro. Invulnerável o círculo de um favo de fumaças que o copo entorna. E a palma da mão é a luz. E a barbatana de clarões se anima na corrente da alma. Um lagarto verde mastiga a noite.

Como desligar a infância de si mesma?

CANÁRIO

Seres de olhos antigos, mantinham-se na luz. E engaiolavam o céu que cantava. Semelhante a um canário branco branco.

LADRAM

A luz é uma trombeta. Garotos pegam a infância pelas plumas. E outros a encerram, raposa no alçapão. Aos eitos.

Porém, a infância é dócil, domesticável, se a seguramos nos joelhos. Igual a um pequinês aflito.

Ladram átomos, ladram nos neblinos pêlos.

ROTAÇÃO

O tempo esvaece mais depressa no centro, que nas bordas. Avança depressa junto ao peito e é moroso nas violetas do vaso.

O tempo envelhece mais na rotação, do que parado. O tempo despreende o tempo mais depressa do que a nós.

Mais do que a seta, o alvo vai depressa. E assim se desloca esta locomotiva de açucenas e amoras.

RELATIVIDADE

O aquém da infância não gira a sua máquina. Não gira o disco apodrecendo os círculos. Não gira o relógio de pétalas. Nem o cata-vento das mariposas.

E só uma relatividade, a do rio que se desembaraça de suas águas usadas e trombas, para não cessar de fluir.

Só uma relatividade, a do arco-íris. E não era o arco ferrujoso de um navio. Caído junto ao bêbado mar.

Era o arco de todos os cílios e olhos apertados na irrefutável criação. Os olhos que não paravam de crescer. Em cada fase ou asa da infância.

E o bojudo arco-íris permutava a aba com os clarões. Como uma tartaruga fosfórea se arrastando.

E à pálpebra das chuvas conjugava-se a do camponio poente. Tocava a sineta do boi, tocando as nuvens e tocando as estrelas.

MECHAS GRISALHAS

A eternidade tinha as mesmas mechas de cabelos grisalhos. Os rostos estavam aquém. Nem sequer atingidos pelo bando de estorninhos flamejantes.

E não agia como um leopardo. Nem igual a outro bicho ou peixe. Coberta de infâncias, continuava eternidade. E os carvalhos, como almas em troncos de palafréns ajaezados, reluziam.

SENTIDOS-AVES

Viajava ausente das coisas alarmadas. Nem jogador ou prisioneiro. Indiferente ao Tártaro, à fortuna e ao olfato das infecundas alas e jardins. Estava imemorial. E era cidade repleta de invasões: heras, sentidos-aves, orvalhos-bois que pascem. E nunca se acabava de banhar-se o fogo escondido, soando como um pé de homem contra a névoa.

PANCADAS DE CIO

Um dedo de betume escorre sobre os vivos. Sumária é a unidade das almas quando os corpos, entre sorvos, vibram as narinas. Despertos, não vemos a vida, mas os sonhos. E eles que nos vêem, deitam sovados, como as pancadas de cio dos animais bravios em nós.

POTÁVEL INFÂNCIA

A perfeição se ordena pela altura, onde a morte secou. O tempo é uma harmonia que a fome de viver já não suporta. Com a morte do ar, água sublevada.

Porém, nem ar ou água se conjugam, sem que amor suba ou esmoreça na cisterna. E se entregava à potável infância, à vernal palavra que se abria.

RONCO DA CLARIDADE

De anterior idade, vais ao caule. Sob o raio foges. E do que se move, descansas.

Nem te procura o que fareja o acaso? Ouvidos e olhos, testemunhas falseadas. Com o ronco da claridade.

MUNDO FINDO

Mais que sabedoria, é ir caindo ileso. Ir caindo pela infância a dentro. Até o peso de um corpo. Cair subindo. Ressuscitando, indo ao termo, ao cerro da escalada pelo céu.

VIGÍLIA

Resmungavas lumes, cardos, flores, sementes, léguas. Resmungavas o dia cuspindo seus trovões.

Do que emerge da terra, a luz escuta. E o que à terra volta, nos sucede, sem deixar de rodar com as gerações. Espírito é infância. Ou vigília.

MÁSCARA OU BOTÂNICA

Serás um outro. Não há máscara ou botânica no fogo. A infância se despoja e o sofrimento se atém a Deus.

O tempo, recurso sucessivo de nunca fatigar-se, reparando. Espírito, sucessiva infância. E a matéria, um grito retirado aos mortos.

INSTÂNCIA DE VOAR

Anêmona é o universo. Inflado: câmara ou balão. Aumenta a instância de voar.

Porém, te comprometes. Não cessas de nascer. De um a outro, em hélices. Nascer entre embriões, altitudes, capuzes, gumes. Nascer de tanto se enfurnar na morte. Se enfurnar até o lombo e o rabo do trovão. Se enfurnar no esquecimento até o cabo, o punhal.

Enfiar a infância no esquecimento. Depois nascer. Atormentar a luz.

O que não compreendes, os sonhos entenderão. E não podes banhar-te duas vezes na mesma infância.

FOGO ATIÇADO

A derradeira infância nunca será a mesma. Por mais que a prolongues. Nunca será o mesmo fogo atiçado entre o Cruzeiro do Sul e As-Três-Marias. Nem será o grito saído, igual ao que ficou preso no sangue. Nem podes correr duas vezes com o mesmo relâmpago. Ou sonhar, só é possível no abismo.

FORMIGA

És uma formiga e carregas a infância maior do que o teu peso. Entras pela infância, como num carreiro. Com a formiga maior do que o teu peso.

Moras a infância como dentro de um vagão desocupado. Sem o aluguel das avencas e funchos. E o solo de violetas.

Mas a formiga leva o peso do rocio. Aterrador. E a infância é folha no ramo da formiga.

Dormes com ela, para não afugentar a noite. E o trevo gatuno dos morangos. Dormes a infância, permitindo à formiga carregar sua folha.

Formiga tarda, perseverante: eternidade.

CÂNTAROS

Não te consolas com a sintaxe dos cântaros. Quebras no tam-tam das chuvas, a boca de suas brevidades. E o gargalo da alma.

2

A morte não pára de ir morrendo. Até a infância desmorrer. Até ser uma cantina, a lua funda. E a lua, parreira com todas as tuas vozes. Quanto o amor pode descer a luz.

LITORAIS DE UM REINO

Viajas pelos litorais de um reino, onde os rios voltam à nascente e as montanhas invertem o sopé para o cume.

A memória se descalça e tropeça como um cego. E é anterior às goteiras na água-furtada: o tempo. Anterior aos arrulhos-sentidos do verbo voejante no bosque.

A infância te viaja onde não há corpo. E viaja o sulco da relha. Viaja viaja este país fiando a vaga de um barco na fala. Como se inscrevesse todas as infâncias numa só e ferida eternidade. Sem inscrever nenhuma.

ASMA AUTODIDATA

Sua avó tinha uma asma autodidata e não arrematava perguntas. Gostava de admoestá-las e eram cigarras.

E autodidatas também as madrugadas, a máquina de costura e as casas cerzidas nos seculares casacos da lua.

Porém, seu avô tramava os baralhos de cartas com os amigos e ia ao mercado, à pesca, ao porto. Autodidata da infância.

E as solteiras horas se descuidavam nele. Daí a progênie das viagens ao redor da meninice, ao redor da eternidade.

Autodidata de Deus.

DOM DAS LÍNGUAS

A infância tem o dom das línguas. E tu, o dom de retirar da morte o seu ferrão, torná-la inadequada, inadimplente, tomada de burrice cautelar. Sem a serventia de morrer ou matar. Expulsa do emprego e da burocracia.

Mudará de vida, costumes. Nascerá de novo para outra utilidade pública.

RIO CEGO

Adiante errava um rio cego e a dor não é ensinável. No entanto, referia-se à felicidade intransigente.

Não entendias. Nem era cega a infância, nem errante.

O rio insistia que a felicidade era a mais nômade. Ver demasiado desequilibrava os olhos. E viver é ir para a palavra mais completa.

Os argumentos são alçapões aos pássaros. Depois, num imaginar dentro do sonho que também se imaginava, o rio passou, radioso, a ver. Como se o povoassem muitos olhos.

Foi a infância que o recuperou?

VISÃO EXCESSIVA

A visão excessiva só desequilibra os corpos, não as almas. E esses, sem as hostes peremptórias dos ossos, eram levitantes, móveis. E incrível: os sólidos na alma não pesavam.

Jamais se deixavam capturar com os ursos e os cações dorminhocos. Ou eram incapturáveis. Como os seres da brisa e dos relâmpagos.

NÃO SE CORROMPE

Não se corrompe o mistério com as mãos. Nem se exaure com sonhos, o universo. E é preciso ter a santidade dalguns loucos que independem de ir raciocinando, raciocinando.

O invisível não aprende a raciocinar com os sábios. Nem lhe importa isso: vincula-se à vida. E à vertigem acesa na tomada.

QUADRANTES CAVALOS

Escutaste a água álama que, verdeante, disse: — Eu te dou minha forma! E pela água os sonhos não terminam.

E olhas para sempre, reparas os rédeos sonhos deslizando em quadrantes cavalos. E como eles agem em círculos solícitos. Até as ervas e os juncos cobrirem tuas palavras. E todos os sonhos regressarem nos carros de água.

E te livraste dos sonhos, ao libertá-los. Ao se prolongarem, não guardarão afinidades, semelhanças.

Nem sequer te alcançarão.

TETAS DA ALVA

Não há hierarquia entre os leões que se lambem os pêlos, lambem as sombras famintas.
Mas a infância é a hierarquia dos tufões e a invertebrada, azul harpa vibrando.
Nos desenvolvemos nas tetas da alva como os filhotes de nuvens-bentevis. Assim Deus não principia, Deus se alarga.

CARTA DOS POMBOS

Pensar não é recuar ou reduzir. Pensar é ver, quando o perto se afasta.
Não esperas a morte, pois se foi separando da alma. Nem se legaliza a vida. A tua nacionalidade é a carta dos pombos. E através de ti, escrevo uma história de língua esticada na luz guloseima.
E os pósteros descobrirão quem fomos.

INDEFESO

És indefeso diante de tão eficaz claridade. Indefeso, como diante de uma via-láctea materna. E toda a matéria se combina para um espaço inconquistado. E por amares absurdamente a claridade, não temes, nem temerás as viseiras da escuridão.

NA GARRAFA

O crescimento aquém da infância é para os fundos, como os peixes. Semelhante a um navio na garrafa, navega entre os vazios e as cavidades do descobrimento. Viver não se repara.

TAMBOR DAS MINAS

"Carlos" me chama o vento, me chamará até levar-me. E não posso fitar os mortos com os teus olhos.

Nem a relva é a barba de teu avô convexo, amparado ao tambor das minas.

A morte se enamorou de tua eternidade. Mas a infância não tem, não tem eternidade que baste.

A MEMÓRIA SE AQUECIA

A infância não interrompe nada e só a morte da memória nos suspende. A infância não interrompe a tua maneira de subir as escadas. E a cabeça impetuosa que se adianta das pernas. E uma memória sucessiva se acomoda com os barris da escuridão, fermentando como o vinho. A infância não interrompe a humana fronteira. E a fome desistiu de molestar a cabeceira das coisas.

Há uma infância sucessiva com muitas infâncias se entrecorrendo. E todas permeadas com as gavetas da noite.

E é sucessiva porque não se fina, nem se deita, saciada.

E cada um tem a infância que o sonhou ou irá sonhando, na medida em que o menino não se rebela ou envelhece.

E era a memória em que tua mãe foi insuflando a fala. E com o leite a nutriu, entre tatos e tetos confiados.

E água, pão, sol, peixe – te soleavam, soletrantes. E a memória se aquecia com a chaleira ao fogão. E os bifes chiavam na chapa, coravam entre fumaças suculentas.

A memória com os carrinhos-de-lomba desembestando as tardes e socando no seu pilão de giros e arruelas, o milho da alegria.

A memória tinha a fé de ouvir dizer, ia perdendo o pé na onda e recobrava. Com a autoridade teologal das vozes.

Lembras Elisabeth, a guerrilha azul naquela rua e a bicicleta de horas?

Não há memória em ti que não se alvoroce ou perambule ou arrombe as portas das vogais marulhas. Ou confabule o mundo com os apontamentos ávidos de Deus.

E aquém da infância, o esquecimento é uma garrucha que não mais detona.

PRONÚNCIA VESPERAL

Colocavas caracóis nas palavras, para afirmares – **ando, desamparo**. E se grudavam à tua pronúncia vesperal – **âncora, desatino**.

Como um violão na língua: **almocreve**. Depois a tua alma tinha sons de azinheiras porejando.

A luz é resina que molha tuas garotas sílabas. Como apodrecer, onde é luz a língua?

2

A infância vai enrijecendo a luz, até que seja uma couraça dos mais coados méis. E abelha-mestra.

3

Onde estava a tua infância naquela casa? E onde aquela casa na infância – enorme enorme? E os jarros com cravos na sacada? As escadarias circulares e prenhes de idosas formigas?

E a tua mãe era a casa. E como podia ter partido, se continuas atravessando-a numa região sem datas? Atravessando atravessando como uma sombra atravessa outra e o universo não aguarda as nossas penúrias.

Teus irmãos Sadi, Rosa, Mira, Paulo, Graça não te acorrem? E continuam a casa e continuam ascendendo aos litúrgicos quartos. E chegas no outro lado de todas as paredes, conceitos. Sem nada por passar. De sobreaviso.

LITEIRA

Todos estarão em ti como numa liteira de símbolos? Todos juntos na casa dos pais dormindo? A infância é um dom convulso, miraculado.

E continuas atravessando o éden. Continuas atravessando Deus. E como se fosses acordando. E fosses acordando o céu.

TAMBO DE CHUVAS

Certas partes do ar não cessam nunca de envelhecer. E o mundo é o envelhecimento dos ossos. Certos sonhos não cessam de cair entre os jornais e as pálpebras. Certos epitáfios enverdecem mais que os musgos e os ciprestes. Certos olores não acabam mais. E a dor de ter sido um ramo de veredas onde seguíamos para a escola. Com o rumor do paraíso.

Consola-se a alegria no seu tambo de chuvas. Mas um homem é luz que não se acaba. É uma luz que a infância afaga entre os odores.

Nada se recobra da esperança, a não ser o que se gasta.

ESTAVA SÓ NA MORTE

A tua avó estava só na morte e tricotava. Continuava cozinhando e tricotando. E a asma era inútil como a garra de um leopardo murado na sala.

A morte não conseguia matá-la. Como a pele de um tigre de Bengala atapetando o átrio. E o quarto imenso, os olhos de minha avó imensos e não havia distinção entre eles e o sonho.

E tua avó puxou pela perna a morte de Vera, sua neta asmática e moça. E outras mortes se estabeleceram mais moças ainda. Comissárias a bordo de aeronaves sobrepostas.

Pode a tua avó volver à infância? E a infância é mais torrencial que a morte. E essa, ao reavivar formas e forças, cai enferma, molestada, decadente. Vencida.

E a memória: teu candelabro de sonos. Candelabro do sol votivo. Candelabro de um rio empurrando o tempo. Candelabros de todas as anteriores infâncias. Até a final, rebentando o túnel com uma gota de água a eternidade. Rebentando.

NÃO ADIAS

Não adias os ébrios ossos da imagem, as águas dos ossos surdas e os ossos frouxos da lua. Ou a ligadura das almas.

É a viagem que te isenta de pagar imposto à vida.

MERGULHAS

Aquém da infância, mergulhas. Escafandro. De inteira alma. De inteira alma sem folhas. E não há volta de sonhos. Não há volta deste poço em outro e outro. Sem água.

Nas cinzas, o fogo sabe onde o amor desequilibra. E tua infância é uma árvore plantada no paraíso. E podes, podes atravessar todas as perguntas. Com uma só eternidade.

FLORES E FILHOS

A infância vai-se inventando entre a casa e a luz. Mas não terá se inventado, há milênios?

O céu se divide como uma laranja na mão. Um campo de pêras macias, com a antimatéria empilhada entre canos e velhos tonéis.

E após arrear o teu zaino no estábulo, em círculos e anéis de estrume, resolves varrer o universo com as tranças dos cometas. Que depois são cântaros derramando suas chamas de leite. E não estremeces sequer o polegar de tua madura órbita.

Depois os cometas, células se reproduzem e se esparzem. E nascem bezerros de céu desmamado. Mas permaneces impassível na infância. Como a rota dos planetas.

E as palavras seguem parindo flores e filhos.

CÚMPLICES

Embora tenhas partido, fica este orvalho de irmos juntos. Com a água doce na mão e a outra no repuxo da alma. E ninguém dorme em nós, entre os sentidos que se erguem, golfinhos.

Viajaste e as fendas negras da encosta não te magoam mais. Nem o declínio nasalado das cabeças ou as figueiras em pétalas.

Trotam com os burros de cereais as evidências tácitas da infância. E a tua verdade é um falcão sobre a fileira em marcha dos tamarindos. Revoando.

Mas não dormirás com o golpe de latidos nos portões. O golpe de martelo ajoujando os bois na canga. O golpe de cavalo. O golpe sobre as tábuas desta barca.

O golpe seco, fundo. Com o cabo das estrelas.

HAIKAIS

A noite é um peixe
e o mar, um outro
eternamente.

——————— ———————

A pedra morre
com tudo o
que leva.

——————— ———————

Caiu o céu,
a chuva e eu:
dentro de mim.

——————— ———————

o náufrago
engole
o mar.

——————— ———————

Quem ama, lê
nas letras águas
as mesmas almas.

——————— ———————

Favos e tranças:
pego em palavras
da minha infância.

——————— ———————

O rio soltou
as velas
do morto.

——————— ———————

Clareira
na faca,
memória.

———————   ———————

Cerzindo
a luz agulha
me fiz.

———————   ———————

Sabe o amor, não sabe.
Toma a cor, a corda.
Puxa amor, a morte.

———————   ———————

Os fugazes brotos
e os grilos e peras
na trompa do vento.

———————   ———————

Os patos se expandem
e é como se um véu
de avelãs voasse.

———————   ———————

Nuvens de guitarras
no rio das gaivotas
vagam proas (c)almas.

———————   ———————

O sol não soa
mais que o punhal:
o fio, a sombra.

———————   ———————

Entre os juncos,
ponho a lua
de pés juntos.

———————   ———————

Quem sob os
meus olhos
está vendo?

———————   ———————

O sol retine
ou é o relógio
de plumas e albas?

———————   ———————

A morte zonza
deitou vestida
e adormeceu.

———————   ———————

Não há mais cordas
entre as rolas-barcas
na viola funda.

———————   ———————

A enseada do sono
é maior que o gomo
das pálpebras-ondas.

———————————

A bota de amoras
canta formigas
e horas rubras.

———————————

Ígneo fio, o medo.
canteiros vogais
sobre a garganta.

———————————

A tesoura corta
parreiras da noite.
Ficam coisas soltas.

———————————

A coroa de árvores
tenta desfolhar-me
com os sons das aves.

———————————

Posso andar eu mesmo,
pelas pernas ébrias
de manhãs e reses?

———————————

Vasos de cigarras
sobre os gritos troncos
e os pombos-relâmpagos.

———————————

Chama ou flor
mais altas:
as auroras dormem.

———————————

Dentes e olhos, chapéu.
Raposa em flor é o céu.
Mirtos e mitos roem.

———————————

Embaracei a dor.
Braças de rios bemóis
tocam o tempo, boi.

———————————

Carros gemem com os faróis.
E os amantes pelo vão
corpos plantam nos lençóis.

———————————

Deslizam peixes, punhais.
Na correnteza ou agonia,
nadam os gritos finais.

———————————

Terei do amor, o porão.
Da água-furtada, o mar.
Gaivotas me levarão.

―――――――   ―――――――

Limo no remo, ambição.
Rodas viram, virarão
homens e barcos e grãos.

―――――――   ―――――――

As palavras são focinhos.
Cães atrás: palavras aves.
São palavras que nos fazem.

―――――――   ―――――――

O tabuleiro
com peças moças.
Quem move é a sombra.

―――――――   ―――――――

As pás da terra
jamais forcejam
manhãs na erva.

―――――――   ―――――――

Versos, destroços?
Com a mão só peço
o lume dos ossos.

―――――――   ―――――――

A porta range
na garra cega.
Pantera, a morte.

―――――――   ―――――――

Quem nos escolhe?
Ou somos vultos
que a água escorre.

―――――――   ―――――――

A terra sabe:
o som da flauta
faz o que toca.

―――――――   ―――――――

Amor, subimos
por entre os ramos
do dia findo.

―――――――   ―――――――

Soltos e corpos.
Amada, erramos
de um para o outro.

―――――――   ―――――――

Sonho: regresso.
Ou volto ao fundo
do que me perde.

―――――――   ―――――――

Quem tem o preço
de andar no vento
já está morrendo.

―――――――

Se descobrirmos
todo o sigilo,
onde é universo?

―――――――

Toma a luz
com a mão e a alma.
Vai crescendo.

―――――――

Pernalta noite
entre as demoras:
será a infância

―――――――

A lua rola
e seu sapato
tem duas solas.

―――――――

Com as rolas na foz
do outono, as folhas.
Murchamos nós.

―――――――

As vagas talho
com remos, sonos.
Veleiro é o homem.

―――――――

Deus está todo
onde o consolo
da luz nos farta.

―――――――

Formigas incham com a chuva.
E ao carreiro a vão levando,
por sob o cano das uvas.

―――――――

A vida persegue o vento
e o vento na vida capta
o fim das coisas exatas.

―――――――

A desrazão segue a águia,
segue a altura pela água.
Na sua imagem voada.

―――――――

Quando descaem as plumas,
jaz o albatroz no cimo.
E junto ao sol, faz seu ninho.

―――――――

Azul e tátil violino,
Santa Mônica das águas
toca gaivotas e ondas.

Pelo Pontal vai a vida
e o coração desliza
longo nas moitas da brisa.

Tudo o que sou, estranho.
E de morrer, me apuro.
E ao som do amor eu subo.

Os esporões dos barcos
golpeiam noturnos peixes
e eles pelo céu nadam.

E se te escuto pousada
sobre a escuridão, cigarra.
Mais cantas, quando te calas.

Pelo guidão de andorinhas,
ciclista na luz transito.
Por entre mortos, eu vivo.

Como um pardal, a lua
numa gaiola de espuma:
a alma no corpo é una.

Carrego o levante ao ombros.
E ele se deixa ir
como um cordeiro de fogo.

---

amor, amor – gritavas.
E eu não tinha palavras.
E nem elas te escutavam.

Viajo com os pintassilgos.
E sou, às vezes, o silvo
de um comboio na montanha.

A dor veio à minha cama.
Depois com ela dormi.
Éramos duas chamas.

Aos amigos, olhos claros.
Aos inimigos, limo.
Amei, criei flor no cimo.

O pônei branco, infância.
Nela montei: foi quando.
Podei os ombros nos tombos.
───────────────

Mais leve sou que as tulipas
ou que o riso de teu rosto:
quem me prenderá na vida?
───────────────

Poderás prender os frutos
com as estações do corpo?
Mais vivo estarei, se morto.
───────────────

Lerás poema e grãos.
Plantei-os na viração:
aves comem em tua mão.
───────────────

Sair sair sair.
Ir para a luz saindo.
Até a luz sair.
───────────────

Vi, ao subir a um cimo rochoso, a ilha em torno da
qual o mar infinito forma uma coroa.
HOMERO.

Ah, fala, salva-nos!
JAMES JOYCE.

Esta rocha é o Éden.
Naufrague aqui.
W. H. AUDEN.

Eu te conhecia só de ouvir,
mas agora os meus olhos te vêem.
JÓ.

Fala de espírito a espírito,
Ó Espírito!
ALLEN GINSBERG

De ponta a ponta é toda praia parma(palma), muito
chã e muito formosa; pelo sertão nos pareceu o mar
muito grande, porque a estender olhos, não podíamos
ver senão a terra e arvoredos, que nos parecia mui
longa terra.
PERO VAZ DE CAMINHA.

A IDADE DA AURORA

I. BRASÍLIO E COLUMBA.
A IDADE QUE DORME.

1.

Sabia que ia morrer. Retinha a escuridão adotiva. Brasílio alimentava aquela escuridão, que desde o nascimento o vincava. Saciava-lhe a gula, os caninos da febre, o instinto. Guitarra noturna, um túnel soando por dentro, entre os ossos.

2.

Nem o olhar ameno de Columba, sua mulher, abrandava-lhe a espera. Que se engendrava em outra e outra. Círculo de gaivotas e ondas. Por que os pensamentos se precipitam, gansos selvagens? A escuridão queimava Brasílio, sol umedecendo as entranhas. Pode a luz esgotar-se sob a luz?

3.

Brasílio encalhava as pálpebras na claridade. Ali, as manhãs eram as tardes e as tardes, as noites e depois as manhãs. Tinha uma foz a claridade. Círculo de gaivotas e ondas. Sem término. Menino, seu pai Jerúsio engarrafava poções e remédios e os enfiava em tubos de cana-caiana. Com parcimônia. E ficava a ver aquelas cores se (amalg)amarem, o mistério na espuma esverdeada. Espreitava, sôfrego. E os olhos de seu pai subiam e desciam, alheios aos óculos de lentes grossas, compenetradas. Agora não consultava mais a fuga. E o mistério, como o pano de uma calça, encolhera.

4.

Era uma ilha, rodeada de ilhas (ilhetas e ilhotas). Tinha a forma sinuosa e oblonga, era uma comprida mão. E quando nuvens tangiam a costa, um braço de pássaros arqueava o plúmeo mar. E os rios lhe falavam. A seguir, mergulhavam para dentro, os repuxos e os rostos.

5.

Cogitava no princípio daquela ilha. Igual ao princípio da linguagem entre o fogo e a água, a ciência da erosão e a ciência do tempo. A escuridão votiva lhe doía. E lhe vinha, desde as profundezas. Desde a raiz do tempo, desde o brotar das pedras. Movia-se sobre o caos, ao caule da eternidade. E o caos dormia, mulher coberta por um lençol indomável. O caos movia-se sob a luz. Caía entre duas grandes folhas. A escuridão batia, relógio pendular. E era o coração da ilha.

6.

Súbito o céu ficou redondo, tambor velho de couro curtido. E reboou nas ânforas da escuridão. E a luz fez o ruído, era o ruído, o tram-tram das tílias e chuvas. Depois as aves tiniam asas, sacudiam as penas da tarde. E no bombo dos ramos o sol rasgava a pele dos tambores de primevos ventos. Como se a corda esticada só fosse o céu do céu e a boca da silábica lua. E ela apenas estivesse numa garrafa, em névoa, entocada.

7.

Brasílio encantara-se com as palavras. E foi amor à primeira vista. Um viço se desvencilhava dos vocábulos. O pulo do sapo sob a chispa de vagalumes no escuro. E ao observar certas árvores ao pé da sombra ou como algumas pedras cresciam, quedava-se a ruminar palavras. Devagar. De trás para a frente. Querendo pegá-las pela mão e perseguindo imagem e sentido. Às vezes as pronunciava no vazio com *cc*, *rr*, *ll* e as deixava gotejar na sacada do peito. De lonjura a lonjura: timbre, fimbria, ordem peremptória ou temível. Outras vezes, distanciava som e significado e ouvia o confluente toque. Então Brasílio soprava em oco tronco e parecia saltar o amanhecer – ribombo do chão, soltando os térreos cavalos. Quando o sentido da palavra esposa o som na boca, as coisas eram nomeadas com honradez fidalga. Assim dizia **vaso, pétala, noite, promessa, lâmpada, rios, montanhas**. E ao dizer, se configuravam e cada coisa passava a ser o que designava. Chegou a dizer **Brasil, pátria** e enveredou a escuridão dentro de si. No pátio. Com canteiros dolentes, hortênsias. O nome da ilha se permeava com o seu próprio. Um plasma dentro de outro. Átomos desintegravam-se em núcleos de subterrânea fala. Pulsava a harpa de combinações insólitas. Mas a relva, no seu pronunciar labial, podia ser alisada, entretecida. E o rocio não era mais a palavra **rocio**, mas a umidade severa do silêncio.

8.

Que palavras formosas resgatava na incômoda inocência? Semelhavam-se a um trovão chilreante entre as oliveiras. O terror de um trovão, riscado fósforo contra os gravetos dos velhos termos. Ou desinventava, desenfiava, desconjuntava as peças. Num processo inverso. Mas permanecia o amor, o amor e a linguagem – para ele – a maneira de captar aquela morte. Informe de um absoluto. Absoluto que a ilha confirmava. Brasília via que todas as coisas eram novas, jovens e inescrutáveis.

9.

O chão da ilha era o mesmo da linguagem. Quando acordava, com os olhos de um animal, toda ela cintilava. Os olhos da ilha, potros galopando entre azuis. O sol azul e amarelo e úmido, laranja. Azul azul é o mundo sem fronteira. Onde a palavra pousa. Mais largo que o disparar azul de uma espingarda. E o tiro azul do mar. Brasílio estava atento à luz e caminhava, ia entre duas pedras rudes, elevadas, ferinas, em simetria. Tamanha era a claridão, que até o escuro nele recuava. Antigo, secular, nos recessos. Acuado. Crime ao nascer. E se depositava a sólida energia que o entontecia. Um torpor pesado, tépido: a perna do ar cambaleia. Sob a forquilha de um cinamomo, Brasílio colava a cabeça ao tronco e ao sono. Dentro de outro sono. O chão da ilha dormia, igual ao céu da boca de um boi doce, moroso.

10.

Brasil, Brasílio, ilha. Palavras frescas ou usadas, no tijolo cozidas, junto ao forno. Não há pão assemelhado ao do vale, orvalho. Tem o peso sésamo, o lano dorso da mão ao ombro. E a palma das marés na praia. De início, era o gozo das palavras. Mais tarde, o ajuste compulsivo, o utensílio da aurora. Mas existia **Brasil, Brasílio, ilha, aurora.** E continuarão a existir, imperturbavelmente. Na luz. Era um homem com a vida maior do que ele. E como o mar, queimava queimava nos escuros mortais da chama.

11.

Brasílio foi catando os olhos: um ninho sobre a copa feliz de um pessegueiro. Tentou alcançá-lo e o ninho brilhava e — trão! — um passarinho ali se alojou, titubeante. E viu uma pedra. Chamou-lhe atenção. Única. Chamuscada ao som trinante do sol. **Columba, Columba** — bradou e o eco ruflava a ilha. Quando Columba corria-lhe ao encontro.

12.

Podem um homem e uma mulher, juntos reequilibrar o dia. Consentir o amor, restaurar o universo. Brasílio, Columba eram da mesma polida sede. Amar é uma árvore dentro de outra. Pode-se distrair a vida? E se amavam, igual a folha na folha, a água na água, como um vaso de opulentas estrelas.

13.

Moravam um no outro. Casa viva era. Tinha nudez desprevenida. Paredes de tábuas brancas e alvas pedras. A varanda adormecia com a solar nudez de um corpo. Sobe o outeiro, a casa. Búzio branco. As janelas como tornozelos. A porta arco facho bússola. A porta estronda a onda branca da alma. Moravam na nudez perfeita. A um sinal se avizinhavam e detinham os limites brancos brancos. Por que a água é ofegante nos córregos absolutos das idades? Dormiam num vagar: a cama viva. Dormiam um ao lado de outro, um no sonho de outro. Mergulhavam a luz asna e a sapientíssima, que as mãos deságuam. Desde as beiradas. Não há nudez mais longa. E era a mesma casa.

14.

Não consegui perceber por que Brasílio escrevia cada dia, uma animosa letra no chão da ilha. Tentaria perpetuar algum rastro de linguagem, os traços alfabéticos da infância?

Cada letra era uma notícia do futuro? O chão da ilha seria um papiro interminado? Ou esta jumenta escuridão.

15.

Talvez Brasílio, vivendo, fosse anotando o perfil, os códigos, a ilustre algaravia de um país nesta ilha. E como não houvesse biblioteca, sobre um livro de limo rascunhava aquela ignara fábula. Se assim não registrasse, algo sucederia porque as letras marcam o porvir e o nascimento das esferas. E por não possuir enciclopédias, o texto escalava o seu desígnio. Cada letra era o tempo que faltava.

16.

A vontade do homem – pensava Brasílio – está sujeita aos pássaros e aos trovões. E à profundidade da noite. Para não referir algo mais denso, superior, miraculoso. Uma chuva podia desarticular os escoados planos. Alguma corrente destrambelhava o torvelinho púnico das águas. E a espuma é um clarão que morre. Não, não podia fazer com que a nuvem durasse. E o relâmpago deixasse de tocar a chicoteante cauda. Só podia viver, pelejar, amar infindavelmente e perecer. A criatura se agita na orla do criado. Existir é se mover entre os contornos. Podia ser esta ilha, podia ser o universo sem as avarias do medo. Mas havia a nuvem, havia uma montanha com o tamanho de um álgido punho na mesa das vegetações. O vento – para ele – era uma espécie de intensidade, onde a morte não estava. Nem a escuridão que o escolta, trépida. E a natureza tinha uma ordem exterior, uma depuração que regorgitava em Deus, irrefutável harmonia. Nenhuma linha sobrava na arquitetura das plantas ou dos animais. Tudo era emprestado. Por momentos, dias, anos. Sem os juros da avareza e da fadiga. O que nascia dádiva, persistia sendo a mais prodigiosa. E a sabedoria era o segredo guardado, o que perfumava o corpo da amada e a criação. Brasílio amava tanto, e tanto de montes e rios seu amor se engastava, e tanto de amor era o mais alvinitente, que fazia recuar a morte. O ir-e-vir da alva. Deus era a amizade. Com que o amor selava o amor.

17.

Na ilha, os peixes obedeciam, variados, a uma invisível rota. Como as gerações em cardumes para direções inesperadas. No zum de um relâmpago ou ao vento que não se dei-

xava agarrar. Nem a fronde dos sabidos pinheiros o capturava, vivo ou morto. Adernava com a cabeça para fora, o vento, ou se espreguiçava na torneira das boninas acesas.
E gostava muito de averiguar o andamento cor de prata dos peixes, como se alteavam ou seguiam, igual ao lombo submerso de um hipopótamo na água. A tartaruga surdamente se metia na carapaça, côncava, em si mesma. Zumbia perto um colibri, bebendo algumas gotas de orvalho. Rãs montam guarda no capinzal. Tremem os nomes das coisas. Cada flor, vespa, formiga, abelha, mosquito, verão, cigarra. O nome é o da boca do homem. Na coragem absconsa se irradia o sigilo da criação.
E era – para Brasílio – o seu país, o êxtase perigoso da inteligência, um levantar-se ao céu. Na aleluia da luz mais exata.

18.

Aquele amor arredava a morte. Desavisava a execução. Mas eram muitas perícias. Afiava as naturezas. Falava com elas, entre ensinar e aprender. Formulava o alvo, a coragem de astuciar a manhã, a tarde, a noite. Combinar as senhas, os eflúvios e copiar a felicidade do verde a enlaçar-se. Ou a nudez da mulher contra a pele do sol. Sem rumor. Ir no abraço até rebentar as braças de seiva, as braças de rios rolando. E o dorido, íntimo coração entre os dentes. Cântico. Pois o amor pressente.

19.

Brasílio podia conversar com o fogo que a(s)cendia na lenha de pequenos ramos. E a companhia de Columba tinha a mesma atração do fogo. Eram dois. Apenas um. E múltiplos. Que o povo é semente.

20.

Brasílio torneava, amaciava, jeitoso, na fogueira, um peixe recém-colhido. Comia em delícia pacífica. Columba junto. Mas conversar com o fogo, íntimo, mirar os seus olhos mordazes, videntes, era a distração quando a noite volvia em raminhos. E se apaziguava na veemência daqueles merencóreos malhos. Batendo batendo. O frêmito da brisa, que se entornava no invencido fogo: o que gerava as almas.

21.

Podia escutar o som de algumas estrelas, a do Cruzeiro do Sul, a Ursa. E era uma percussão inominada, constelações em música se afagam na boca de um mínimo bosque de carvalho. E sobre os anelados cabelos de Brasílio.

22.

O mundo fora assaltado de imobilidade. Como ferrugem na hélice do espaço, entrando pelas polias e eixos da máquina das coisas. A inércia penetrava no laranjal luzindo diante da casa. E não havia mais sol, só laranjas e coisas nomeadas. Tácitas. O ar petrificava o silêncio. Imóvel: Brasílio em Columba. Como uma pedra parada nos ermos do mar. A água na água, imóvel (ó amor!), a imagem ao fundo.

23.

Sabia que ia morrer. Mas aceitava ser a integridade do grão na terra numerosa, feminina. Ovo da alma. O escuro apertava, hostil. Apertava-lhe os rins. Não podia fluir antecipado. O gozo da vida vai resvalando a morte. Até os finais. Os ossos germinam na sua maturação. Com o pólen das margaridas.

24.

Brasil, tempo, América, pêssego: Brasílio ia gravando no solo da ilha e o solo turbilhonava. O tempo aparecia no desenho de um moinho. **América e Brasil** eram cerzidos, à faca, no flanco marcial de um pessegueiro. Por estar viva a esperança, dizia **amor** aos gritos.

25.

Columba o amava, suave. Suavemente os envolve a brisa. **Menino e menina s**e chamavam. Chamam as mãos, uma e outra. Os pés profundos. Os olhos que tomam cores. E as palavras de um reconhecem as de outro. Cheiram-se. Como um rastro em outro se amplia. Columba, às vezes, voava para dentro de Brasílio. Como uma borboleta.

26.

Desmanchava-se o tempo, seus ruídos. As vespas vergavam as maçãs e as peras. Como se as dormitassem. Os outros insetos esvoaçavam a polpa seminal da ilha. Com redemoinhos de silvos e visgos. Vozes que, lá , jaziam, alçavam-se no verdor relinchante. Era o borbulhar das estações. Umas, ditosas, outras, amargas. E ao curvar-se de cios e pios matutinos, audível se fazia, audível o desmanchar-se lento das maçãs no vento. E os escuros que cobriam (e entranhavam) os olhos repentinos de Brasílio e Columba se abrigavam, incólumes, sob o círculo das vagas que se fecham. Como um pacto, onde graças plácidas brilhavam. Era doce ver manar copiosamente a noite.

27.

Noite imemorial, aquela em que Brasílio começava a nascer. E outra, que iniciava, vinda com a chuva sobre a morte. Chuva desenterrada do céu, oitão de invernos sucessivos. Inscrição se lia na pedra:

Aqui não há lei.
Tudo é graça
e a vida é quietamente
selada.

Começava a morte a apodrecer.

28.

Brasílio, com as mãos na nuca, deitado, ia contando as listras de vozes no teto. E recordava os mortos. O tempo, caracol engatinhando na persiana, em silêncio. Tinha a inocência que não se danificava com a sombra, nem resistia à luz.

29.

Com a memória desapegando a memória, a ilha se despreendia. Casca de outra casca: insondável árvore! A memória se deslocava do sol e dos planetas. E era uma carreta empurrada lua abaixo. Sem os sonolentos bois.

30.

Tinha a morte camadas e camadas, gavetas de vertigem.

Ia-se morrendo de há muito. E via-se desabrochar sua
víbora. Mas tudo é graça. Pode cair a luz? O escuro
continuava, molusco sob o músculo do musgo. Também
a claridade ia continuar. Até explodir. Brasílio sonhava
a ilha. Explodir de sol. A ilha acordava ao chamar de Brasílio. Como um cavalo resfolegando. Porque a invocação
da graça atenua a morte. E dizia **Deus**. E soletrava os
nomes das flores. Como se fossem olhos. **Columba e Brasil** se misturavam. E inscrevia no solo todo o amor o amor.
Não se acabará. A intimidade com que Brasílio amava Columba. Era a mesma com que escrevia **Columba**. A mais
última dádiva. Mullher, mulher! Ou ilha. "Sou tua, toda,
no amor. Úmida, una". Não recuamos. Explodimos de vida
como o sol. A história concilia o amor? O mito é o avesso
das horas. O avesso da morte, memória. Ó proximidade da
luz, quando somos tão estrangeiros! Brasílio se incendiava
naquela pátria perdida. E segurava o amor nas mãos. Proclamava: secou a morte na morte. O tempo passou dormindo,
dormindo sobre um cavalo. Dormirá de vez o esquecimento?

II.   UM BRASIL SOBRE O CHÃO.
      A IDADE ACORDADA

1.

Brasílio, depois de nominar as coisas, estabelecê-las,
precisava adaptar sua sombra. A duplicidade estranha
do corpóreo. Levantava. Por onde a luz se confunde com
a ilha e esta com a árvore da chuva? Ir vivendo é ir soprando as coisas. Até que o ar seja um viveiro. Desde a
sombra. E falava ao castanheiro, falava ao carreiro de
formigas. Falava com a aurora. Mas a aurora não era útil
como a fornada de cozidos pães. Falava no pombal, no al
dos álamos. E era um instante de linguagem, mas o adunco
bico da fala comia as migalhas, os milhos, as fatias. O
contínuo falar da morte. Um segredo perde a explicação
e ir explicando é não saber mais. Faca de amolar o céu:
enfiada. Não há cabo nesta fala. Em polpa. Falava falava
a eternidade.

2.

Era inexplicável a linguagem dos pássaros. Ou a figuração
dos vôos – pensava – é o seu translado. O desvelamento

inebriante. Brasílio se quedava a olhá-los, ouvir suas
consoantes escuras e as nevoentas estrofes de canções
guturais. E se acotovelava sobre o vão da ilha. E girava
sobre si mesmo e girava em O, ziguezagueante. Nada
lhe escapava desta fala sedimentar, longínqua. Às vezes
uma aglutinação de sons, peraltas sílabas eram ininteligíveis. Não havia interferência no mistério? Mas as vogais de um pássaro e as de outro se entroncam num idioma
audaz, solteiro de metáforas. Os obscuros *vv, ff, uhs, uis* e
ás dos pássaros acostumavam, desacostumavam Brasílio.
E o seu olhar queria cindir os olhos e as pálpebras. Planar
seguindo as gaivotas. No aro das luas.

3.

Naquela manhã farfalhava o calcanhar das folhas. Havia
tantos prazos nos olhos, nos cavos da escuridão. Desafolhava um arbusto, javali acorrentado ao pé da escarpa.
Pé-ante-pé, o amor armava correntezas. E as coisas se
encheram de bafios, heras. Como a carena das velas,
a faia fala das areias. Brasílio e Columba exultavam. Porque o amor rugia os absolutos e a ventania se desfolhava.
Os absolutos mais puros na espuma.

4.

Pelos dias, a ilha adormecia de pés tordos, postos. O mundo não salta nem faz piar as corujas. Embora fulja a palavra.
Que vida ensinam as andorinhas? Brasílio deixava as orelhas, cabras à solta. Arara o céu voava. E o mato. E havia
um riacho posto a salvo. Junto ao milharal. A toda a brida,
o mar, diante dele e de Columba, desatrelava o azul.

5.

A exploração da ilha era estar vivo. Persistir vivendo. Que
a escuridão só se extingue nas graças da paz. Por tanto
amar, era plausível morrer? Pegava pelo focinho a luz.

6.

A maré subia, onde outra se desabrigava, a do pacto. E as
demarcações no homem. E só com a graça pode a luz ser
retomada, preenchida, lida na página de flor ou água. Mas
Brasílio, mesmo com os árduos escuros, os seus redemoi-

nhos, a ebulição, a cabeceira de escuma, propulsava uma paz trançada no dia. E os dias, às vezes, eram de uma montanha. Outros, de colmos pequeninos no peito da mangueira. Outros, tonitroantes. Zuniam a casa, bojudamente. Prenunciavam o sorrateiro mal. O zarolho trâmbio da agonia, a tempestade, ave pernalta. Tão alta e saltitante. A maré subia, o pacto subia, Brasílio e Columba (um à margem de outro) subiam. Porque é mais batalhável a onda, que a escarpa. Sobem, sobem os esconderijos da inocente alegria. Subir é depurar-se.

"Columba, teremos,
subindo,
um corpo incorruptível.
Até às nuvens."

7.

O chão da ilha estava marcado de mortos. Cada morto tinha o seu nome na rocha. Como na coronha de um revólver. Alguns nomes eram radiantes. Outros, pobres ou comedidos. Todos arrolados na ordem da morte. Se um passarinho tisnasse, ou o cogumelo alvoroçasse as vespas, nada mais infundia nada sobre os úmidos nomes. E morangos em palmadas de grama, entre uns e outros, incandesciam na cor cada vez mais balbuciante, poliglota. As tumbas estavam em sítios ignorados, sob terra parva, iletrada. E toda ela pesava de uvas, maçãs e oliveiras. Sua legitimidade não era a de guardar os mortos, mas de os ir transformando. Mãe que não é douta e matricula seus filhos na universidade da relva. Brasílio sabia que seu nome e o de Columba também seriam inscritos na mesma e imbatível rocha. E passavam, de mãos dadas pelo rol dos companheiros na paciente morte.

8.

Gerações se revezavam na ilha, desvezavam. Tinham propriedades, melancolias. E foram-se encachoeirando, uma em outra. Foram-se empuxando desde o peixe, a linha nervosa, o anzol e os caranguejos mínimos. E os clareares que se almam de água. As gerações iam de léguas surdas pelas léguas cheirando à chuva e por outras, buritis. E as suas casas mudam com as cas©as da aragem e estas, com as das vár – zeas. E era um rio
    um rio
        na alma. A vida não discorda, vai-se lenta-

mente acordando. E Brasílio sobre o mapa ameríndio do chão, achava alguma dócil América. Fósseis, um finado vulcão. E perseguia os vergéis, o túnel das gerações. Até que um **Brasil** sobre o chão despertasse.

9.

A ilha era Brasílio e era Columba e era o mundo em nascedouro. O que salta, está vindo. Vai saltando e nascendo. E nascer é sempre nascer outra vez. E mais outra, até o transe. O pacto só podia ser escrito na graça. Mas a dor é mortal? Carreava uma pedra. Uma pedra. Era pluma. Porque a graça não escurece. Não pode se entontecer a luz. O pacto murchava a escuridão. E ia caindo a pele da escuridão, ia descendo a pele da pele. A escuridão urrava. O universo se alteava na graça. Alça mirável, garças. E Brasílio começava a pôr fora a treva. Soprava a fumaça fora e repelia, trambolha. Até o que nela morria, ia saltando saltando. Saltava um **Brasil** dentro dele. Escrevia no solo a noite, que se desatava, colmeia. Ó estrelas maiores, não há trégua, onde pousar a cabeça? O universo foi lacrado na graça última do Vento. O universo é menor do que a luz alvoreja. Menor, menor do que a ilha.

10.

Agora o sol corcoveava. E Brasílio contava a história para Columba que contava para a árvore, que contava contava para as aves, que contavam para o mar, que contava contava contava para o céu todo na água. E de repente a história tinha a fala às avessas, a fala às abelhas. De geração em geração, a fala se somava à fábula e a história era um aluvião. A dor humana se igualava entre coisas e coisas. E a memória, esboço da ilha, espéculo, língua reescrita na infância. Ia-se fazendo restituível pela fala, o que a fábula acrescia. E anônimo era o herói das batalhas, o hálito da treva, o sal, as artimanhas do adverso, batidas. Porque sabia arfar com os alísios, navegar territórios para dentro, impelir o combate até à rajada raiante, o trape das cargas de fogo, o gatilho assestado em tíbios escuros, varada nos tiros, a morte entortando
                se foi
                desabando.
      Caiu. E o pacto rosnava, roncava, cachorro ferido. A glória é chorar com a aurora. Chorar, mas os fatos são secos. A história se molha de muitos oceanos. Ras-

treia na luz, o que é graça. Amansa os ódios com a mão .
Ó estrelas maiores, o amor é que aprende!

11.

A ilha era Columba, às vezes. Apetecia a Brasílio dedilhar-
lhe a pele morna, moça. E ouvir em solfejo, sossego, mexer-
se no ventre seu filho.

12.

Como uma cascavel, a ilha. Na hibernação, jejuna, desves-
tia a casca que marginava a outra, novinha, retinente. E
a recém-plantada se desdobrava pelos quilômetros de
árvores gurias. A velha, em arco, como a noz do arroz é
levada, ro(l)dante, pelo Vento-Ventão. Até engolir o mar,
o grito. E a jovenzinha, nupcial na epiderme da ilha, não
era boa nem má. Mas luzia. Em primeiro curso das mare-
sias.

13.

Brasílio apreciava o tardante mundo. A claridade, que
tem as fases da lua e as da manhã. Brasílio pintava
o verão nas sílabas. Silabava as entrelinhas, as cargas
de águas nuinhas. E a vida se azedava, era tão dor que
puxava a ilha pelas pernas. Ia ao pé da letra, onde o
espírito não media as viagens. Os bichos para ele fala-
vam, calando os olhos álamos. E o que era dito, não on-
deava a esmo. Era fala de violetas, economizando a lín-
gua.

14.

Porque amor não termina. Desampara o mar. Até a luz
pode madurar nos idos pássaros, o paraíso. E era assim
que Brasílio por amar, palpava o ar. Que circundava Co-
lumba. E ela é o mais puro.

15.

Choviam talhas de céu de água. A ponto de a palmeira,
nos redores da casa, inclinar tamanhos fôlegos para o
solo, que vomitava folhinhas, vomitava enjoados cachos
de olhos de ventanias. O que se dá no avario do mar. Bra-
sílio punha o corpo fagueiro na água. Que a infância sabia

de tudo. Quando e onde a infância, de dado e déu, se apruma. Tal uma tartaruga vai-se arrastando ao mundo.

16.

Aqui é mundo? Brasílio se agitava. Pode existir fronteiras ao que respira cada passar de um dia? Liberto é o que na alma varia. E as mudanças de mudar ficam sozinhas. Que o amanhecer tem pele e continua. E o mundo se arredondava nos entres de Columba. Os futuros dilatavam seus pés. Aos turnos, meses rinchavam. No mais terrível, era tão belo ir descendo os olhos com ela no leito. Com ela, dentre os bosques de tonto balbucio. Nos timos da areia ou ao tocar solenes, trêmulas ancas. Arcar o amor é ir arfando a ilha.
Até que o mundo arqueje, arrebente o trovão do grão.

17.

Os pensamentos de Brasílio, como as gaivotas, voavam em círculo. E às vezes eram tão voantes que não conseguia pará-los na vertigem. Levavam-no junto. Pousar a lucidez é ir pousando o espanto ao comprido. Espinhel tirado lá de dentro. Desenrolando a fé. Que documento viver lhes assinava, senão pegar a relva, o líquen, o limão maroto, o fisgar das trutas? E o cesto encabulado das amoras? A cintura em violoncelo cego de Columba arrulhando. Pode arrulhar de pensamento, o mundo?

18.

Pensar é ir morrendo até começar a ressuscitar. Depois gastar as palavras e esquecê-las no ar. Depois esquecer o que sonharam. Mas persistiram sonhando naquela ilha. Pois o sonho é a continuação da matéria. E a ilha era a memória acordada de Brasílio. Onde as palavras podiam casadas habitar. Cada palavra se tornava a memória de outra. E na ilha, quantas vezes, Columba, Brasílio viam palavras ocuparem a vaga dos pássaros, animais, insetos. E as palavras tomavam a ilha, ocupavam
        ocupavam
  ocupavam
o paiol do sol.

19.

Deus era a sua maior intimidade. E tal, que às vezes, dava-lhe ganas de bradar. Com Brasílio, Columba falava,

alava suas graças alfas, a formosura de ser o Senhorio dos absolutos. Bebiam a nuvem do ameado amor tão duro de profundidades. Não há regalia mais verde que essas grandezas. Gozo dotado de avissarreiros riachos, montanhas, céus tordilhos. Até avassalar, despencar, ser um fogo, gozo de oceanos. Pode, pode o que é homem resistir? Ou apenas se almar?

20.

Brasílio, Columba aprestavam a vinda de Futuro, com as rentes navegações. E foi a palavra tão forte, que o amor o amor explodiu pelo ventre abaixo de Columba. A umbra caindo. E era um menino com bochechas de uvas vermelhas. Que alegrias estralejavam, o sol abobado com a boca em poço? A água agora saciava o coração. Nascer, subindo à altura das nascentes. Sorver a luz. Depois prendê-la dentro.

III. A MOBIL(IDADE).
OS ABSOLUTOS DE FUTURO

1.

Sem comunicação ou conhecimento exterior, na ilhota atravessada de mar, como um joelho, derramava-se uma aldeia de estranhos ritos e profusões. Falavam certa língua bafejada de ritmos, marítima, desconhecida. Cada palavra nascia de sua ausência. Até que inventassem a faca ou a lança, precisavam descobrir a palavra, que a faca e a lança escondiam. Porque nada emerge das mãos sem o utensílio da língua. E foram os índios descobrindo esse convívio sussurrante da tribo, sob o sol imóvel.

2.

Na fábula, os índios brotaram de um vocábulo dito, quase marulhado. Mas no real, todos foram assoprados, e era o sol móvel, no amor que é a Palavra. E havia um ruído de maçãs se desmanchando, entre o real e a fábula.

3.

Futuro era um garoto que brincava na linha das marés. A voz loira, os fúlvidos cabelos. E Columba, Brasílio se distraíam na sua risada chuvosa. Em travessuras: subindo as ventas das árvores. Ou jogando de esconde-esconde no avental do milharal. Ou perseguindo o fulo pulo da tarde, rã. Foi visto assuntar com os cinamomos. E com as cigarras e as miúdas calmas. As (sol)entrantes libélulas. Corria, corria. A cumeeira da lua se faz centelha. Vagava com as velocidades meninas, até as outras velocidades se apertarem nas suas pernas. E eram
as pernas do mar.

4.

Um dia Brasílio riscou o chão da ilha, com um nome: **Futuro**. Derrubou eucaliptos que ficaram de pés juntos. E armou a jangada. E os eucaliptos mudos, de pés juntos, foram jogados ao mar. Com um mastro de panos que se puseram a inchar de vento a so(l)to vento. Brasílio timoneava os troncos de pés juntos, velejáveis. Sob o sol remando.

5.

Abicou a jangada de Brasílio na ilhota de índios. Viram-no, pasmados e o ficaram cercando, cercando. Com o sol branco, trancoso, troteante em cima. E o acompanharam ao chefe **Cavalo de Chuva**, que no centro imóvel da aldeia, em ovo, fincada tinha a sua oca. Brasílio olhava por todos os vãos dos olhos. A perplexidade do ignorado: os seres nus, tatuados, repletos de sinais, signos. E **Cavalo de Chuva**, circunspecto, vigiou algo que entre eles compartilhava. Depois de o medo franzir, sestroso. Era um sol de se desvendarem, reconhecerem homens lindeiros, vividores, com o saber de muitos verdes, cargas de água, jaboticabas, sobranceiras espumas. E se riram. Ao meio-céu dos rostos. Riram juntos. No miraculoso de se estarem descobrindo, vívidos. Mesmo sem a usança da língua. Nesta estranheza de onde manam os alfabetos.
O olhar no olhar escrito de gaivotas. E foi quando Brasílio fez com as mãos um círculo. Primeiro, no ar, em paz, ave. Depois riscou, no (sol)o da ilhota, um outro com o nome: **Futuro**.

6.

A tudo **Cavalo de Chuva** indagava com seu linguajar alveiro, soprado. Também Basílio. Indagar, calar, ouvir são as senhas do que vive. Os casulos. Com quantos olhos se faz um rio, quantas pálpebras, as asas da andorinha? Todo o desconhecido não dorme. Por que as criaturas se orlam de inatingíveis, se a língua é varanda? **Cavalo de Chuva** e Basílio se foram conciliando os aprumos, os eixos, seixos nas infantes correntes. E se entenderam no ar. Eram de aprender as linguagens(aragens) de um, de outro. Ensinando as cautelas, os cantos, o tintilar dos costumes. A inteligência é ir aviando os cabos e as imagens, as procedências do coração. Porque o viver não se encolhe do vivido. Convola-se de amor. A mais bruta inteligência. A tribo, por seu chefe, agora é quem riscava o círculo, alazões de luz. Círculos vastos vastos vastos. Espaços nas estrelas.

7.

Brasílio avaliava, na linguagem, os hábitos. Quando iam à caça, desenhavam o animal e, aos poucos, um código insuflava algo assemelhado. E o rito antecedia os vocábulos e eles eram a própria caça, pesca, amor ou guerra. O rito designava os maleáveis sinais com a boca, as mãos, os sons grunhidos e depois a ordenação de cada murmúrio. As tatuagens se viam ilustradas nas palavras. E tatuados, certos símbolos emergiam nos tântalos tambores. Que a vida neles era mais tátil, mais sonora. Tinha a ebriez dos completos sentidos. Não calculavam os dias, nem contavam os ruídos. O calendário do mar, sol ou lua se atentava. Mas não era calendário, era a memória.

8.

Os índios não se davam ao senso de inventar o tempo. História não havia. Não fora vivida. Desvivia-se até cair a luz do sol no peito silvestre do (m)ato. Inventar não: é o só vivendo. Na nudez. Sem urdir os sonhos, ir sonhando. E era uma língua de ocasos e dispersos labirintos. Às vezes, uma fonte baixava na incessante fala sem antes, após, durante, poentes, agoras. E o tosco informe das modorrentas cores de cada índio. Um sonho batendo noutro. Infinito.

9.

No pelejar entre dois, se entreteciam vínculos. Um jogo

de troncos nodosos, consonantais. Férreos, machos páramos estreitos. Vogais, suantes, reboando. E é estreita a língua. Como dois corpos.

10.

Brasílio ia surpreendendo as indígenas perícias. E não eram tangíveis ameixas. Na pesca, alvejavam os peixes pululantes, mais arteiros. Na caça, a noite perseguível: corças, cotias, onças. As manadas de búfalos fluviavam e quando eram flechados, cortados em fatias, faca a faca, vinha o dia amarrado pelas patas.

11.

O tempo era cada índio, sem o mover do tempo. Porque Não havia sido. Não haveria ainda. Não foi posto seu remate. Cada palavra, um símbolo. Inventar é ir vendo. As coisas só têm sentido quando estão acontecendo.

12.

Acontecerão. Já estão se mexendo no escondido. Estão indo, indo, ouvindo. Um rosto índio, deitado de ouvido. Constatando o solo vivo. O pé de pilão moendo. O ciclo dos frutos, o mito de ser a infância o entardecer dos países. E aconteceu o sido, havido. A história ingressou no pátio de sono daquela tribo. Mas o instante acordou. Acordará quando. Quando quando. Vi o sonho distraído.

13.

Aquela manhã, levantou Brasílio, cercado de pombas, o seu vozeio. E decidiu. Um rito foi. Experiente em separações. Uma tatuagem posta junto ao coração. Com a tribo disposta em alas e **Cavalo de Chuva** diante. Adiante o céu todo o céu e um branco soprando, inflado. Então Brasílio riscou novamente o nome de **Futuro** no chão.
Com uma   pedra
     uma   pedra
         uma   pedra. **Cavalo de Chuva** tartamudeou, calou nos olhos, nos lábios, o corpo tácito. Preso. Que a tristeza são muitas águas de calibres, calados, colibris. E vão ralando nos robustos fundos. E foi o círculo tomado pelas pombas. Cingiu o povo da aldeia, chuvoso, com a ida do

guerreiro, como um dos (s)eus. E Brasílio com a jangada
mareou.

14.

Não olhou para trás.
Não olhou.
Para trás
não olhará.
Não poderá olhar. Columba e Futuro, Futuro e Columba
o empurravam. Batia o céu com as velas. Batia a cabeça
dura do céu. E o mar era um passarinho se abrindo. Um
voar aberto. Cavar cavando os oceanos. Os absolutos.

15.

Columba, Futuro tinham olhos muitos no mar.
Saudade é não mudar. É ir ficando, ficando, igual no ramo,
as maçãs. Pode o amor nos ser mortal? Pode ser mortal o
amor? Mas a embarcação fundeou.

16.

Brasílio correu para Columba plena e Futuro, já crescido
e pleno.
"Não há pacto" – dizem os ventos.
"Não há pacto."
"Não há."
"O cão vai decaindo
quando o amor vai alto."
Subiram para casa. E lá fora, os ventos guardarão.

17.

A casa era lavada de luz magra. Casados jacintos na
sacada. As paredes jubilavam e pesavam o dom de
haver amor. O quarto dentro de outro. Em maresia.
Brasílio e Columba – um dentro de outro. A semente
no óvulo da noite. Amêndoa em outra, solta. Toda a
casa era lavada, desposada: dentro de outra. Mas o
telhado deixava entrar o orvalho e as estrelas. Futuro
na janela discernia as coisas que livravam ou prendiam.
E a casa gotejava
o ar o ar
mais (s)alvo
o ar no avaro dia.

18.

Voltou Brasílio para os ofícios da ilha. Futuro os exercitava. Pode o afinco ser o tempo. A escrita sobre o solo era infinita. E a esfera deste mundo, maré-cheia.

19.

E foi a maré-cheia que bombeou o motor das monções em Brasílio, desde a manhã. Era ele o mar e Futuro ia, aos poucos, se abeirando do país em Brasílio, território de alma. Mas compreender é ir amando aos duplos, quáduplos, quadrúpedes, totais eitos. Até onde não mais os possíveis se aventarem. As (m)ondas. Depois, o corpo em ressaca baixava. Aos améns da brisa.

20.

Brasílio ensinava aprendendo. Ensinava o que já vira, ouvira, desvendara. O que não sabia mas ia desconfiando nos entrefins e linhas. O que apurava no movimento alterno ou (sub)terrâneo das coisas se vincando a outras com procelosas e terníssimas varianças. O que o planeta gira, vai girando nas tréguas do universo. E Futuro em si guardava as coisas: suas sombras.

21.

Sim, Futuro fazia-se árvore pequena sob a árvore **Brasil**. Que as aprendizagens abarrotam toda a vida. E não se arvorava em arrogâncias, tenências que brotam no homem. Como os melões, melancias. E as palavras se atropelavam em alguns termos e se albergavam em outros.
A fala é mais aventureira. De viver que se cria ou procria. Das paragens ou altíssimas abas de Deus. Bem haja ser vivo e dominar os bravios. Não se enferruja pendendo os olhos. Com os mochos e os ocos do céu. E o ventão nas arcadas da casa. Futuro se policiava no pedalar truncado das neblinas. E tinha cuidosas humildades com Brasílio, Columba. Captava nos adivinhados. Deixava as naturezas morarem. Que ele morava o vivido. E (des) morava, sonhando. Os embriões. E os verdes bordões dos canaviais. E seus macios cabelos. Futuro os desnastrava. Com a genealogia das tardes. Não havia macheza ou femeza – Columba e Futuro sabiam.
Só funduras, funduras e uma torta desordem.

22.

Futuro sentia-se tão bem à vontade com Brasílio e Columba, que podia, perto deles, solzar, vazar de luzidão. Ou pôr vagalumes no ir a fio. Avoava, vagalumeava, ia avençando as palavras. Voava entre os mudos da fronde e era **Brasil**. E toda ilha o amava em candidez marulha.

23.

Não parava Futuro. Pois tempo ia sendo, se desvelando, desenrolando. Coando os tardos e cedos da escuridão. Até acender em lampiões as coisas. Assim, o amor dele, a amoreira fremindo amor no conselho tavolar de outras árvores anciãs. Não existe inquisição ou vedados capuzes na sua dinastia varonil, secular. Mas paira um segredo. Que Futuro recebeu ao nascer.

24.

O rapaz desconhecia as noções de meses, anos. Guiava-se pelo solo cifrado da ilha. As inscrições, saliências, aromas, protuberâncias e pássaros. E na gramatical lógica das águas. Nas altezas de Deus.

25.

Aumentava o sensorial de ir durando. Muitas vezes, chamava de **América, o Sul**, com uma súcia malandra de estorninhos. **América** designava alguns búfalos indomados. Ou a torrente quando se embestava, gritava **América**. E se a tempestade rajava os trovões girafantes. Clamava **América** e o terror tinha um tombo, ao pular de um galho a outro. E o barbante puxava a nuvem na ponta: **América**.

26.

Acordar era um alarme, balaio de pios derrubado. E as seivas porejam nos ubres das nuvens. Futuro tentava sugá-las quando deitava de costas na areia. E tanto das uvas gozava. Os cachos de luas: as uvas do visível.
Mordia. Sugava a Via-Láctea.

27.

Futuro ia tremendo surdinas, rilhando líquens nos calafrios da pedra. E dava susto e ela se acordava. E tanto,

que em calcáreos sésamos era uma lépida flor. E a pedra
endoidava, falava sozinha em línguas azuis. Despetalava-
se. Tudo são graças!

28.

Um dia, Futuro flagrou a ilha falando sozinha. Como se
pronunciasse o seu nome. Chegou-se a ela, febril. Come-
çava a endoidar o universo? Podia ser maior o oceano?
Também falava sozinho, sozinho. Mas fora tão feliz na in-
fância. E tudo era infância enquanto Futuro ma-
durava. Principiava a ser um homem.

29.

Quem pode entupir o mar com uma rolha, entupir o tempo?
A infância de Futuro na ilha fazia o sol crescer. A ilha toda
crescera na linguagem que Brasílio plantou. E era **Brasil** ca-
da coisa, animal, vegetal. Até o fervilhante arar do mar.

30.

Brasílio e Columba envelheciam juntos, de olhos dados,
audíveis. O tempo quando ralhar, apressa. Ao ladrar nos
cios, ele morde. Vai-se levantando, aos molhos, na jumen-
tinha manhã. A tarde, montaria alçada. A noite, mirável
pontaria. Aurora, não tardes!
Brasílio e Columba iam morrendo nos nomes. Que é mor-
rer, senão as primazias do sonho? As proezas. Sovado
foi o cão informe. Brasílio, Columba: de arquejarem, como um
sino (des) almaram. Pode-se morder a morte? O solo se rasgou
para contê-los, enormes. Enormes. Dormem juntos. O
sol à roda, doido, chama, aos gritos, seus nomes fundos.
Dormem juntos em tempo antes recluso. Amor, amor,
são cúmplices por toda a eternidade os que se cumprem?
Amor não se presume. Se completa. A linguagem com suas
flores grandes: não dorme. Insone é a história. Insone e
sem família. Tudo são graças! E Futuro é a ilha.

IV. A IDADE DA AURORA

1.

Depois de enterrar seus mortos – a febre maleva os ferroara- Futuro se pôs a ordenar a ilha, ordenhá-la. Em círculos. Como fora a sua infância. Sob o sol, que o viu nascente e trabalhava. Quem ao tempo vem, nele achados rende. Antes, Futuro hospedou seus mortos na gleba do coração. Mais leve, planosa. Coisas como pedras seriam sopesadas e dispostas. E Futuro estava coberto de memória. Como o limo das árvores.

2.

O solo da ilha florescida é memória. E também a linguagem que fora entalhada, cada dia. E se fizera igual à inscrição dos faraós. Cada letra desabrochara, enigmacamente, sob o sol. E as escritas se tornaram plantas surpreendentes, com inúmeras folhas. E flores em pétalas, ciliosas pálpebras. Mas havia o alfabeto que emudecia no ir-e-vir das heras. Ali, exatamente, onde se ocultava o tão antigo, a palavra. Onde o universo se amestrava no mistério.

3.

Futuro não esqueceu do ritual para os mortos. Cavou na rocha imemorial os nomes de seus pais, lado a lado. E a veios se assemelhavam. Límpidas águas que jorravam da fonte de alguns nomes. E continua ignorado, onde os mortos dormiam claridades. Que só a luz falava impassível. Os mortos respiram para dentro: no imóvel. O espírito singrava o abismo.

4.

Existirá algo imóvel maior que a escuridão? Não tem artérias, nexos, fêmur, medula. É um pescoço alongado. Sem a testa. Pode a noite chocar-se na montanha. Ou ser montanha o mar.

5.

Futuro ficou olhando. Dois juritis o fitavam na fereza.

De olhos voando. Curiós, pintassilgos, um transeunte
quero-quero. Mas não fitou a tristeza: rola, moagem
de cana. Rói as sezões da alma. Choramos antes. As
coisas em nós que choram. A dor que pára nos olhos.
Chora o que vê mais por dentro. No demorar-se da
noite, trazida em poças, é a aurora. Viver não sabem
os olhos. Só o caminhar.

6.

Os pios vinham do mato e Futuro sabia distingui-los.
Quando sozinho, tininho, assinalava o bem-estar da
ilha. Quando pios, em trilos, o amor se fundava nal-
guma banda miúda, pelos brejos. Quando os pios
mais e mais se engolfavam no aflar dos ramos, algo
inesperado se editava no real pergaminho das se-
quóias. Era um aviso estrito que o universo delega.
Inóspito alfabeto. E o invisível dirimia os halos de
atônitas corolas, com o zurrar da luz, vereda burra,
orelhas grandes, tesas, entreacesas. E o silêncio
airava, ao tomar de presa o mato entre as palacianas
e as mais arcanas árvores. A arte dos pios na monar-
quia. Sob o sol e os relvados planetas.

7.

Era necessário para ir sobrevivendo, que Futuro
orientasse as hierarquias. E essas se ajustavam às plantas,
pedras e aos numinosos bichos. Formara hierarquia entre
as formigas, vespas, abelhas. E os animais noites.
Respeitava a nobreza suserana dos jacarandás e das no-
gueiras. Sob o manual da lua.
E a Futuro concernia alcançar a hierarquia das estrelas.
Altivo nas idéias, semeava de alma plena o que ao amor
sustinha. Era toda a ilha um adejar de coisas. E o amor
firmando suas fronteiras.

8.

Três conselheiros lhe davam fidúcia. Por ele peleavam.
O primeiro, Senhor das gerações e reinos. O mais alto.
O que comanda as coragens. E ia prosperando ao acor-
dar de abertos sonos, o Deus no branco trono. Era segun-
do, o tempo. "Meu camarada!" – Futuro fidenciava. E os
ciclos se avolumavam. O que é do homem, Deus prepara.
Sela e prepara. Não pega de susto o tempo. Pode haver

frutas e moitas. Mas o tempo discernia com punhado de
fogos na alma, batalhando. E o terceiro, era o vento.
Ventador, aos sucederes prenuncia. O vento era irmão,
confrade aos olhos das sementes. Porque as sementes
herdam nas palmas do sol. Vigiava a tudo na ilha, o
vento. Brioso e ronceiro guarda. E o mar, um cão.

9.

Vingava a lei da gravidade sobre a ilha. E outra, sutil,
desgravidando, desarvorando o céu. Futuro se vincula-
va às duas: para que o solo musical tivesse o som
do órgão. Flutuante. E as galopantes árvores do mar.

10.

Um dia, Futuro foi advertido por um pio sombrio, es-
curíssimo. Estava sob as bojantes árvores de alguma
dinastia extinta ou talvez submersa nos séculos de
ar. Saiu atrás do pio, como no encalço de um tico-tico
aflito. E avistou nos longes, bronzes, onze tábuas de
um barco. Achegando se foi, esparramou-se na ilha.
Dele saltaram forasteiros, bruscos homens. Armas
em ®iste. E se foram no invadir, manhosos,
pi(lh)antes. Futuro os arrostou. De sol. Cambaios,
pararam corpos, sombras para adiante. Arrostou.
Pararam. Futuro disse **não**. E o sol fechou o sol. A
ilha disparou. A noite noitaz se apoderava: a fábula.
Que os atos se arremessam na palavra. Os atos são
o tempo. Enrijecem. A invasão não teve a angular
(pa)lavra. E os duros, bruscos homens se arredaram.
Não carregavam tempo. Recuaram. Nenhum vocábulo
tugia. Empurraram a nau e se evadiram. Com o mar,
leopardo atrás.

11.

Eis as artimanhas do inimigo:
— Enroscar o pensamento no cipoal do mato. E a sucuri
na presa, dará, fatal, o bote;
— Armar miragens imprevistas e colher surpresas;
— Flagrar o instante nuinho dentro da água e levá-lo
cativo, de emboscada;
— Covas no mato, todas andarilhas, de ervas tapadas,
para caçar brisas, cavalos, corças ou a furtiva andorinha;
— Armadilhas donzelas. Podem criar a queda de árvores
quietas;

— Há que ficar de guarda sob a treva nas paragens da linguagem. Pode o erro bulir;
— Atacar o adverso na vontade ou quando ele dormir;
— Pode a lentidão do caranguejo agarrar-se no tempo e não fluir;
— Cuidar das palavras nos escuros;
— Pôr plantas sonâmbulas andando no meio de vegetações insones;
— Deixar o sono apodrecer os frutos;
— Embriagar as flores e as raízes. Metê-las no repuxo das cachoeiras, surdo-mudas;
— Soltar raposas sobre as vinhas;
— Incendiar o paiol vertiginoso das palavras em pólvora, as mais ígneas;
— Cortar os cabelos acesos de Futuro ou arrancar Durinda, ali, onde se aninha;
— Levar riozinhos com seus punhos presos, a calabouços tontos, de mar alto;
— Capturar o mar pelas orelhas, quando manso adormece, sob o vento;
— Prender o relâmpago caído, roncando na praia como um boto;
Ciladas todas contra o tempo. E algumas, taciturnas.

12.

Futuro soube pelos ventos rastreantes. Na ilhota de índios, os brancos dizimaram **Cavalo de Chuva** e sua tribo. Em fogo, fogo. Corvo. Os índios não tinham a palavra.
Apenas sinais, pegadas.
Amarra-se o sol na vontade do céu?
Amarra-se a morte?
A palavra era bela, ia nascer.
Mas a raiz apodreceu.

13.

Futuro então criou um **livro de linhagem**, com rolos de papiros. Juncavam a discreta família dos baixios. E fora salvo a nado aquele rio. E prescrevendo foi algumas leis fidalgas, as letras moças, todas ajuizadas:
1. O amor se rende, amando.
2. Quem nos olhos aprende,
   pode escutar e ler.
3. Nenhum vivente é aceito,
   sem ser provado verde.

4. Só debulha o repouso,
o que merece soldo.
5. Ver é inventar com o sonho.
Sonhar é achá-lo vendo.
6. Não há lugar vedado
às mãos e pés andados.
7. Quem quer viver em tudo,
num copo vai ao fundo.
Embaixo, pôs um círculo pequeno, premonitório,
com o risco de veleiro.

14.

E Futuro resolveu escrever **Brasil** nos costados de ventos. Sobre o portal da casa. No calcanhar da rocha. Entre as ledas laranjas e os adotivos bichos, foi **Brasil** delineando. Perto, bem junto dele, nas raparigas árvores . E **Brasil** sobre as águas. E nos que estão planando, foi escrevendo em torno. E o círculo riscado, as aves: vão todas em viagem.

15.

Futuro abotoou as velas da jangada no mar que Brasílio sulcou. Era o mar vindouro. Transportou com ele, os tavolares conselheiros: Deus, o tempo e o tão zeloso vento. Só se abotoa as águas, junto aos remos. E o céu no pano destro, nuvenzeiro. E o martim-pescador acossa o peixe nos redutos salinos. E diamante todo era o mar posto, de ébrio olor, brilhoso. Provisório é viver nas entrevagas, sem saber que o oceano se desgasta. Ir além é o que importa. Ancorar à porta das areias, ao gonzo a tilintar da maré-cheia. Entrou Futuro pela praia. Nudez era a aldeia. Nudez, a noite. Futuro divisou entre as ruínas , que um vulto se esgueirava. E viu no ar um círculo se abrindo. O aranhol da lua moça era. Esguia. Um fio agudo, reluzente, o corpo. Futuro assim que a relumeou, olhando, sagrou-lhe: **DURINDA, INDA**. A beleza ficou olhando nela. A lua sob o círculo, a janela das coisas e dos olhos. E pássaros voando. Futuro falava o aval silêncio. Depois de o nome dar. Durinda a noite era. Lua durinda. O mar já durindava. Amor é um pôr-de-sol que arrasta. E leva nos ossos o velame. Durinda em Futuro. É a companheira. Durindama.

16.

Não morreu a ilha.
Não morrer pode, o que de amar se reanima.
Estando sendo: adormeceu. Futuro ao soprar nela,
toda acordou donzela. Durinda era o céu? Só Futuro
falava. No limiar de sua casa. A linguagem a Durinda
atravessava, até vir, devagar, pela sacada. E ela aprendia na língua e se afiava. Entre pronúncias e encolhidas
tâmaras. Vogais roucas, tiritantes. Favas. Durinda mordiscava os períodos compridos, verbenas e falenas. Depois de repetir pelas larguezas, sílabas. E havia os raciocínios, correntezas. Futuro tinha amásias na palavra.
Durinda ela, só sabia dele. De escudeiro-mor, o dia veio.
De cor. E decretado.

17.

Amor é quando a graça sobe os píncaros. E vai dobrando
os prados. E nem percebe mais o que fazer com os vasos
do coração, regados. Futuro embaínha-se no amor. Durinda toda. O andar cortante, o aumentar da língua em
mel e leite. Nos corpos: as lides de ir sentindo o sol inteiro em tatos. Os corpos se bebendo. Os torneios de
galanteados pagens nos sentidos. Amor os vai mudando.
Onde a divisa deste espírito cobrindo cada coisa?

18.

Futuro em solo **abrahão** na ilha, diante das árvores e os
pássaros e os avaros nomes dos mortos, riscou com a
pedra um círculo e mais outro. E **Durinda** escreveu. Depois perfez, com a matéria de folhas, flores salvas, anéis.
E um colocou no esquerdo dedo fio: Durinda. E ela, o anel
firmou na sorridente mão que lhe estendeu. Futuro era
(Dur)inda.

19.

Os parentescos de Deus, as preluzias. Ia-se preparando
uma semente. Polindo-a nas forjas, o universo. Durinda
já falava a mais usual linguagem. Perdiz ao rés das sílabas. Amar: estas viagens em Futuro. O entrelaçar dos
sangues. O que é palavra, antes de envelhecer o vento.
Dos olhos ao coração é um til, um trim. Sem pontes levadiças para a alma, somos aperfeiçoáveis. Mas Deus que

sabe todos. Os que planam e os que comem na mão do
horizonte. Amor é o arco-íris, o arco-velo do vento.
– "Tanto te amo" – diz Futuro a Durinda. "Tanto me empenho em ti, que ateio sonhos. São nossos estes montes.
No pelejar sabemos onde vamos. Onde ardemos."

20.

Fidalgavam cavalos selvagens nos montes páramos .
Tantos. Futuro os avistava, confundidos, velozes. Um
deles se ensolarava. Os cascas e patas ribanceiras. Nobrezas faiscavam e Futuro **"Rozindo"**, dizia: **"Rozim"**.
E o cavalo mal-ouvia, dissimulava volteios. Tinha vontades fofas de falar, mas rinchava pelos olhos andorinhos. Em rebeldia, desarmado amor. Futuro o enlaçava na palavra. Domou as asperezas e "amor" foi às mãos
dizendo. Nele montou – nomeante, remansoso. Galgou soberanias. Foram-se nos cheiros conhecendo. Conhecidos
tão-tal. De muitos anos. E jardins se deitavam nos relinchos. Era um relincho o céu. Era um relincho nardo, alvo,
alvo. Era o céu deitado sobre os olhos inocentes do cavalo.

21.

Nunca mais Rozindo abandonou Futuro. Afeiçoado a ele.
E à Durinda, em seu brilho. Na peleja os levava. E eram
unos. Precisos. Valentia é ser. E nem mais a morte os
separou.

22.

Tão lealdades foi Rozindo, que lutou aguerrido, roseiral. A história é desviver o vivo. Guerreira palavra.
Batalhas surdas, torneios pela dama libertável. Com
Futuro bateu-se, por Durinda. Rasgou avessos. Malino,
O Diogo-Cão. Ao tempo teme, há de tremer. O que tentava se adonar da ilha e expulso foi, barão do mal. Amor
se é verde, dói. Ferido este tordilho na batalha não pereceu. Jamais há de morrer. Após se despedir do paladino
e de Durinda, fechou os olhos ternos, elmos: o lombo foi
despetalando. E a(l)mou.

23.

Era a palavra exata que adestrava. E a ilha toda, espada.
Na casa de Futuro e de Durinda, regras de disciplina eram

neblina ou as águas em fila. Na floresta, desfilavam pela
praça, os castanheiros, filhos de família. E nos longes, so-
brados de montanhas ombreavam as tardes, em ventanas,
com filhotes de ervas pintassilgas. Os prados descalços se
inclinavam. Tudo ordeiro em Brasílio, Columba, onde eles
dormem. Uma ordem no amor. Que não se move.

24.

Resplandecem os atos. E tão novos em folha os seres.
Os bichos existem e resmungam na palavra. Os focinhos
bebem açucenas. A palavra, rotação do universo, rolda-
na. Viver é ir caindo no vivido. Debaixo do sol nada é so-
berano. A palavra vai mudando a eternidade. Água, reboco,
cheiro de envelhecer as mortes. Menores ou ínfimas,
as palavras vicejam. Gotejam leite. Orvalham. Ruminam.
E Futuro amealhando, sondava estas aragens, a ordem
das estrelas. Não restava batalha, nem raio lumiante. O
mal já não suporta. Deus julgava a palavra.

25.

Futuro tentava capturar o céu nas alças. Agarrava-o com
as mãos. Quando ameaçava desabar, chapéu em cima da
almofada. Viver é ir caindo no vivido. E deu-se conta que
era homem. E ao céu, só a alma na palavra, humilde, o
arrebatava.

26.

Tomou Futuro em mãos a alegria de um filho e a embalou.
Glorioso estava e não mais nele, brotando. Zunia na pala-
vra. E era o ventre agraciado de Durinda. Entre as galáxias
e os ramos podados de um cometa.

27.

Cada dia, o botão se volumava. E era corpo. Mais bela é
a espada, quando guerreada. Mais belo, o fio, que em
alma, é o pouso que está dentro.

28.

Futuro tinha a cabeça florida e a barba com brancuras
meninas. Foi numa estação de mar brando e descansado.
Um céu jasmineiro que cantava. Durinda pariu. Era um

menino. E Zacarias árvore, ancião e justo, falou ao vê-lo, quando estava mudo.

29.

João Serafim no pio dos pássaros olhou a primeira luz, mais doce que a avelã nos rostos. Em visita, desceram as colinas. E o milharal, com os pés solícitos, benigno se achegando. Futuro e Durinda, os lábios pessegueiros, lambiam a cria. O ar rodava. E se pôs subitamente a florescer: vara de amêndoas acordadas.

30.

Naquele instante, a oliveira floriu. Sua cabeça, folhas em luz. Era João Serafim achando a sua idade. E se munia das infâncias todas, até os confins. Amava puxar a palavra pela trança e eram duas crianças. Ia no vento sul ou norte, às minas que o poente encobria. Fingia-se espantalho para assustar a verde, gaia manhã.
A infância é sumarenta. O mar com suas crinas, na tola espuma esconde a cauda azul da lua. A luz em João é ilesa. E a infância não sabe nada, nada de si mesma.

31.

A ilha era a alma. Soberba aparência de ser homem. Às vezes, menor do que a palavra.

FUTURO

> (...) Su forma (épica), la única
> que quizá podía suportar una
> época como la nuestra, se pare-
> ce poco a la tradicional. Diré,
> de paso, que nuestro siglo
> se há propuesto recuperar el
> género épico.
>
> Octavio Paz

I. SUSERANIA DE FUTURO.
DURINDA.

1.

Futuro não parava de olhar o mar. E Durinda para ele.
Os oceanos tinham os pés descalços. Vez e outra, a lua
resvalava com as ondas. Só os pés do espírito calçavam
a espuma. Os da noite, a sandália das marés. Futuro
fixou o céu: um boi. Com a relha do horizonte
puxando. Queria parar o mar também nele. Vazante.
Durinda entendia esses desconhecidos adotados ao
vento. O mar pulava com as pernas velhas. Futuro
tinha as cargas todas nos olhos. Onde repousá-las?
Nem sequer eram jumentas as estrelas.

2.

Recomeçar é a ordem das pedras, montes, pássaros.
E amar é cercar de olhos e mãos o que vive. O sol
não selava a morte. E Futuro era puxado pelo mar.

E se inclinava. Riscava na areia o círculo. Escrevia o tempo. Onde não subia a água.

3.

O mar lhe falava: "Vem !" Futuro não podia seguir o mar ao pé da letra. Nem conseguia lê-lo sem as lentes do sol. E a ilha dormia. Como um peixe na rocha.

4.

As coisas de reinar e de ir legislando se amoitam nas idades. Futuro ia pegando a ilha pela mão: um pintassilgo.

5.

Durinda entrou na porta do escurecer. E a casa tinha longo pescoço, atado à mó de acácias. Um ouvido na sala, concha onde o mar caía. E outro ouvido atento, pondo cabeça a lua no quarto de Durinda. Ia descansando a vida.

6.

Calmaria, um vaso de tardes. Durinda mirou-se onde Futuro estava. Um no outro via. Juntos discerniam. Pode o amor ser uno.

7.

Calmaria é nos rasos. Cavos montes gemem debaixo do pavio da tempestade. Até a centelha apagar-se. Piam manhãs. Cordoalhas do vento rangem. Cabos de azuis gaivotas. Toma Futuro os tentos das suas coisas em volta. Gelam os ossos da água. E enrijecem os membros do mar tão verde correndo. A calmaria dos rasos. Sob os fundos: inauditos.

9.

Tem a inocência a gota de leite no orvalho gordo das árvores, onde Futuro sentava junto à Durinda? E os dois puxavam sombras pelo cabresto, assustadas.

Iguais ao peito ajoujado de uma cabra. Bebiam aquelas sombras.

10.

Com jorros de caminhos e óleo de jacintos, deslizava a ilha. E as leis mais vegetais no som que vem dos troncos. Futuro parlamenta com os repuxos, as silvas e os armados crepúsculos. A tiros do percurso, como deter a vida?

11.

O perecível: estar calado. É quando açula as tanajuras, com vara curta e elas pulam. O imperecível na Via-Láctea é tão audível, que até Durinda vem afagá-lo. Clareando, é garça o céu, as tílias. Galhos e galos retinem folhas de sobressalto. E amor é a fala do paraíso.

12.

Durinda tinha alma nas mãos ao tratar com Futuro. Envelhecia nela, em flores. Mas ia conservando os fôlegos. Saberes e astúcias se aprimoram junto à fome. Na fonte das noites. Naturezas a eles se afeiçoaram. Os sentidos, sem gaiola. Iam à alma. Como se vai às águas. E as coisas todas viam nos seus olhos.

13.

Perito era de estar nos olhos. Aqueles muitos, de homem ferido. Ou em rastilho de chuvas. Seus olhos furam as onças-trevas. Também os mortos. Os olhos sorros de aboio e lontra deste universo. Nenhuma cerca. Olhos-corujas, tensos, recuam, sob o reboco. Os das libélulas, carregam névoa. A lua é um coelho nos olhos velhos do leão. Ruivam cigarras. Do tigre ruge pupila-manga tombada ao fogo. E quanto chispa em árduas cinzas, o ardor das víboras! Com montes olhos, o mar se quebra, curvada vértebra de azul baleia.

14.

As pedras se desmancham como paina. Vão-se

desrazando, vagalumes sem tino. Ou pedras-mari-
posas tontas. E outras, que rejeitam sua sombra
(por se enterrar na infância). Pedras sonolentas
se consolam, junto à tromba dos lírios. Durinda
atirou uma pedra contra os montes. E a pedra,
rã, ficou berrando.

15.

O peso de Futuro, os ânimos e alturas – eram deixar
que Deus o conduzisse. O tempo age: caminho de um
cordeiro. E depois, entre as árvores caseiras. Relincha
montado sobre a ilha. Na luz o tempo acaba.

16.

Despejava o vento
        jarras amarelas na costa dos
vinhedos. E a vide ia crescendo pelas orelhas, per –
nas. Futuro conferia as ilações-parreiras: "O que
Deus acrescenta, não se apara. É estreita a eterni-
dade".

17.

A fé pode ser arvoredo, ou o chicote das marés.
E o surrado idioma dos regatos. O amor tem fé na-
quilo que o transpassa. Durinda deitava na palavra.
Com Futuro. Eram fé as coisas vistas pela alma.

18.

Um melro
é o ar.   E   amarelo.
O oceano   rubro: ferro batido
                      na bigorna.
Em que tempo a fornalha ?

II.   JOÃO SERAFIM.
       IDADE DA ÁGUIA

1.

João Serafim visitava Futuro e Durinda e os ou-

via. Um rio de encosta mansa se afoitava nele.
Amor bramindo bombos. Pais e filho: velos gestos
e trinos ferrolhavam. E ao escrever no solo um
vocábulo obscuro, ígneo, aos três num só unia.
Pois viver é escapar das abas.

2.

Serafim morava na floresta. Casa de troncos maternos. Entre sequóias. Ali guardava jarros com flores de linguagem, ritos pendurados com as orquídeas. Utensílios de caça e de linhagem. Heráldicos desenhos na porta de cedro. E uma aldrava. No teto, dinastia de aves, mitos, símbolos. Junto à entrada, uma águia. A branca **Abélia**, que vigiava o tempo.

3.

João Serafim domesticou a águia, desde guria.
Toda plúmea e encolhida, as asas tortas. Foi-lhe
mostrando as letras de ir voltando, adolescendo
no ar. Aguçou-lhe o faro de família, os sinais
do alfabeto de estar junto.
E a profecia no papiro, sob um ipê ruflava:
"A águia pelo tempo sendo achada, no cimo
do invisível vai entrar".

4.

Flanava. João a segurava nas patas e a impelia
em alumiado vôo. Vela, desfraldava sobre o ombro.
Era uma teia, os ciclos de Andrômeda. E o galgo
firmamento no encalço, saltitando.

5.

Serafim gostava de ir sozinho, descobrindo os sensos
dos bosques e os ruídos. A rotação dos córregos e
seixos. Um ramo tombado ensina aos que verdejam.
As folhas que planam, dependem das que pousam.
E as leis são promulgadas no limo das espécies.

6.

João levava os pés cantando na vereda. Coisas vivas
se adestravam. Plantas comem trilhas tenras. E as

aves: trigos. Não, João não temia o amanhecer, porque
podia encompridá-lo pelo corpo. E nas passadas.
Esticava o amanhecer ou encurtava. (Ar)voava no
chão das espáduas. Sabia prendê-lo à cintura de
clarões. E se ajustava nele, como se fossem calças.
Mastigava as suas maçãs silvestres, passas. Sob os
olhos pernaltas.

7.

Apreciava escalar os píncaros, atravessar correntes,
planuras. Com o cajado que Futuro dera, empurrava
arbustos e procelas. Mesmo alguns trovões que
rosnavam na mata.

8.

Sala-de-estar da lua, para João, era escrever. Sob
os olhi-negros-lâminos de Abélia:
    — "As palavras são mãos que aprenderam a ver.
    — Não se pode extinguir constelações com os
      pés.
    — Há que manter-se vivo, se a queda sobrevir.
Ou fenecer.
    — Discernir é apropriar-se dos visíveis.
    — Não anoitar o espírito.
    — A morte perde peso quando amamos.
    — Voar é desprender-se do arremesso.
    — Amar não se previne de morrer. Nem é o amor
que tomba. Somos nós.
    — A infância: pote de mel e vento.
    — Estamos prontos a queimar. Basta acender-
nos.
    — Parir a morte é ir parindo a terra.
    — A alma é estar em casa."

9.

João levitava pela fresta meã de uma vidraça.
No ar descalço. Futuro viu seu filho. Atrás de
uma Palavra. Também voava. Era bela e
interminável. Fêmeo círculo. Reparou Durinda
que se amavam.

10.

A dádiva tem loureiros altos. E os corações ata-
dos querem ser, na margem, focas. Pausadas
saltam. As idades do amor: falcões sobre o
rochedo. João soprava as tranças de sua amada.
Até ventar em Deus. Até ventarem.

11.

Serafim possuía, com machezas peraltas,
a morena Palavra. Em suas doces pausas.
O feminino é chama de tão grácil aireza,
que pelo instinto assoma as perenes esferas.
O amor pode apará-las? Desgrenhava os
cabelos, que uivavam entre as sílabas.
A discreta forma das mãos entalham barcos,
entre os seios e as coxas. Serafim escrevia o
corpo, letras, sêmen. A Palavra no gozo
mais se aformoseava. Sugava as vogais tetas
e o ventre de calendas uvas. Sazoná-las, faz
escrever a sede. Era a águia, era ele? No
talvegue da pele, como escrever a alma?

12.

– "A queda não se solda!" – Mas a cismar,
sorroso: "Nem a ascensão se esgota, havendo
asas". A águia nívea pende bico recurvo e
humano. Os frutos planam baixos e caem para
mais alto. Como se fossem dados na aquilina
toalha de plumas, ramagens? Nem é cobiça
a morte.

13.

Serafim sonhava. Um caule de falcões o
arrastavam a covos de montanha. E a um
velocino de ouro. Celeiro é o sono.

14.

Futuro em Serafim sabia, como a chuva
caminhava. E o calendário na ilha era de

inscrições sobre o rumor da pedra. Tinha
o sol peles mudáveis. Igual a uma lagarta
na desova. O vento se agarrava à cor
dos olmos. Ou as nuvens de pássaros
emigram. Assim os pensamentos se
revolvem. As idéias arribam, animais
para as voláteis plagas.

15.

João Serafim. E a águia. Vez e outra, também
ele voava. Abélia o distinguia nos avos aromas.
Entre as bochechas vermelhas das tulipas.

16.

Serafim à floresta conduzia. Como uma ovelha
às costas.

III. HISTÓRIA. SINO DE UM RELÂMPAGO

1.

Futuro contava história à aveleira diante dele. E
recontava ao rio, que a decorara. Repetia pela sombra
em redemoinhos. Contou à pedra. Não podia divulgar.
Entrevada nas raízes. Cega de nascença. Contou Futuro
aos feixes dos trigais. Premiam seus joelhos, uns nos
outros, sem escutar o enredo. Contava aos pardais.
Não sabiam de história. Mas os ninhos a albergavam:
um filhote. Ensinavam a história a voejar. Pode a
vida dos homens ir mais alta, ou se entranhar com
os alcatrazes? Contava ao vento a história e ele
ficou mordendo a juba do inerte mar, junto ao penedo.
Contava ao mar e era a história em sete léguas, chaves.
Anotava com musgo sobre as pedras, Heródoto de
ondas, tátil ao que Futuro discorria. Tinha a caligrafia,
o relato da alma presa n'água.

2.

As mandíbulas de um tigre pesavam: tempestade.
Garras de felinas nuvens estrondavam dois
relâmpagos-esquilos.

"– Gastei de imaginar o esquecimento" – Futuro
comentava, com sua mente a deslizar com os trovões
correndo. Faiscava Durinda. Choviam águas rolas e
outras fulas. Na casa que eram. O telhado, um pombo.
Às vezes se encolhia. E o pilão do céu troante
despencava suas moídas gotas.

3.

Futuro na selva era guiado por andorinhas. As lianas
destrançava ao pé das chuvas. Ou nos verões inchados
com seus odres. Duas borboletas o rastreavam.
Subindo ao pólen das montanhas.

4.

Não parava de olhar o mar. E o sol, roda caindo.
Ele pegava com sua sombra. Que país há de medir
o tempo? Que povo se esconde sob as pedras?
Sobreviver é harpa. Há que tirar da fome
os dedos. E tocar.

5.

Chamava o mar de nomes gratos, verdes. Alguns
informes e recônditos. Oceano era Futuro. Também
o que não era.

6.

A memória das árvores é a dos peixes. A memória
do mar é a dos planetas. A da linguagem invadiu
a ilha. Com as palavras plantadas, que não dormem
no livro das heras e montanhas. Lembrar é não morrer.

7.

Deveres se dissipam entre melões e trilos.
– "Estamos todos sós? – Durinda carregosa, versava.
Atafona a cozinha. Com as panelas de barro de
fogosas narinas.
– "Estamos todos sós? "Castanheiros sob os patos
selvagens zoavam sóis molhados. Pode o amor ser
sozinho? Ou distraído?

8.

Futuro nos avessos. Provedor de espessuras.
Pode sozinha a escuma ser madura? Farfalhava
o esquecimento. Reger os montes, roças, rios
é do homem. O espírito era um pássaro? Bicava
as letras no líquen das escarpas.

9.

Conversava com tamarindos, figueiras. As orelhas
das frondes são iguais àquelas das aguçadas bestas.
Não cursava as escolas da água. Com os peixes mais
sabidos fabulava. As enguias punham a testa fora da
espuma. E os golfinhos, a língua. Futuro prolongava
com suas falas e mãos a ilha. Uma candeia.

10.

– "Quem não resiste – diz Futuro a Durinda –
está morrendo!" O esquecimento é o homem?
– "Se me esqueces, eu morro".

11.

O sino de um relâmpago branco os acordava.
A casa, outro relâmpago. Que voz, igual ao sonho,
nos desperta?

12.

A história não tem cor. Se soubesse, como terminaria?
Não há separação entre Futuro e ela. Nem Durinda.
A vida ondeia as coisas findas. Não se regressa
da história acontecida.

13.

Durinda tinha rocas de fiar com nós de cedro.
O corpo, fio de altura, coração. Vai refinando
amor. Mergulha o fio na casa. Viver é ir ao fundo de
uma agulha.

14.

A história não roncava junto à rede. Nem se compraz
numa fogueira. Ou ao fogo brando de gerações.

A ilha as confundia com as terças neblinas.
Não tem cinzas a história. Embora as lavas queimem.

IV. A IDADE DA FLORESTA.
BIBLIOTECA DOS SERES

1.

Façanha: ir sobrevivendo.
Dia branco
arrancado da fornalha.

2.

Correnteza de sucuri sumindo: a vida.
Nos escolhos, corvos se espraiam ébrios.
Os olhos de Futuro apuram,
quanto mais se (en)rolam
víboras e anos.

3.

As ambições são panos de oceanos.
Podem se escutar num caramujo.
Cetros de corais que as ondas velam.
Naufragam ou consolam.

4.

A ilha não tem enciclopédias. Nem
dicionários de erudita brisa. Mas
com a biblioteca da floresta, as
árvores eram livros. **In folios**, alguns.
Outros, vetustos. Ogres-cipós,
folhas de azul infância. Encostas
riscadas de vagalumes fósforos.
Manuscritos de musgo. Besouros
hierógrifos se inscrevem junto ao lodo,
entre feudais raízes. Sapos atravessam
alfarrábios de vegetal concílio. Solteiras
formigas na leitura de um tronco casado
e solto. Sobre as gretas, os textos

se adelgaçam. Convalescem vocábulos.
E dialetos pássaros. Um caracol sulcando
gramaticais pegadas. Doutorias de relva
com flores se curvavam. A biblioteca arfava
de lua. Sob os tomos de terra, onde começa a
ciência e se acaba.

5.

Futuro e Durinda sesteavam manhãs.
As mais polidas. E quanto se amavam:
maré-montante, à noite. A regressar
tardavam. Alma veleja alma.
Espuma é toda casa.

6.

O útero do sono tem um rumor
de enchentes. E de troncos rolando.
Qual o lado de montar o mar,
os seus estribos almos?
Montam cavalos de ir florindo
ao fundo. Plantam calmos juncos
de amar. Orvalhos comem
corolas no focinho.

7.

Onde Futuro é sonho?
Anêmonas estouram ovos
de passarinhos. A cascavel
sanfona os guizos sobre as pedras
e elas são foles. Grudam a música
na cauda. Fumegam cogumelos.
Os quadris da azinheira vão meneando
o vento que, malicioso, apalpa, em vez
dela, as sombras. Centopéias verbenas
se entocam sob palmos de outra sombra,
a do monte. Onde Futuro é o sonho?
Durinda, seu espelho?

8.

Não há substantivo entre as formigas.
Só os verbos andarilhos. De forçados
trabalhos. Orgulhosas empurram

levas de margaridas, amoras negras,
rosas. Carregam insetos no esquife
das folhas. Futuro punha ouvidos.
Marcial, o formigueiro. Avisos
percutindo nas mínimas aldeias.
Suas guerras
de tribo.

9.

Sob a árvore muda,
A jangada arrulhava.
Com o bico nos grãos
de fugidas vagas.
Futuro a olhava.
O mar também a ele.
Enfunam as palavras?

10.

Vocábulos lebres iam pela ilha. Mas era a palavra
de Futuro a ordem. E a cobria toda. Mais que a casca
de vozes, amêndoas. Ou de gafanhotos. Não havia
fala que Futuro arasse, como a sua: em alma.

11.

Quando seus olhos abriam, ao dizer a palavra,
o mar ia parando sobre ele. Até, como um motor,
parar. Inteiro. Quando de novo outra palavra
abria, o mar voltava a andar.

12.

Quantas baleias-anos frondosas desfilaram, junto
a este mar andando? Quantos botos-meses e parvas
tartarugas, retardadas de mente, se arroiam no
rochedo? O mar andando, aríete de raios-lobos-alvos.

V. A IDADE DO MAR

1.

O que segura a morte em si,
é forte. Não a deixa cair.
E ultrapassou a dor.
Com os pés das estações.

2.

Segurar o mar em si.
E não deixar cair.
Laranja na mão
da infância. Futuro
depois queria prender
o mar entre os dentes.
Gomo a gomo. Sorver.

3.

Saíram anciãos da floresta.
Rios e riachos com barbas
humosas e álgidas. Em torno
a Futuro, tavolares se enturmam.
Caçadores de peles sob o leopardo, a lua.
Entre cachimbos de bambus azuis.
Documentavam
n' água o limite das vacas,
e aquém, o dos cavalos soleiros e adestrados.
Não podiam alçar invasões. Nem as do tempo
vezeiro. Documentavam pressentimentos.

4.

No campo, os cavalos entre-si falavam.
E a Futuro com suas línguas reticentes
cochichavam. Tentavam (como podiam?),
entre ventas e galopes, agarrar, sáfaro, o sol.
Depois se apagavam junto ao dormido estábulo.
Tinham orelhas-murtas (Murchas,
em concha, as do ar).

5.

Não é o sol, pardal. Nem se mede nos
torneios. Futuro podando sisos. Pode-se
atar arreios sobre ele? Levá-lo aos cascos,
cesto de marmelos? Caçoava dos garotos
abelhudos, tordilhos. Como, em soberba,
iam trotar com o sol?

6.

Os cavalos tinham o ardor de nuvens se empinando.
Vinham inteiros no nitrir das tardes, junto às oliveiras.
Meninos em férias, focinhavam dálias. Eram exaltados,
amoráveis e as ervas das crinas mugiam de verdor.
Iam mordiscando tortas de relva, larvas. Futuro e
Durinda os abraçavam com suas testas alazando o
peito, descendo trêmulos. As pálpebras **amor**
baixavam. Mas, às vezes, os cavalos se riam,
a dentuça à mostra. Coçavam-se nas ancas, com a
ferrugem de sediciosas vespas. Eternos, quando
saltam. Ou descarregam rolos de ares bêbados.
Todo galope é um pássaro.

7.

Pode-se gastar a viração? O rio atrás da casa – Futuro
observava –. Não era o rio que virava a sombra.
Mas a sombra , que o virava. Até ser uma cobra
se enroscando. Audaz. Engatilhada. O medo
não flutuava. Ia aos lugares fundos.
A serpente espiava com os bífidos dentes.
Investia quando, dentada pelo céu, foi
cambaleando. Ao vão. Em corpo morto.

8.

Futuro e Durinda atrás do arco-íris,
pavão, chapéu de sons. Pode-se movê-lo?
Ou moer a viração? Em seus olhos
fluem as águas de cor.

9.

O mar tinha travessas naturezas.

Como se, ao ramo das correntes,
fosse Futuro a árvore.

10.

A jangada, cabrito
Ali se enovelava.
Olhos fitos. A noite
a deixava pascendo.
Onde partir era
empurrar a vida.

11.

Ordenanças de Futuro:

"Ordenar
é ir pondo
equilíbrios
no tempo.

Endurecer
tramelas
de açucenas.
E os trincos

de albas
nas raízes.
O amor ordena
aos vivos.

Memoriar
é governo.
Inventariar
sozinho.

Disciplinar
avencas
e vínculos.
Catar

avios, tri-
nos, rocios
no caracol
da noite."

12.

Futuro ia ordenando a luz sem testamento.
O mal passado em armas. E Serafim herdava
paz com os seres, palavras. O mugir
das montanhas.

13.

Futuro falando com seu corpo
e povo: "Retiramos
a morte desta ilha. Como
se carda lã. E o sol em nós
não pára de crescer.
Igual ao mar".

VI. CASA DO SOL

1.

Futuro disse: "Vou".
As coisas perceberam.
Durinda se adiantava,
achegando-se a ele.
Amor pode ser pássaro?

2.

"Vou. O mar é um grito!
Não cabem mais ao peito
eflúvios de seu bico.
Pega esta ilha, à mão.
Os favos! Não consigo
baldar a mareação.
Toma a ilha no som!"

3.

"Qual de um repolho,
o miolo. Segura a ilha,
filho! O mal
só se levanta
se for rompido o selo
do vegetal contorno.

Ou descascada sendo
a ilha sem os olhos
e cautelas do vento.
Ao vento, manso,
habita !"

4.

"O ódio não resiste
a uma penca de amoras.
Novelo de cinzas,
sobre as lavas, estola.
Nada cria ou desova.
Toma a suserania
e deixa livre a ilha.
Como um potro domado,
que se acostuma ao dono
E apenas ele encilha".

5.

– "Podes contar comigo!"
(Serafim aprumou-se).
"Serei fiel. Assisto
a história nos sentidos.
Tateio o que me cala
e cheiro na palavra.
Vassalo, seu instinto."

6.

Futuro ainda disse:
"A história é o que se toma
do imprevisto. E também ele.
Não é um conto distraído.
Enrodilha os mapas
na sua orla virgem.
E o tempo é gente.
Jamais se apossa
do que não lhe sofre.
Nem há domínio sobre
o que está vivo".

7.

"Devolvo o que me veio

de Brasílio, Columba,
que se alongam na terra,
corporais. E cerzido,
conciso foi, não-cego,
um Brasil na palavra.
Donde vim e é resíduo
de memórias e signos.
Toda meada em círculos,
no círculo que a gera.
Vivida foi a história
e há de ser finita,
deslimitada e dina.
Cuida dos bichos, lima
os excessos do sonho.
Tudo o que amei
te unge. Não tosa
a luz, nem punge
nos longes o sossego.
Cuida do que te une!"

8.

"Pega a ilha pela mão.
Que não resvale no aperto,
nem sinta terror ou força.
Cuidar do velho, a criança,
para conservar-se viva.
Saber firmá-la, confiosa
e retê-la sob os juízos.
O poder se amanha lento
sem emigrar o espírito".
E amor no ar riscava
em círculo.

9.

O esquecimento cortava
o dia ao meio. A memória
ajuntava. Durinda: "Vou!"
Aflava. Como se erguesse
vôo. Amando se moravam.
O mar era um país?
Apenas tempo?

10.

Empurrada a jangada

de troncos, com os
pés soltos. (Era um pombo?)
Sobre as águas pousava.
O timão arquejando.
No amor pode vingar
algum roteiro?

11.

Serafim e sua águia
tinham igual perfil.
Um no outro se alava.
Girados na raiz
do dia, seu arado.
Mãos e cílios antigos.
Em Serafim doíam.
Enquanto a águia
se elevava ao céu.

12.

Ir partindo são ervas,
Ou águas que separam?
A Serafim, Futuro
e Durinda fitavam.
Com olhos, não mais
deles, mas de outros
espaços. Como se fossem
calos, que, por dentro,
vazassem.
Amar possui herdades
de almas moradas
entre si. As idades
do amor são camadas
de morte. O sol
vai pondo flor
torcaz na topázia
casa, verde,
com portão. Touti-
negras varandas.
Tal um relógio.
Em ondas. E não
se gasta vindo.
As vozes de esquecer
não vão ouvi-los. Nem
a elas ouvirão.

Todo o equilíbrio:
navegar o chão.

13.

A jangada de troncos,
pés libertos, rumava.
Zunia, revoante. Futuro
em mar durinda.
À desarmada alma.
Aos ossos de horizontes.

14.

O espírito
era sol inflando
os panos?
Durinda é céu.
Futuro, os remos?
Ao céu mais fundo
iam. Com o leme
passarinho.

15.

As lascas do ar púrpuras
não se franzem na popa
da jangada de ondas,
noutra, de limpas tumbas.
E esta, que se engolfa
com a cara zonza n' água,
como se as penas todas
ficassem mais pesadas.
Nem há mancha no bronze
com que a luz lapidando
vai a fortuna humana.
O timão firma larva
o que Futuro deixa
se apoderar das asas,
ou das crinas serenas.
Como se fosse a casa
do mar, com as coisas plenas.

16.

A ilha era um sopro
de centelhas presas.

Longe, longe ardia.
Tal uma lanterna
que na névoa singra.
Futuro em Durinda
velejava. Pode
ser exílio o homem,
em sua dor mais pura?
A jangada empurra
sol, várzeas e tordos.
Onde o amor se apura
pode haver segredos?
Duros ventos, ombros
encordoados sobre
velas de céu dentro.
Não morre, quem ama.
Nem o ser amado.

JOÃO SERAFIM

> El poeta es um historiador que
> imagina lo que sucede.
> OCTAVIO PAZ

> Tu, porém, vai até o fim.
> DANIEL, 12:13.

I. O PIANO DAS MARÉS

1.

Depois de Futuro e Durindo irem atrás do tempo,
a ilha começou a afinar o fim. Com o piano das
marés. João via o azul desabando em algum céu
ou monte. Despreendido das gaivotas, que eram
outros céus (in)tatos e voados. Até o firmamento
tinha gretas na parede. Uma tapera. Arquejavam
as estrelas, bestas chicoteadas.
E sob o céu mais incoado, a luz eram
pedras jogadas em planetas. Fora feliz
o tempo alguma vez?
João Serafim deixava pensamentos saltarem.
A ausência de Futuro abrigava mortes,
que não cessavam de parir. Quem sonha
se mistura ao que é sonhado. Não
se abandona mais ao puro acaso.

2.

Viver é transformar o dia raso
em limalha, pomar.
Ou animália
na fauna do sol-posto.
A jaula dos poentes foi aberta:
– leopardos soltos.

3.

João vislumbrava coisas, sem
a intromissão do ar. Como
desagregá-las
do que as faz mais humanas?
Não as impedia de morrer.
Ou secar.

4.

O mar era alavanca de um outro,
submerso. Se um deles, é começo,
o outro é cerco. Estava João provado.
Como se a ilha fora o seu deserto.
Levado pelo espírito.

5.

Saudade indissolúvel, túmida.
Não voga nas devassas
da brisa. Retece o sol
pelo cristal das aparências.
Com Serafim e a ilha: a mesma
redondeza de amar.
A dor não tem inteligência.

6.

As rochas atavam as fuças das noites
ns grutas. E essas principiavam a comer,
sequiosas, o pão alvo e cozido das espumas.
A fome é do universo por si mesmo.

7.

João olhava para o céu. Parecia romper-se

em blocos. Como avalanche, neve.
O céu desabitava, ia em migração.
Coronha de andorinhas, quando
a arma cala.

8.

Abélia, com seu repuxo
límpido de asas arroiara ao cimo.
Tempo branco, a águia. E o invisível
por ela mergulhado é Serafim.
Outro, seu nome oculto.

9.

João se amasiara com a Palavra.
Entre secretos silvos, sílabos, vaticínios.
Depois casou nos dotes de um fervor:
Alva. O anel aos dedos, mi®tos.
Símbolos se iam desplumando.
Até girar em círculo. O recato
do vivido. Desnudez. Enlevada,
a Palavra o descobria:
profundidades, instintos, loendros,
sarças. O equilíbrio de pronunciar
o céu. Carnal amor divino?

10.

Amar é estar em outro, estando em nós.
Tem, às vezes, nevoeiro. Os elísios
e lógicos reparos. Pode tocar o espesso.
Como se desvendasse nova planta.
E houvesse na alma uma botânica.
Com espécies que ninguém
pode nomear.

II.   AS GERAÇÕES DE SÓIS

1.

Cada dia a ilha ia perdendo
alguma pétala de pluma.

Um estorninho. Ia perdendo
gotas de sereno. Ou a seiva
era engolida na secura.
O sol cindindo
o sol. Centeio
negro.

2.

As gerações de sóis envelhecendo.
As crostas iam descaindo podres.
Igual às alcachofras,
pelas voltas.

Sóis ferviam sobre
a tina (fr)água
       das nebulosas.

Eram ferrados à brasa
E se trans
       ladavam fogos
em línguas ocres, sempre-vivas,
jaboticabas, línguas corruíras.
Serafim galgava
    com as pestanas ventadas:
            o sol.
Disparava o pombal das almas.
O universo é agonia?
Dor de arrefecer
a   luz.

3.

O sol vinha caindo
da figueira.
O figo vinha
caindo.

O sol das eiras
não tinha onde cair.
     Ladrava, cachorro
com a pata
no anzol.

Ia florindo
um pé de bem-te-vis.

4.

Serafim queria beber todo o sol possível.
Antes que sua figueira despencasse.
Então se embebedava. Como Noé quando
atracou a Arca. Não de bebida
forte. De luz se inebriando.
Até tombar na praia:
                arrebatado.
Sua alma não jazia
naquele instante, ali.
O corpo (des)avoava.
Içado pelas asas,
era o vaso.

Todas as calmas mediam
este amor.

5.

Porém, o amor vazava ?
A figueira com o sol desacordada
deitara toda azul.
O sol dava
com os burros
n' água.
E o rio
de ponta-
cabeça
ia.

Serafim pendendo as peixeiras idéias,
no seu cinto de alecrim:
    "Amor,
posso eu medir?"

6.

As gerações dos sóis
como a dos pássaros
transitam.
Pássaros
      com sóis rorejando.
E sóis: não foram escutados
pelos olhos. Cantam.
Ouvi-los é da infância.

7.

Sol enorme na ilha,
em seus primórdios.
Córdios
de
violão.
Másculo e fibroso.
Entre os ar
bustos.
Fazia com que o mar tomasse
susto: esponja
em outra.
Cardos e cardumes
de horas-trutas.
Mundo expulsando
o paraíso.

8.

O sol, em séculos
de águias e outros, de falcões.
Bicado na garganta,
foi baixando sob o baú
de arcanos.

O sol desinflava. Dado
ao déu. E dedos
no teclado informe.
Até se assemelhar a uma garrafa
em pé na mesa. Ou sapato
frouxo da campina.

Serafim via
alinharem-se os fins
em fila e fala.
A morte se prepara.

9.

Finava o sol
e tinha a forma
de um besouro
entre seus raios.

Sacada negra,
a ilha. Negras
árvores, o mar
mais negro.

Como alguém
sucumbindo
por falta de ar,
foi abolido o dia.

10.

Era a profecia.
A ilha se ia en-
rolando, capa
nas espáduas
findas de Sera-
fim.

Ou então levava
a ilha pelas
alças.

III.   LUA SOB A TERRA

1.

Ao tosquiar da noite,
suas coisas unânimes,
a floresta piava
na casa de troncos.

Serafim dormia
junto à fêmea Alva.
Bruxoleava a ilha
como abelha-vela.

E a noite estúrdia
toda se incrustara
nas sebes e cabras
monteses, as pedras.

Cinamomos, flancos
de pinheiros vergam
sob o peso incômodo.
Dor que a noite cobre.

De outra, bisonte.
E outras mais graduadas.
Ofegantes, corcovas
sobre as coisas, corvas.

2.

Serafim prenunciava
o que lhe era ditado
pela sua Palavra.
Que amor tornava bela.
Ou às esferas mais vastas.

"A noite ensina as trelas
e a perceber escuras
fragrâncias.

Quem aprende na noite,
com ela se preserva.
Saber é ver mais cedo.
Além, o desapego
não se contém, vivendo.

Se morre o sol, o grão
vai perecendo cego.
Viver é estar à frente
da noite. Mesmo dentro."

3.

Serafim e a Palavra,
ao despertarem, deram
com a noite junto à porta.

Seguiram nas cancelas
da floresta, as sendas
que os vagalumes criam.

De árvores moleiras
e outras passarinhas.
A noite era tão úmida

e entranhada. Os rios
norteavam-se de ouvido
com os cavalos crescidos

nos seus atalhos velhos.
O vento pelo tato
guiava-se nos cerros

ou entre as sonolentas
folhagens. Surdo, o bosque
tropeçava nos álamos.

E o renque de narcejas
pela sotéia-lua
resoluto, avançava.

Serafim foi à casa
de seus pais, com a mobília
de pó e trevas moças.

As peças percorria.
E à Palavra mostrava
as coisas mais avaras.

E elas todas diziam
o quanto lhes faltava.
A dor que as coisas tomam

só parece estrangeira,
a quem não sabe vê-las.
A noite é quando o tempo

deixou de estar correndo.
Entre os dois, a Palavra
é que o explicava, ermo.

O tempo se arredara.

4.

A lua foi caindo,
pedra pesada.
Ou bola de bilhar
do céu ao vão lançada.

A lua foi caindo

na toalha dos mortos,
com o retinir dos copos
de água e ar quebrados.

A lua foi caindo
como um escaravelho:
da grota escapulindo.
Em formigueiro, preso.

A lua foi caindo
na infância e se esparrama.
Rodeada de vertigem.
Caiu a lua em chamas.

5.

Pôs a lua debaixo
da terra e era camarada.
Apesar de suas fases.
E asmática, às vezes.
Grandona, a lua.
Foi minguando: limão.
Não comia, nem
queria falar.
Enterrada feito
passarinho.

6.

Um assobio e a noite
(des)almava.
Assobiava a terra
malandrando escuridões,
cerejas. A terra aumen-
tando prenhe. Tapava
a noite ou revolvia
as devolutas (tr)evas.
Há que convocar o amor
em cada coisa.

7.

Debaixo da terra,
A noite vai a pé.

Em cima, a terra
anda a cavalo.

E o céu não anda.
Está na entrada.

Serafim apanhava
Pelas orelhas, o mar.

8.

Os escuros têm clareza.
Sem sol ou lua, a mata
era um terneiro de peito,
junto à ilha.

As casas (praia, floresta),
meteoros de tetos e flores.
Troavam suas madeiras.
Como se a noite delas
se fizesse. Pedras
bufavam sobre
a foz de limo.

        Mundo
antigo e errante.

9.

Serafim não assinava
acordo com a morte.
Embora fosse
o que a deitava.
Se a terra pode
ir envolvendo a noite,
um novo sol e coração
eram plantáveis.
De dentro para fora.
Sem que a luz
se zangue.
        Até
a ilha ser um homem.

10.

Como desenterrar
a lua, sob a

árvore dos
murmúrios?

E retirar a noitidão
das plantas, lacradas
em chumbo?

Ou do rio arrolhado,
onde o cantil é boca?
Retirar a (agua)rdente
da sombra, com a água
limpa pelo cano
do sono.

"Sonhar" (Alva, a Palavra
a Serafim vessara), é ser
da noite
a enxada.

IV. JOÃO SERAFIM E ALVA

1.

Serafim olhava
a noite
veleira.
E as âncoras lêmures
enferrujavam.
Um nevoeiro tinto
embaralhando as roças
de lábios mudos.
A Palavra, fosfórea.
Verde. Como se trancasse
a primavera nos olfatos.

E amar possuía
os girassóis todos
na fala.
Ali, a noite a nada tratava.
Nem mordia
os pêssegos fonemas.

2.

Começou a fazer água
a noite,
quilha afundando.

O fim com seu nariz
metido
        no gargalo
de céus bebidos,
tinha os pés inchados.

E atraves-
sara a ilha,
esvaindo.
Perdendo
sangue.

3.

Serafim pelo trinar
do mato,
             ad
                   vertido:
a morte se achegando.

Escutava os seus sapatos
velhos. E as solteironas
dunas. Viu
a morte toda.

4.

Uma operação contra o inimigo.
Árvore a ser
derrubada?
Zangão-vento
             era noite?

Onde há cavalos-fôlegos,
maiores do que ela?
Derrubá-la com o machado,
a serra?
Sua pele raposa?

Na Palavra, a pontaria.
Liberdade.

             Também árvore?
Dizê-la!

5.

Nomear a morte
pelo incúrio nome.
Serafim ordenou,
(a garrucha-vocábula
apontada):
"Eu te desfaço!"

Pela Palavra,
via a morte
enlouquecer,
ia deixando
as forças.
Como se largasse fora,
as roupas.

Tombava a morte
descalça.
      E de costas.

6.
                    tar.
"O inimigo pode levan
Pode levantar-se
no descuido.

Se não
         r
    vara mos
a cabeça:
         um bicho.

A Palavra
de dois olhos.
Mirando. Com
seus tiros."

7.

"A morte é um bicho.
Ia agarrar
o coice
     da água."

E acertou a fronte,
    num alvejo.
Alumi
    ando a cara
da Palavra.

8.

Não é um burro, o vento.
Bomba de água,
o tempo fluviara.
Amor se desenhava?
Língua de rios e rochas,
(n)úmeros, figuras.
E as tumbas anônimas,
que as crônicas da ilha
não relatam.

A morte jaz.
        Ou mata.

9.

Foi crescida a memória
das montanhas.

A da Palavra.
Não principia
ou acaba.

E os oceanos contavam
a fonte de seus ossos.
Não existe história
sem a morte.
Nem a morte sem
porta.

10.

A casa é a alma dentro:
quando a água
do mar adormecia.
Sem zumbidos.
E andorinham
        árvores,

             linguados espreitam
                      com escamas em poço.
             A mão do céu, sob a noite
                              endurecida,
             é a língua do lobo.
                      Num regato a túnel.

             11.

             O amor é apenas soldo
             aos que se amam?

                         Os trevos
                                  de vel
                                         âmpagos
                                ressonam.
             Morcegos trovos
             se guiam pelos ecos
             dos reflexos.
                         Atrás das presas.
             O falcão peregrino
                              ia pegando
             a velocidade neta,
                              o ar.
             Corujas catam
             mariposas
             para os ninhos
             com restos
             de excrementos azuis,
             tenros.

             As penas do amor
             também se alam
             ao lombo
             de pintassilgos-bois.

             12.
             Quando as fincadas
                                      g_{arras}
             de um leopardo
                         rasgam
                     a perna da água,
             e os bosques cigarram,
             zunem, suando lírios:

Serafim lia
>   amor
na nudez da Palavra.

13.

Amor estabelece
prumo aos vivos.
Também se preserva
em sortilégios, medronhos,
>   alvoroços.
O espaço, seu casaco fosco.

Gansos não poupam
peixes forasteiros.
E o riacho com suas molas.
Banco traseiro
de um carro: geme.

>   João marcara audiência
>   com uma borboleta.
>   De hora certa.

14.

Não faltava

>   aos compromissos távolos.
Legislava as pedras, montes,
>   animais, insetos,
>   cousas.

O que rastreava, vinha,
gravitava. Tudo lhe era gente.
E o universo, mesmo torvo, podia
ser aviso do limite.

O que nos foge,
>   é onde somos livres.

15.

"Morei, morrido
>   em mim.
Mas não no que eu amei.

Meu coração por Alva,
tartamudeia,
                escava.

O poderio
da água, do ar e fogo
– é o íntimo país.
Viver: voar no todo".

16.

Durinda e Futuro
se (a)moravam
       em Serafim,
unos e separados.

Tamanho amor
a Palavra
rociava,
que o tempo,
fora-de-lei,
fugido, nos
escurões saía
de seu esconde-
rijo. Quando a
noite punha ovos
sobre as flores.

E a ilha estava
pronta, como
noiva. Garça
aos céus
voava.
Até voar
         o céu.

17.

Serafim com a palavra,
tinha unidades tais,
que a alma de um,
noutra se desloca-
va.

A ilha e o céu
em bodas.

O amor, quem
concluía?

Em Serafim, a Alva.
Os pés e as mãos
              voadas.
No corpo de alma
            roda.
            Subiam.
A Palavra
regressa
ao Paraíso.

COLOFÃO

A Idade da Aurora: Fundação do Brasil – Rapsódia – é composta de três partes: *A Idade da Aurora, Futuro e João Serafim*. Elas vivem independentes e continuam uma à outra. Foram escritas em Vitória e Guarapari, ES, durante todo o ano de 1988 até março de 1990.
    O Servo da Palavra,

Carlos Nejar

PROLÓGO IMPOSSÍVEL (AGORA POSFÁCIO)

Pediu-me o então editor que eu falasse sobre *A Idade da Aurora: Fundação do Brasil* (escrita em Vitória e Guarapari, ES. Ilha de ilhas). Pensei em Jorge Luis Borges que, em cada obra sua, apresenta um *Prólogo*. Ou em Rudyard Kipling, citado por ele, que achava que ao escritor só cabe inventar a fábula. Depois me lembrei de Machado (*Memórias Póstumas de Brás Cubas*), que encarregou sua criatura (Brás Cubas) de fazê-lo. Tentei o mesmo com João Serafim, que relutou e aceitou apenas permanecer no texto. Não tendo a autoridade machadiana, resolvi inventariar motivos e desígnios. Alguns deles, os ocultos, não os sei, embora me saibam. O leitor desdobrará ou inventará outros (inventamos juntos?) Ou talvez os refute com idéias diversas. "As pequenas divergências pesam mais" (Nietzche). Ou não pesarão nada.

2.

As suas personagens (embora se intimidem diante do autor ou queiram existir no seu espaço, apenas), ouso, agora, apresentá-las: **Brasílio** (pai das palavras; Brasil se reinventando) e sua mulher **Columba (pomba, espírito)**, dão à luz a **Futuro**. E esse ao descobrir **Durinda (Inda)**, descobre sua outra parte (durindana, espada). Do amor, vem **João Serafim** (João do Apocalipse e o que desconheço) que, ao se unir à morena **Palavra**, faz brotar **Alva** e com ela sobe ao céu.

3.

Inventarei desígnios – alcançados ou não – no livro:
a) É uma **Rapsódia** (a oralidade predomina, a ponto de poder ser lido em voz alta, como o faziam os **aedos**);
b) A metáfora é história, que diz "o que a história calou";
c) Escrever não é descrever. É deixar que as imagens leiam nos olhos dos vocábulos;
d) Recursos plástico-visuais e ritmo. Onde a infância das coisas respira;
e) O real e a memória se unem. A palavra, círculo que entreliga os seres;
f) O sensorial é o lógico é o figurativo é o mágico. É o que nos escapa;
g) Cosmogonia ou recriação do mundo;
h) Não há mais fronteiras entre os gêneros. Moramos na linguagem.

4.

Este livro é do **Brasil** que trata. O retorno amoroso ao sentimento de nação, natureza, povo, terra, floresta ("o anterior, ancestral; território do inconsciente" – Bachelard). Voltamos ao sol e água. O simples e eterno. Às estações e pássaros. Ao centro, em viagem: o coração do homem. Descobrimos o que somos no ritmo fluvial de mansidão e paz. Os olhos muito abertos, dentro e fora. E para onde cair o vento. "Todos acordaram e viram perfeitamente a aurora no ar" (Mário de Andrade). Há um novo tempo, com as mais claras forças. Isto não é um livro (parafraseando Whitman). Quem o toca, está tocando a aurora.

Carlos Nejar
Vitória, 28.5.1990 e Guarapari,
"Paiol da Aurora", 8.4.2002

ÁRVORE DO MUNDO
    1.ª edição, Rio de Janeiro, Nova Aguilar, 1977.
    2.ª edição, Rio de Janeiro, Nova Fronteira, 1977.
    3.ª edição, São Paulo, Círculo do Livro, 1979.
    4.ª edição, Rio de Janeiro, Topbooks, 1997.

O CHAPÉU DAS ESTAÇÕES
    1.ª edição, Rio de Janeiro, Nova Fronteira, 1978.
    2.ª edição, São Paulo, Círculo do Livro, 1979.

UM PAÍS O CORAÇÃO
    1.ª edição, Rio de Janeiro, Nova Fronteira, 1980.

LIVRO DE GAZÉIS
    1.ª edição, Lisboa, Moraes Editores, 1983.
    2.ª edição, Rio de Janeiro, Record, 1983.

MEMÓRIAS DO PORÃO
    1.ª edição, Rio de Janeiro, Livraria José Olympio Editores, 1985.
    2.ª edição, em *Idade da Eternidade*, Lisboa, Imprensa Nacional/Casa da Moeda, 2001.

AMAR, A MAIS ALTA CONSTELAÇÃO
    1.ª edição, Rio de Janeiro, Livraria José Olympio Editores, 1991.
    2.ª edição (contém na Segunda parte), *Sonetos de Paiol: Ao Sul da Aurora*, Pará, LP&M Editores, 1997.

ELZA DOS PÁSSAROS OU A ORDEM DOS PLANETAS
    1.ª edição, *Paiol da Aurora*, Espírito Santo, Nejarim.
    2.ª edição, em *A Idade da Eternidade*, Lisboa, Imprensa Nacional/Casa da Moeda, 2001.

AQUÉM DA INFÂNCIA
 1.ª edição, *Paiol da Aurora*, Espírito Santo, Nejarim, 1993.
 2.ª edição, em *A Idade da Eternidade*, Lisboa, Imprensa Nacional/Casa da Moeda, 2001.

VELÂMPAGOS – Haicais ou Móbiles
 1.ª edição, Espírito Santo, Instituto Histórico e Geográfico do Espírito Santo.

Título	A Idade da Aurora — Poesia II
Autor	Carlos Nejar
Projeto Gráfico	Paulo Roberto da Silva
Capa	Ricardo Assis
Foto da Capa	Alexandre Mendez
Revisão	Carlos Nejar
Editoração Eletrônica	Aline E. Sato
	Amanda E. de Almeida
	Paulo Roberto da Silva
Administração Editorial	Valéria C. Martins
Formato	16 x 23 cm
Papel da Capa	Cartão Supremo 250g
Papel de Miolo	Pólen Soft 85 g
Número de Páginas	508
Fotolito	Liner
Impressão	Lis Gráfica